KIM KIYOSAKI

Mujer millonaria

punto de lectura

MUJER MILLONARIA
Título original: *Rich Woman*
Publicado originalmente por TechPress, Inc. en asociación con CASHFLOW
Technologies, Inc. y Momentum Media una división de Video Plus, Inc.
Copyright © 2006 by Kim Kiyosaki
D.R. © 2003, by Robert T. Kiyosaki y Sharon L. Lechter
Traducción: María Andrea Giovine

 punto de lectura

De esta edición:

D.R. © Santillana Ediciones Generales, SA de CV
Universidad 767, colonia del Valle
CP 03100, México, D.F.
Teléfono: 54-20-75-30
www.puntodelectura.com.mx

Primera edición en Punto de Lectura (formato MAXI): abril 2009
Tercera reimpresión: marzo de 2011

ISBN: 978-607-11-0167-9

Diseño de cubierta: Insycs Graphic Studio, Inc.
Composición tipográfica
y adaptación de portada: Patricia Pérez Ramírez
Lectura de pruebas: Margarita Montes

Impreso en México

KIM KIYOSAKI

Mujer millonaria

Guía financiera para la mujer

punto de lectura

Índice

Dedico este libro a mi mamá y a mi papá,
Winnie y Bill Meyer.

Prólogo

Por Robert Kiyosaki

Hay un refrán que dice: "Detrás de un hombre exitoso siempre hay una gran mujer." En mi caso, esto es definitivamente cierto. Yo no habría alcanzado el éxito de no ser por mi esposa Kim. A veces me pregunto dónde estaría sin ella.

Obviamente, cuando conocí a Kim fue su belleza exterior lo que me atrajo. Pero en nuestra primera cita comprendí que no sólo era una cara bonita. Tenía cerebro. Era muy inteligente. Conforme nos fuimos conociendo, descubrí que era mucho más hermosa interior que exteriormente y fue entonces cuando me enamoré. Si las almas gemelas existen, creo que he encontrado la mía.

No obstante, fue en los momentos difíciles cuando descubrí que Kim tenía una estructura interna sólida, una fuerza interior que nos sacó adelante en algunos momentos duros que enfrentamos y dudo haber podido salir adelante sin ella. Hubo muchas veces en que estuvimos sin dinero, sin techo, sin transporte, y ella me abrazaba y me dejaba llorar como un niño. Ella fue la valiente, la columna vertebral; nunca perdió la fe en mí, aunque yo sí la había perdido.

Como la mayoría de las parejas, hemos tenido nuestras discusiones y nuestros desacuerdos. Definitivamente no vivimos una vida como la de Ozzie y Harriet. Sin embargo, una de las mejores cosas de los tiempos difíciles, los altibajos y los errores es que de mi amor por Kim surgió el respeto. Ella es dueña de sí misma. No necesita de mí para cuidarse. Es moderna, actual, divertida, rica, amable, amorosa, bellísima e independiente.

Cuando jugamos golf, ella comienza la ronda desde el *tee* de los hombres. No pide ni espera ventaja por ser mujer. Y, por desgracia, a menudo me supera y consigue mejores marcadores que yo. Gracias a Dios no me echa en cara sus victorias.

Al conocernos, lo único que yo tenía era un montón de deudas, una tonelada de errores, excelentes lecciones de vida y un sueño. Ella estaba dispuesta a compartir su vida conmigo, aunque yo no tenía nada para convertir en realidad esos sueños. Hoy ambos hemos superado por mucho esos primeros sueños y estamos viviendo otros más allá de nuestra imaginación más alocada.

Sé que no fue mi dinero por lo que se casó conmigo porque cuando nos conocimos yo no lo tenía. En cuanto a inversiones, sólo le enseñé lo que mi padre rico me había enseñado. Abordó las inversiones como pez en el agua. Hoy ella es mucho mejor inversionista que yo y cierra negocios mayores de los que yo he hecho en mi vida. Es una mujer que se ha formado sola. Una mujer millonaria.

Por eso estoy muy orgulloso de escribir este prólogo para el primero de sus muchos libros. Ella es mi idea de un modelo a seguir para la mujer moderna: divertida, amorosa, amable, hermosa, independiente, inteligente y millonaria. En lo que respecta al dinero y la inversión, sabe de qué habla. La he visto convertirse de una joven que no sabía nada sobre el tema, en una mujer millonaria, una autoridad en la materia. Kim practica lo que predica. Con gran placer escribo este prólogo para mi mejor amiga, socia de negocios y esposa: Kim.

Prólogo

Por Sharon Lechter

Kim ha sido mi amiga y socia de negocios durante más de diez años. Me siento honrada de que me haya pedido escribir este prólogo y agradezco la oportunidad de compartir con Kim mi experiencia y su pasión.

Muchas personas de inmediato piensan que para Kim es fácil invertir porque es la esposa de Robert. A menudo escuchamos la afirmación: "¡Para ti es fácil decirlo!" Pero estar casada con alguien tan famoso y carismático en realidad dificulta ser independiente y exitosa por cuenta propia. Kim ha estado al lado de Robert y han viajado por el mundo aleccionando a millones de personas sobre dinero e inversiones durante más de veinte años. Durante ese tiempo, también desarrolló su propio plan de inversiones y, en el proceso, construyó un imperio de bienes raíces multimillonario.

Con honestidad puedo decir que Kim es una mujer intensamente independiente y que su pasión por ayudar a otras mujeres a obtener su independencia financiera se encuentra en el centro de su espíritu. Habría sido fácil que Kim disfrutara de la "buena vida" con el éxito de nuestra empresa y de sus demás inversiones. En cambio, una vez que ya ha alcanzado su propia independencia financiera, dedica sus esfuerzos a animar a otras mujeres a obtener control sobre sus finanzas.

Cuando iniciamos The Rich Dad Company, Robert, Kim y yo sabíamos que la mejor forma de construir la marca *Rich Dad* era apoyarnos en Robert como el portavoz de la misma. Él fue, es y seguirá siendo la "celebridad" y el exitoso autor de ventas detrás de la compañía. Tanto Kim como yo elegimos apoyarlo "al margen" para construir la empresa y elevarla hasta donde está. Con más de 23 títulos de la serie *Padre Rico* en más de 45 lenguas, ventas de productos en 96 países y *Padre rico, padre pobre* en la lista del *New York Times* durante más de cinco años, sentimos que era momento de fijar nuevas metas para nuestra compañía y nosotros mismos.

En el último año, Robert nos dijo a Kim y a mí muchas veces: "Gracias a las dos. Me han ayudado a alcanzar mis sueños, ahora es su turno. Es tiempo de enfocarnos en lo que apasiona a cada una de ustedes." La serie *Mujer millonaria* se lanza con este libro sobre mujeres e inversión; y Kim y yo planeamos expandirnos hacia esos temas con otros libros. Este mismo año lanzaremos la serie *Familia rica* con un libro que estoy escribiendo.

La pasión de Kim es animar a todas las mujeres a volverse independientes a nivel financiero. La mía es ayudar a los padres a educar a sus hijos de manera que todos los niños sean capaces no sólo de sobrevivir, sino de tener éxito en el mundo financiero que enfrentarán.

Conforme leas este libro, seguramente te reconocerás en alguno de sus personajes. Kim aborda las numerosas excusas que como mujeres nos damos y damos a otros sobre por qué elegimos no invertir:

- "Mi esposo se encargará de mí."
- "Trabajo demasiado en mi empleo."
- "Quiero los beneficios de un empleo."
- "No tengo tiempo."
- "No tengo dinero."

- "No tengo la suficiente habilidad."
- "Mis hijos me necesitan."
- "No quiero aburrirme."

Kim aborda cada una de estas excusas y explica cómo superarlas. No te casas esperando divorciarte. Y muchas mujeres perseveran en relaciones infelices y enfermizas por dinero.

En un empleo, mientras más exitosa te vuelves, más ocupada estás y menos tiempo tienes para otras tareas. Cuanto más exitosa te vuelvas como inversionista, más tiempo libre disfrutarás. Tus inversiones trabajarán para ti, proporcionando el dinero que necesitas en lugar de que tú trabajes por dinero.

Hace unas semanas perdí a mi padre y a un amigo muy querido. Tanto mi madre como mi amiga se encuentran solas y asustadas. Ambas son muy inteligentes y fueron mujeres trabajadoras antes de casarse. Ahora deben volver a entrenarse para manejar su dinero. Esto sólo es una razón de por qué las mujeres necesitan aprender a invertir.

La vida nos trae desafíos inesperados a todos; este libro te mostrará cómo confiar en ti en cualquier desafío. Sin importar de dónde vienes, cuál fue tu educación, cuánto dinero tienes actualmente o cuál pueda ser tu excusa, este libro te mostrará el valor que se requiere para cambiar tu vida.

¿Qué mejor manera de aprender que mediante la experiencia? Kim comparte los miedos que enfrentó cuando empezó a invertir, cómo los superó y finalmente construyó su propio imperio independiente de nuestra compañía. Puede que tú seas una madre recién divorciada o una mujer soltera que enfrenta la vejez; alguien que se ha quedado viuda hace poco o una mujer felizmente casada que se preocupa por tener dinero suficiente para el retiro. No estás sola.

A menudo, ese primer paso es el más difícil. Al tomar el control de tu futuro financiero descubrirás la confianza en ti misma que necesitas en todas las áreas de la vida. Con una mayor confianza en ti encontrarás la libertad de ser, hacer y tener lo que quieras.

Introducción

¿Por qué un libro sólo para mujeres?

En el mundo de las inversiones, *cómo* invertir (cómo comprar propiedades para alquilar, elegir una acción u obtener un buen rendimiento sobre tu inversión) es lo mismo para las mujeres que para los hombres. Sean acciones, bonos o bienes raíces, a las inversiones no les importa si es hombre o mujer quien está haciendo la compra, venta, posesión, remodelación o alquiler.

Entonces, ¿por qué un libro sobre inversión sólo para mujeres?

La respuesta: *en lo que respecta al dinero*, hombres y mujeres somos diferentes, histórica, psicológica y emocionalmente.

Esas diferencias son la razón por la que tantas mujeres hoy en día están en tinieblas en lo que respecta al dinero e inversión. Esas diferencias separan a los géneros y explican por qué este libro está dedicado a las mujeres.

¡Porque odio que me digan qué hacer!

El subtítulo de este libro sale directo de mi corazón. Mi marido Robert y algunos amigos estábamos almorzando una tarde y surgió el tema de este libro. *Mujer millonaria* a todas luces era el título. No habíamos decidido todavía el subtítulo. Pusimos algunas ideas sobre la mesa.

Entonces Robert se volvió hacia mí y preguntó: "Dime, ¿por qué estás tan dedicada a ser independiente a nivel financiero? Esto no es algo nuevo en ti, siempre lo has tenido dentro. Proviene de tu esencia. ¿Cuál es la razón? ¿Cuál es la razón principal que te obliga, contra viento o marea, a ser capaz de salir adelante por tu cuenta? Dinos qué te motiva."

Mi amiga Suzi estaba sentada junto a mí. Ella y yo pensamos de manera en extremo similar. Tanto, que nos miramos y casi al mismo tiempo declaramos: "¡Simplemente odio que me digan qué hacer!" De inmediato nos pusimos a decir cuánto nos molesta y dimos varios ejemplos en que la gente nos dijo qué hacer y explicamos cómo reaccionamos y por qué nunca dejaremos que alguien dirija nuestra vida.

(Sé que hay muchas mujeres que entienden exactamente de qué estoy hablando. Puede que tú seas una de ellas.)

Dejamos de hablar. Miré a mi alrededor en la mesa y todo mundo estaba en silencio y sonriendo. "Parece que tienes tu subtítulo", dijo Robert.

Desde que era joven

No es un tema nuevo para mí. Sabía que tenía problemas para acatar órdenes... ¡incluso desde el jardín de niños! Nadie en mi salón pasaba tanto tiempo en el pasillo como yo. Hoy se denomina "tiempo fuera". No quería tomar una siesta, quería jugar con mis amigos... al pasillo. Quería pintar con los dedos, no escuchar un cuento... al pasillo. Y por favor no me hagan comer esa horrible comida de cafetería... ya lo sé, vete al pasillo.

La maestra decía que yo era "obcecada". Simplemente no me gustaba que me dijeran qué hacer.

Me despidieron *dos veces* de mi primer empleo formal después de la universidad… ¡dos veces del mismo empleo! No es que yo fuera floja o incompetente, justo lo contrario. Estaba muy ansiosa por aprender, razón por la que me volvieron a contratar la segunda vez. Pero mis instintos naturales no podían ser anulados. Simplemente era demasiado independiente y, a la edad de 21 años, por supuesto, tenía todas las respuestas. Eso aunado a mi desagrado por acatar órdenes, no era una buena combinación para mi desarrollo dentro de la compañía.

Este problema estaba tan enraizado en mí que, cuando alguien de manera autoritaria me decía que hiciera algo, aunque supiera que era lo que más me convenía, no lo hacía: no quería que me dijeran qué hacer.

Sí, esto ha ocasionado algunos problemas en mi vida… y también me ha hecho muy independiente, en especial a nivel financiero.

Quizá hayas oído decir: "El que tiene dinero dicta las reglas." En mi opinión, la persona que tiene dinero puede decir a los demás qué hacer. Así que desde temprana edad decidí ser quien dictara las reglas, no quien las acatara.

Las cosas estúpidas que hacemos las mujeres

Robert llegó a casa una tarde y me encontró gritando frente a la televisión: "¡Despierta! ¡No seas tonta! ¡Deja de actuar como una niña tonta! ¡Madura!"

Robert se reía de mí: "¿Qué está pasando?"

Dije con total frustración: "¡Me enloquece ver que las mujeres sean así de estúpidas en asuntos relacionados al dinero! Esta mujer está preguntando a un perfecto desconocido, un asesor financiero que se promueve en TV, qué hacer con algunos miles de dólares que tiene ahorrados. Él le está dando un mal consejo y ella sólo dice: 'Oh, muchas gracias. Eso es justo lo que voy a hacer.' ¡Pero qué estupidez! Ella es un buen ejemplo de por qué las mujeres con frecuencia son estereotipadas en lo que respecta al dinero y las inversiones."

"Sin duda tocó una fibra en ti", dijo Robert sonriendo. "Tal vez las mujeres ni siquiera están conscientes de lo que deciden. Aquí está tu oportunidad de señalárselo."

Una lista de cosas tontas

En definitiva, había tocado una fibra en mí. Porque nosotras las mujeres en verdad hacemos cosas estúpidas en la vida… todas relacionadas con el dinero. Pienso que es momento de que simplemente nos volvamos más inteligentes en la materia.

Mi punto es subrayar cómo es esencial estar preparadas para cualquier cosa que suceda. Y animarte a que te digas la verdad respecto a quién o qué dependes para tu futuro financiero.

¿Que si estoy diciendo que las mujeres son estúpidas? Por supuesto que no. Nada podría estar más alejado de la verdad. Estoy diciendo que hacemos algunas cosas increíblemente tontas. Y la mayoría están relacionadas de manera directa con el dinero.

A continuación, presento una lista de algunas de las cosas estúpidas que hacemos en relación con el dinero:

- Nos casamos por dinero.
- Conservamos malos matrimonios o relaciones porque tenemos miedo de no salir adelante solas a nivel financiero.
- Dejamos que un hombre tome nuestras decisiones financieras prioritarias.
- Aceptamos el mito de que los hombres son mejores con el dinero.
- Aceptamos el mito de que los hombres son mejores inversionistas.
- No desafiamos las decisiones financieras de un hombre porque no queremos causar un problema y lastimar su ego.
- Tomamos consejos financieros de supuestos "expertos" porque pensamos que no somos suficientemente inteligentes.
- Permanecemos calladas para mantener la paz.
- Elegimos depender de alguien más porque (por lo menos a nivel financiero) nos sentimos "cómodas".
- Nos dejan por mujeres más jóvenes… porque permanecemos demasiado tiempo inmóviles.
- Esperamos que el hombre cambie.
- Nos contentamos con un "está bien" en la vida cuando lo que realmente queremos es un "excelente".
- Un hombre se pierde, pero se niega a preguntar cómo llegar… y nosotras lo seguimos.
- Nos vendemos por debajo de nuestro valor.
- Aguantamos todas las desigualdades de un empleo, por el sueldo.
- Nos sentimos culpables por trabajar horas extra y no estar con nuestros hijos.
- No nos toman en cuenta para un ascenso que merecemos… y no renunciamos al empleo.

- Aceptamos menos dinero que nuestros equivalentes masculinos y, a menudo, terminamos haciendo su trabajo.
- Nos perdemos los recitales y juegos de futbol de nuestros hijos porque debemos trabajar.
- A menudo vemos a futuro y pensamos: "Algún día…"

La mayoría de nosotras hemos hecho una o más de estas estupideces. La conclusión es que muchas vendemos nuestra alma por dinero. El crimen real es el precio que cobra en nuestra autoestima, nuestra seguridad en nosotras mismas y el valor que nos otorgamos.

Sí, este libro trata sobre mujeres e inversión, pero en realidad es mucho más que eso. Trata sobre las mujeres que toman el control de su vida y de su dignidad. Se refiere al respeto a una misma.

Un hombre, familia, compañía o gobierno

El subtítulo original del libro era: "Para mujeres que insisten en tener independencia financiera… y no depender de un hombre, familia, compañía o gobierno que se encargue de ellas." Ésa es la verdadera esencia de este libro. A lo largo de la historia se enseñó a las mujeres a depender económicamente de alguien más y así obtener el tan anhelado bienestar financiero. Hoy esa posición podría ser peligrosa; los tiempos, en definitiva, han cambiado.

Un hombre

Históricamente, es imposible hablar sobre hombres, mujeres y dinero sin mencionar el sexo. Sexo, dinero y mujeres están estrechamente relacionados. A menudo, ni siquiera vemos el efecto que tiene uno en el otro porque, durante generaciones, nos han educado para aceptarlo como el estándar en la sociedad.

Cuando cumplimos 16 años —algunas antes— como mujeres nos concientizamos del inmenso poder que tenemos sobre los hombres: el poder del sexo. Aunque la mayoría de los adolescentes siguen siendo torpes y bobos y actúan como cachorritos con pies grandes, las chicas comenzamos a notar que ellos, al igual que los hombres, empiezan a vernos de manera distinta... sexualmente. A menudo, cuando somos muy jóvenes notamos que los hombres mayores nos sonríen, algunos chiflan, otros hacen insinuaciones obvias o simplemente se quedan mirando y babean.

Estoy segura de que todas podemos recordar a "esa chica" de nuestro salón, la "más desarrollada" que el resto de nosotras. En mi salón era Melody. A los catorce años se sabía diferente, tenía una *ventaja* sobre nosotras y hacía gala de su sexualidad recién encontrada. Cuando estábamos empezando la secundaria, Melody salía con chicos de preparatoria. Y en la preparatoria con los de la universidad. Ella sabía cómo obtener toda la atención que deseaba de los hombres.

Ahora me doy cuenta de que Melody no es la excepción a la regla. La mayoría de nosotras, si somos honestas, sabe lo poderosa que puede ser nuestra sexualidad. Un poco de coqueteo puede conseguir muchas cosas.

La necesidad sexual de los hombres es la que nos da un poder inmenso desde temprana edad y comienza a dar forma a nuestra visión sobre qué hacer y cómo actuar para conseguir lo que deseamos en el mundo. Y la fórmula funciona... siempre y cuando seamos jóvenes y sexualmente atractivas. Pero el tiempo pasa y las cosas cambian.

Tenía catorce años. Un día, regresando de la escuela, entré por la puerta principal y escuché a mi mamá hablando con una de sus mejores amigas en el comedor. Mientras me dirigía a ellas, mamá me vio con el rabillo del ojo y me indicó que no me acercara para que las dejara en privado. Entré a la cocina para comer un bocadillo. Mientras sacaba el cartón de leche del refrigerador, no pude evitar escuchar su conversación.

Era claro que la amiga de mi madre, Gloria, estaba muy alterada. "Yo sabía que teníamos nuestros problemas", dijo. "Pero, por nuestros hijos, no pensé que realmente me dejaría."

"¿Qué dijo?", preguntó mamá.

"Que ha estado viendo a una mujer, mucho más joven, durante el último año", dijo. "Según él, lo hace sentir un héroe. Aparentemente yo lo hago sentir una desilusión."

"¿Sabías sobre esa aventura?", preguntó mamá.

"Para ser honesta, sospechaba que algo estaba pasando, pero en realidad no quería saber. Simplemente esperaba que fuera una cana al aire y que al final las cosas volvieran a la normalidad."

"Entonces, ¿en tu interior lo sabías?", dijo mi mamá.

"Sí, imagino que sí. Simplemente no quería admitirlo", confesó Gloria. "Durante años nuestro matrimonio no ha sido muy bueno. Hemos tenido cada vez menos en común. Él tenía su carrera y yo a los niños. Él viajaba por cuestiones de negocios y yo me quedaba en casa."

"Entonces, si tu matrimonio no estaba funcionando y sabías que él tenía una aventura, ¿por qué te quedaste con él?"

"Por los niños", contestó Gloria rápidamente.

"¿Los niños?", preguntó mamá sorprendida. "Gloria, tus hijos ya están grandes. Tu hijo acaba de graduarse de la universidad. Debe haber otra razón."

Gloria dudó y luego dijo con tranquilidad: "No me fui por el dinero. Aunque el matrimonio no era bueno, por lo menos me daba seguridad financiera. Me asustaba pensar que tendría que vivir por mi cuenta. No he trabajado en veinte años. No sé si puedo lograrlo sola. Sí, nuestro matrimonio se ha estado deshaciendo por años, pero mi único consuelo es que económicamente estaba bien."

Escuché que Gloria comenzaba a llorar. "Simplemente no sé qué voy a hacer. Es aterrador enfrentar la realidad a los 45 años, sola y teniendo que ganarme la vida. Nunca imaginé que estaría en esta situación."

Coloqué el cartón de leche en el refrigerador y fui a mi habitación. Mientras subía las escaleras escuché que la amiga de mamá decía: "Simplemente no sé si pueda mantenerme a nivel financiero." Esas palabras tocaron una fibra en mí.

Pensé para mis adentros: "Aquí está esa mujer con un matrimonio miserable y lo tolera porque depende de su marido para que la mantenga." En ese punto me di cuenta de que la vida no necesariamente era el cuento de hadas de "vivieron felices para siempre" que yo creía. Recuerdo que ese día tomé una decisión y me dije: "Nunca dependeré de un hombre, ni de nadie, para el caso, en cuanto a mi vida financiera."

Y esa decisión me ha guiado toda la vida.

Quizá sea tiempo de cambiar la fórmula

Por favor, debes saber que no estoy en contra de los hombres. Los adoro. Simplemente no quiero depender de ellos a nivel financiero. Y hay tantas mujeres dependientes hoy en día.

Con frecuencia conozco mujeres de cuarenta y tantos o cincuenta y tantos años, divorciadas y con dificultades financieras. La historia es más o menos la misma: "Éramos tan felices de jóvenes. Luego nos fuimos separando. Y me dejó por una mujer más joven. Por primera vez en mi vida, estoy por mi cuenta."

Tengo mucha suerte. Mamá y papá han sido maravillosos modelos para mí en cuanto al matrimonio. Han estado casados más de 50 años y los considero ejemplos y maestros de cómo sostener un matrimonio amoroso, duradero y respetuoso.

Por desgracia muchos otros no pasan la prueba del tiempo. La tasa de divorcio es alta: uno de cada dos matrimonios termina en divorcio. No estoy diciendo que se deba planear un divorcio. Afirmo que se debe ser realista y prepararse para tener éxito financiero sin importar qué pase. En cuanto a Gloria, no tenía "plan B". Tenía un solo plan: permanecer casada a toda costa a cambio de una vida material cómoda.

La fórmula de usar nuestra juventud y atractivo sexual para conseguir la atención e influencia que deseábamos y obtener lo que queríamos, nos funcionó a muchas a los veintitantos y treinta y tantos, pero no para lograr lo que deseamos a los cuarenta, cincuenta y sesenta y tantos años. Es una pérdida de tiempo pensar que los hombres cambiarán. Es tiempo de que nosotras cambiemos. La fórmula que nos funcionaba cuando éramos jóvenes pierde su efecto a medida que envejecemos. Para muchas de nosotras es tiempo de cambiar nuestra fórmula. Y el dinero desempeña un papel clave en la ecuación. El sexo nos dio poder cuando éramos jóvenes, ahora el dinero nos da el control conforme nos hacemos mayores.

Katherine Hepburn lo dijo muy bien: "Mujeres, si les dan a escoger entre dinero y atractivo sexual, tomen el dinero. A medida que se hagan mayores, el dinero se convertirá en su atractivo sexual."

Los tiempos han cambiado en muchas formas y las mujeres necesitamos cambiar con ellos. Lo que ofrece este libro es una guía básica del cambio. Si estás convencida de que tu mejor estrategia financiera es que un hombre te mantenga hasta el día en que te mueras, entonces te deseo suerte. Para el resto de nosotras, que estamos listas para hacer algunos cambios, que queremos más control sobre nuestra vida y ya empezamos a entrar en acción, ofrezco una alternativa.

Una familia

Algunas tenemos el lujo de contar con la riqueza de nuestra familia para sustentarnos a lo largo de los años. Pero con toda seguridad no es el caso de la mayoría. Varias amigas mías, en lugar de que sus familias se encarguen de ellas, ahora ellas se encargan de sus familias. Una amiga de Honolulu se llevó a su madre a casa cuando ya no pudo cuidarse sola y se convirtió en su principal cuidadora. El costo de cuidarla no sólo era alto, sino que también perdió ingresos por el tiempo que debía pasar atendiendo a su madre.

Otra amiga está pagando 8 000 dólares al mes por los gastos del asilo de su madre. Nunca planeó esa situación.

Una mujer de Scottsdale hace poco heredó la casa familiar cuando murió su madre. Sus padres vivieron en ella durante 30 años. El problema era que la casa había aumentado tanto de valor que, cuando la heredó, también heredó una cuenta de predial inmensa. La mujer no podía pagar los impuestos y, como resultado, debió vender la casa para pagarlos y casi se quedó sin herencia.

Aquí está otro escenario que Susan compartió conmigo hace poco y en realidad se vuelve cada vez más común. El padre de Susan había amasado activos sustanciales en bienes raíces, negocios y acciones a lo largo de su vida. Su madre murió y su padre se volvió a casar. Lo sorprendió una enfermedad terminal y, mientras estaba en el hospital, su nueva esposa hizo que cambiara el testamento para que todos los activos fueran de ella. Desheredó por completo a Susan, a su hermano y a su hermana. Cuando el padre murió, ella no obtuvo nada de la fortuna.

El punto que persigo en estos ejemplos no es insistir en todo lo que podría salir mal, pero sí destacar lo esencial que es prepararse para lo que pueda pasar. Y animarte a que te digas la verdad respecto de quién o de qué dependes para tu futuro financiero.

Lo que ocurre dentro de las compañías y el gobierno destacará razones adicionales de por qué depender financieramente de tu familia puede no ser tu elección óptima.

Una compañía o un gobierno

El 31 de octubre de 2005, la revista *Time* incluyó una historia de portada con el encabezado: *La gran estafa del retiro*. El subtítulo afirmaba: "A millones de estadounidenses que piensan que se retirarán con beneficios les espera una desagradable sorpresa. Cómo las corporaciones asaltan los bolsillos de la gente... con ayuda del Congreso." El artículo explicaba cómo las principales compañías norteamericanas han usado o literalmente robado las pensiones de sus trabajadores. La legislación gubernamental permitió a las compañías simplemente evadir las promesas hechas a sus empleados de proporcionarles pagos mensuales de jubilación y beneficios médicos en sus años de retiro.

El artículo afirmaba que: "Una investigación de *Time* ha concluido que mucho antes de que el trabajador estadounidense alcance la edad de retiro, una decisión política del Congreso que favorece intereses corporativos y especiales por encima de los trabajadores, llevará a millones de ancianos (*una gran mayoría de mujeres*) a la pobreza; dejará al margen a millones más y convertirá los años de retiro en una etapa de necesidad para todos, con excepción de los adinerados."

Aquí está lo que llamó mi atención al leer el artículo. El autor destacaba cinco casos de personas víctimas de un problema de pensión. *Todas* eran mujeres. A una de 69 años le cortaron su pensión de 1 200 dólares mensuales, que obtuvo a la muerte de su marido. Hoy junta latas de aluminio y genera 60 dólares adicionales al mes para sobrevivir.

Otra mujer, de 60 años, trabajó para la Corporación Polaroid durante 35 años en la que empezó como archivista hasta ascender a la junta directiva. Participó en un plan de acciones para empleados (PTAE). Cedió ocho por ciento de su salario para pagar ese plan con la esperanza de tener miles al retirarse y vender sus acciones. El valor de éstas cayó en picada y por malas decisiones e intervención del Congreso esta mujer perdió entre 100 mil y 200 mil dólares. Además, esperaba obtener decenas de miles en pagos de pensión y beneficios. Cuando todo estuvo dicho y hecho, recibió un cheque por 47 dólares en una sola emisión.

Las cinco mujeres que aparecían en el artículo creían estar preparadas para tener seguridad financiera en sus años de retiro y ahora enfrentan la pobreza. Es escandaloso. Y no parece haber ningún indicador de que el sistema de pensiones resucite en el futuro. Es probable que se convierta en algo del pasado.

Y esto no sólo les ocurre a las mujeres, también a incontables maridos y familiares. Esta crisis no es específica de un género.

Así que, de nuevo, si tu marido o tu familia son tu salvavidas financiero, toma en cuenta lo anterior.

En lo que respecta al gobierno, tanto el sistema de seguridad como Medicare (seguro médico) están básicamente en bancarrota. No sé si resolverán ese problema. La mayoría de las encuestas indica que hombres y mujeres de veintitantos y treinta y tantos años, están conscientes de que tal vez no haya Seguridad Social ni Medicare disponibles para cuando se retiren. Igual que con los planes de pensión, el gobierno se ha mostrado incapaz de cumplir las promesas hechas a quienes han contribuido a la Seguridad Social y al Medicare durante toda su vida laboral.

Es tu elección

Entonces, un hombre, familia, compañía o gobierno quizá esté para apoyarte en el futuro... yo simplemente no *contaría* con ello, no apostaría mi futuro financiero completo a algo sobre lo que no tengo control total.

Todo se reduce simplemente a hacer una elección: ¿busco independencia o dependencia financiera para mí? Es una elección consciente. Si eliges *dependencia* financiera debes saber que aceptas que alguien más sea responsable de tu bienestar financiero, así como las consecuencias buenas y malas que esto conlleva.

Si, por otro lado, tu elección es *independencia* financiera, en consecuencia optas por la libertad a largo plazo sobre la comodidad a corto plazo. Estás decidiendo el camino más difícil, del cual se apartan muchas mujeres para tener el camino más fácil y con consecuencias en el futuro.

Estoy segura de que cualquier mujer comprometida a controlar su vida financiera tendrá éxito. Hay mujeres que lo hacen todos los días.

Este libro trata sobre independencia financiera porque creo que la clave de la libertad para las mujeres se encuentra primero en que sean libres a nivel financiero.

Descarga de audio gratuita

Kim Kiyosaki y Sharon Lechter, las mujeres detrás de la marca *Mujer Millonaria*, hablan sobre mujeres e inversión.
Visita:
www.richwoman.com/richwoman

Capítulo 1

Almuerzo con las chicas

Soy una mujer por encima de todo lo demás.
Jacqueline Kennedy Onassis

Me encanta la ciudad de Nueva York. Es verdaderamente fabulosa y única... Tanta energía, tanta actividad, nunca hay un momento aburrido. Llamé un taxi y el chofer se orilló y me recogió en la calle 51 cerca de Times Square. Las calles estaban llenas como siempre de hombres y mujeres de negocios camino a sus reuniones; vendedores de relojes, bolsas y castañas tostadas; personas mirando los escaparates y hombres y mujeres hambrientos camino a almorzar, que es a donde iba yo. "¿A dónde?", preguntó el chofer. "Al hotel Plaza", contesté. Era un día bellísimo, fresco, frío... mucho cielo azul y un poco de viento que hacía que el ambiente se sintiera un poco más frío.

El trayecto al hotel fue más corto de lo que calculé. "Son 5.70 dólares", anunció el chofer ante la entrada principal. Al bajar del taxi me sentí un poco nerviosa y emocionada al mismo tiempo. Había volado de Phoenix a Nueva York para un almuerzo. No tenía idea de qué esperar y, para ser honesta, ni siquiera estaba segura de con quién iba a almorzar. Pensé que la reunión podía ser maravillosa o un gran error. Pero una cosa era segura, definitivamente no sería aburrida.

El correo electrónico que había recibido dos meses antes decía:

¡Hola, chicas!

Está bien. ¡Lo logramos! Tenemos la fecha, la hora y el lugar para nuestra reunión. Nos vamos a ver todas el 22 de marzo a las doce del día en el hotel Plaza de Nueva York para almorzar. Desde Honolulu hasta Nueva York… Sí, los tiempos han cambiado. No puedo esperar para verlas y escuchar sus historias.

Con cariño,
Pat

Pat y yo fuimos amigas cuando estudiábamos en la Universidad de Hawai. Nos conocimos en una clase de filosofía y compartimos un apartamento durante un año. No nos habíamos visto en cerca de veinte años. Pat decidió que era momento de reunir a nuestro "grupo Hawai".

Estaba formado por seis amigas cercanas. Todas nos conocimos en nuestros días *memorables*, por decir lo menos, en Honolulu. Éramos jóvenes, solteras y vivíamos en las Islas. Nos divertíamos muchísimo.

No sabemos cómo lo hizo Pat, pero consiguió llevarlo a cabo. Nos rastreó a las cinco (que ahora estábamos viviendo en diferentes ciudades de Estados Unidos), organizó horarios, eligió una ubicación y fijó la fecha para una reunión del grupo Hawai. Todas habíamos perdido contacto, así que no era un asunto sencillo. Algunas estábamos casadas y teníamos nuevos apellidos. Todas nos habíamos ido de Honolulu. Yo me mudé varias veces y estoy segura de que las demás también. Pero todo estuvo en manos de Pat, "la señorita organizada", e hizo del encuentro una realidad.

La última vez que estuvimos juntas fue en un almuerzo en Honolulu hace veinte años. Todas empezábamos nuestra carrera y teníamos enormes sueños. Maduramos mucho juntas en Honolulu. Estaba muy emocionada por ver en qué andaban todas... y de qué modo se habían desarrollado sus vidas.

Caminé por las alfombras rojas de la entrada del hotel. El portero mantuvo la puerta abierta y, al entrar al vestíbulo, sentí como si el tiempo se hubiera detenido. De inmediato reconocí a Pat y a Leslie a un metro de distancia. Pat estaba perfectamente bien arreglada, ni un cabello fuera de lugar, incluso cuando se quitó el sombrero. Su atuendo, estupendamente combinado. Sus botas se veían como nuevas, al igual que los guantes que hacían juego. Cada detalle había sido cuidado. Siempre fue así. Me recordaba a la meticulosa Feliz Unger en el programa de televisión *The Odd Couple*.

Pat siempre exigió que todo fuera así. Por eso llegó casi una hora antes. Quería asegurarse de que todo estuviera exactamente como lo había planeado para nuestra reunión. Sí, a Pat se le puede llamar para organizar cualquier cosa. Por supuesto, te volverá loca al mismo tiempo, atendiendo cada detalle con minuciosidad.

Leslie, de pie junto a Pat, seguía siendo la artista. Vestida en capas coloridas (una falda larga y holgada, playera estampada brillante, chaleco, mascada, un saco demasiado grande para su talla) todo suelto... casi lo opuesto de Pat. Leslie se veía como si acabara de entrar con el viento. Y me preguntaba todo lo que podría encontrar en el enorme bolso que llevaba al hombro. Por ser la artista, nunca sabías qué esperar de ella. Daba la impresión de ser distraída y tener la cabeza en las nubes, pero en realidad era muy brillante. Si estaba trabajando en la pintura de un edificio construido en 1800, aprendía la historia del edificio, de los artistas de esa época y sus estilos pictóricos. En verdad amaba su arte y lo vivía.

Nos dimos un fuerte abrazo y las tres empezamos a parlotear de inmediato. Ni siquiera nos dimos cuenta de que ya llevábamos casi veinte minutos platicando emocionadas, cuando Janice cruzó la puerta volando, directo de la Costa Oeste. Bufando y resoplando, completamente sin aliento, un poco despeinada, nos echó un vistazo y dejó escapar: "¡Es maravilloso verlas! ¿Pueden creer que estemos juntas en Nueva York?", gritó. "¡Me tomó un siglo cruzar la ciudad! Además mi junta se alargó. ¿No es un día hermoso?" Pat, Leslie y yo asentimos en silencio entre nosotras como para decir que algunas cosas (o personas) nunca cambian. Fue la entrada de la Janice que todas conocíamos y queríamos. Siempre tenía diez cosas en la mente al mismo tiempo. Hablaba rápido. Caminaba rápido. Tenía una energía ilimitada. Y nunca hacía una entrada silenciosa a una habitación.

La última vez que estuvimos todas juntas fue en un almuerzo en Honolulu veinte años antes. Todas estábamos empezando nuestra carrera y teníamos enormes sueños. Maduramos mucho juntas en Honolulu…

Hablamos por algunos minutos más y luego las cuatro miramos a la *hostess* cuando sonó el teléfono de Pat. "Qué lástima", escuchamos decir a Pat. "Parece que estarás trabajando toda la noche. Muchas gracias por el esfuerzo. Te pondré al tanto de todo. Cuídate."

"Tracey no puede llegar. Tiene una fecha límite para un proyecto en el que ha trabajado todo el mes. Pensaba que lo tenía terminado, pero esta mañana su jefe hizo un cambio significativo en el proyecto, de manera que no puede irse", comentó Pat. "Tracey ha invertido su tiempo y ha trabajado para subir por la escalera corporativa. Por desgracia, como hoy, su carrera a menudo tiene prioridad sobre su vida. Dijo que realmente quería estar aquí."

"¿Dónde está viviendo?", preguntó Leslie.

"En Chicago. Trabaja para una gran empresa de telefonía celular", contestó Pat.

La *hostess* nos condujo hacia nuestra mesa. Pat reservó una maravillosa en una esquina del salón. Incluso había una pequeña caja de nueces de macadamia cubiertas de chocolate para conmemorar nuestros días en Hawai. Y, para nuestra gran sorpresa, cada lugar tenía una fotografía enmarcada de nuestra última reunión veinte años atrás en Honolulu. Todas sabíamos que sería un almuerzo inolvidable.

Al mirar la foto, cada una insistió en que no había cambiado nada nuestra apariencia. "Y estoy segura de que nuestros trajes de baño hoy nos quedarían justo como entonces", dijo Janice de manera sarcástica mientras todas dejábamos escapar un ligero gruñido.

"¿Dónde está Martha? ¿Vendrá?", pregunté mientras llenaban nuestros vasos de agua. Pat respondió: "Esperaba vernos, pero tuvo que cancelar en el último minuto. Dijo que su madre no está bien y que no se sentía cómoda dejándola sola tres días. Por lo que entendí, su padre murió hace años, así que sólo están Martha y su madre. Nunca tuvo hermanos ni hermanas. Envió saludos a todas."

"Bueno, cuatro de seis es bastante bueno", añadió Janice.

Justo entonces nuestro mesero se acercó con una cubeta para champaña en una mano y una botella fría en la otra. Pat pensó en todo. Se colocaron copas sobre la mesa. Descorcharon la champaña y la sirvieron con cuidado en cada una de nuestras copas.

"Propongo un brindis", anunció Pat. "Por las amistades maravillosas que persisten a través de los años." Sostuvimos en alto nuestras copas y brindamos.

Luego nos dispusimos a disfrutar de un almuerzo largo y sin prisas.

Capítulo 2

Las chicas

Recuerda, Ginger Rogers hacía todo lo que hacía
Fred Astaire, pero lo hacía hacia atrás y en tacones.
Faith Whittlesey

La plática no decayó ni por un minuto. Teníamos conversaciones una a una y luego todo el grupo se unía. Hablábamos con quienes estaban frente a nosotras y a un lado. Teníamos mucho de qué conversar.

Janice, la más ruidosa del grupo, gritó hasta donde estaba Leslie y dijo: "Entonces, Leslie, cuéntame qué has hecho durante los últimos veinte años." El poder de su voz captó la atención de todo mundo, dejamos de hablar y nos dimos vuelta para escuchar la respuesta de Leslie.

La historia de Leslie

Leslie comenzó: "¿Recuerdan que en nuestro último almuerzo en Hawai pensaba dejar Honolulu y buscar más oportunidades?" Todas asentimos. "Bueno, me mudé a la ciudad de Nueva York cerca de seis meses después. Pensé que debía ir a donde estaba la acción, que sería mi mejor posibilidad de entrar al mundo del arte comercial. Tuve suerte de encontrar en seguida un empleo en una firma pequeña de diseño gráfico. Eso me dio tiempo para conocer la ciudad y descubrir lo que realmente quería hacer. Estuve un poco vacilante al principio... mudarme de Hawai a Nueva York fue tremendo. Ni siquiera me había subido al metro antes. Y muy pronto aprendí a cargar mis zapatos de tacón, no a caminar con ellos. Tuve varios empleos después, incluyendo uno en el departamento de arte de Bloomingdales y Macy's.

"En mi tiempo libre siempre pintaba. Arreglé una esquina de mi apartamento como estudio de arte con mi caballete y pinturas. Mi actividad favorita era empacar mis aditamentos y elegir un punto, como Central Park o Rockefeller Center, y pintar durante horas. Hace unos años tuve mi propia exposición en una galería de arte de la ciudad. Fue algo maravilloso para mí. El asunto no me dio a ganar mucho dinero, pero vendí algunas piezas y fue emocionante el simple hecho de haber expuesto mi trabajo.

"Luego conocí a Peter, el hombre de mis sueños, un artista colega. Nos enamoramos y casamos un año después. Ahora tenemos dos hijos, un niño y una niña. Pero dos artistas viviendo juntos no son una pareja fácil. Definitivamente no fue el sueño que imaginé. Él tenía un estudio en la ciudad, donde solía pintar y le iba bien vendiendo sus pinturas y dando clases de arte. Pero creo que el problema fue que éramos demasiado parecidos. Digo, ¡éramos artistas! Los dos somos espontáneos, no muy estructurados y ninguno era capaz de manejar una cuenta de cheques. Nos gastábamos el dinero. Nuestro matrimonio duró seis años, luego nos separamos y quedamos como amigos.

"Desde entonces, básicamente he estado educando sola a nuestros dos hijos. Peter ayuda un poco en lo económico, pero no gana mucho. Mi hija tiene catorce años y mi hijo doce. Hoy pinto cuando puedo, lo que no es muy seguido. Trabajo en una galería de arte aquí en la ciudad, justo al final de la calle. Ha sido difícil ser madre divorciada. El costo de la vida es tan caro en Manhattan, que nos mudamos a Nueva Jersey donde puedo costear un mejor estilo de vida y los niños tienen escuelas decentes. Así que, con todo, las cosas están funcionando bien, pero lo que es seguro es que no es la vida que planeé cuando tenía veinte años."

"No me imagino educando sola a dos niños", dijo Janice. "¡Apenas puedo cuidar de mí misma! Creo que por eso sigo soltera. Y el costo de la vida en Los Ángeles puede ser alto, pero no como en Nueva York. Reconozco tu mérito, Leslie."

"Gracias", contestó Leslie.

"¿Cómo es la vida en Los Ángeles?", preguntó Pat, mirando a Janice. "Nunca he pasado mucho tiempo en California."

La historia de Janice

"Adoro Los Ángeles", comenzó Janice. "Imagino que, además, disfruto de mi negocio… la mayor parte del tiempo. Como dije, nunca le entré a eso del matrimonio. Estuve muy cerca de hacerlo hace ocho años, pero justo antes de que enviáramos las invitaciones de la boda él me anunció que tenía que 'encontrarse a sí mismo' ¡Y se largó a Europa! Seis meses después me escribió para decirme que no estaba listo para casarse. ¡Como si para entonces no me hubiera dado cuenta! Lo último que supe es que se había mudado a Bali o Fiji y vivía con una chica de veinte años. Imagino que finalmente 'se encontró a sí mismo'. No he tenido muchas ganas de seguir ese camino desde entonces. Y hoy, a medida que me hago mayor, salir con alguien no es tan fácil como antes. Cada vez veo más hombres mayores con mujeres más jóvenes. ¿Cómo compites contra eso?

"Así que mi trabajo es el centro de mi vida. Seguí trabajando un tiempo con la pareja con la que empecé en Honolulu. ¿Recuerdan, tenían un negocio de regalos tropicales? Cuando me inicié con ellos tenían una tienda. Extendieron su negocio a tres tiendas en Honolulu, una en Maui y otra en la Gran Isla. Luego se expandió su negocio de correo directo hacia la zona continental. Trabajé con ellos aproximadamente cinco años. Tenía ahorrada una cantidad decente, así que decidí echarme el clavado e iniciar algo propio. Como entendía el negocio de las ventas al menudeo, pensé que sería mi mejor apuesta. Puedo hacerlo sola, pensé.

"Bueno, descubrí lo equivocada que estaba. Mi brillante idea era abrir una pequeña tienda de comida gourmet. Sólo sabía de una en Honolulu y pensé que estaba haciendo un gran negocio. Tomé todo el dinero ahorrado, conseguí un préstamo para pequeños empresarios y renté un local justo fuera de Waikiki en una calle transitada. Compré la mercancía y abrí las puertas. Estaba segura de que la gente se agolparía en la puerta. Después de estar en mi tienda cuatro días sin un solo cliente, algo me intranquilizó: nunca dije a nadie que estaba ahí. Simplemente asumí que la gente llegaría. Luego aprendí la diferencia entre vender artículos no perecederos y comida. También descubrí que mi contrato de arrendamiento tenía una severa penalización por retrasos en el pago de la renta.

"Estuve cerca de renunciar muchas veces. No obstante, llamé a mi antigua jefa y le pedí ayuda. Al principio se rió. '¡Bienvenida al mundo de los empresarios!', dijo. 'Cuéntame qué está pasando.' Se convirtió en una gran mentora para mí y me ayudó a darle un giro al negocio. No creo que lo hubiera logrado sin su guía.

"Lento pero seguro, mi negocio comenzó a encarrilarse. Estaba muy emocionada cuando puse mi primer anuncio de 'se solicita ayudante'. Finalmente, tenía suficientes ventas para contratar a alguien que me ayudara. Después de que mi primera tienda pegó, abrí una segunda. Esa también tuvo dificultades al principio pero, al final, ambas crecieron hasta tener ventas constantes y ganancias decentes.

"Luego empecé a ponerme ansiosa y tuve otra de mis brillantes ideas: una tienda de prestigio de productos para que las mujeres se consintieran. Tiene un ambiente relajante y una gama completa de productos, desde aceites para el baño y velas, hasta servicios en los que nuestro vendedor arregla que la cena sea enviada a casa de la clienta. Así que vendí mis tiendas en Hawai y llevé mi concepto a California. '¡Pan comido!', pensé." Janice tomó aire e hizo una pausa. "Por poco lo pierdo todo. Los negocios en Los Ángeles eran completamente diferentes a los de Honolulu. Las reglas son distintas. Los productos que la gente quiere son diferentes. La actitud es otra. Fue como empezar de la nada. Aprendí un montón y, para abreviar la historia, hoy tengo tres tiendas: dos en Los Ángeles y una en San Diego. Planeé la tienda para mujeres, pero se está volviendo realmente popular entre los hombres. Y estoy concentrando mucha de mi energía en Internet y en tiendas en línea también. ¡Vaya mundo éste!

"Es mucho trabajo. Tengo doce empleados en total y es otra historia. Constantemente voy de un lado a otro entre Los Ángeles y San Diego y luego, por supuesto, viajo para hacer compras, asistir a ferias comerciales, juntas y convenciones para seguir mejorando mi negocio. Me gustaría decir que estoy haciendo una fortuna, pero la verdad es que gran parte de lo que gano se reinvierte en el negocio", confió Janice. "Me encanta mi trabajo, pero la verdad espero con ansias el día en que pueda relajarme y ver cómo entra el dinero. A todas luces está tomando más tiempo del previsto.

Brindamos: "¡Por las decisiones! ¡Porque todas aprovechemos al máximo las que hemos tomado y tomemos buenas para los años por venir!"

"Veo en retrospectiva lo mucho por lo que he pasado en los últimos veinte años y parece una eternidad. Luego recuerdo nuestros días despreocupados en Honolulu y parece como si hubiera sido ayer. ¿Podemos regresar a esa época?", dijo Janice.

De inmediato comenzamos a recordar cómo nos conocimos, las fiestas en las playas, nuestros viajes a las islas exteriores, los primeros empleos, los alimentos locales que más extrañábamos, los trajes de baño diminutos, las mejores horas felices... ah y los chicos.

Leslie preguntó: "Pat, recuerdo tu primer empleo. Estabas tan emocionada de trabajar para ese periódico. Nunca podíamos callarte cuando empezabas a hablar sobre las historias en las que trabajabas. ¿Sigues escribiendo?"

La historia de Pat

Amaba escribir. Y amaba los temas de actualidad. Hizo una maestría en ciencias políticas y periodismo. Desde temprana edad supo que quería viajar por el mundo como corresponsal extranjera, escribiendo sobre acontecimientos globales. Tras graduarse de la universidad sólo envió dos currículos a los periódicos más importantes de Honolulu. Cuando le preguntaron qué haría si no la contrataban, contestó: "Me he preparado para esta entrevista durante cuatro años. Si dicen que no, no me detendré hasta que digan sí."

Pat por lo general era algo reservada, a menos que estuviera cavando profundo en una historia periodística. Podías encontrarla en su escritorio, rodeada de pilas de libros, revistas y periódicos. Siempre buscaba hechos y era una adicta a las noticias. Suscrita a cinco periódicos diferentes, tenía prendido día y noche el canal de noticias. Si alguna vez querías saber qué estaba pasando en el mundo, podías preguntarle a Pat. Poseía una seguridad que todos admirábamos. Sabía qué deseaba y a dónde iba. Sin embargo, a veces la vida interfiere con nuestros sueños.

"Me estaba yendo muy bien en el periódico", comenzó Pat. "Me daban más y mejores tareas. Iba por buen camino en mi plan tanto a nivel profesional como personal. Conocí a mi marido, Grant, alrededor de tres años después de empezar en el periódico. Ambos teníamos grandes sueños.

"A Grant le ofrecieron una fantástica oportunidad en Dallas, en uno de los bancos más grandes de la ciudad. Me pidió que me casara con él y dije que sí. Sabía que extrañaría Hawai y mi trabajo pero esa oportunidad tenía muchas ventajas para nosotros a nivel económico. Lo siguiente que supe fue que estábamos listos y rumbo a Dallas. No me preocupaba conseguir un empleo en algún periódico de Dallas, pero luego sucedió lo inesperado. Descubrí que estaba embarazada. Completamente imprevisto."

Todas bromeamos porque nos resultaba difícil creer que algo en la vida de Pat pudiera ser "completamente imprevisto". Sonaba tan alejado de su estilo.

"Quizá", continuó, "pero… ¡nada más intenten encontrar empleo estando embarazadas! Imagino que me engañaba a mí misma al pensar que no sería difícil. Pero definitivamente lo fue. Sabía lo que pensaba un entrevistador cuando le decía que estaba embarazada: '¿Para qué desperdiciamos nuestro tiempo? Te entrenaré y luego te irás de aquí en seis o siete meses.' Nadie parecía muy entusiasmado en contratar a una mujer embarazada, mucho menos a la madre de un recién nacido. Así que eso me dejó fuera de la jugada. Escribía un poco, pero más bien dependíamos del ingreso de Grant. Era frustrante y desalentador. Realmente me detuvo.

"Pensamos que como queríamos dos o tres hijos era mejor tenerlos en ese momento y luego, cuando estuvieran un poco más grandes, yo retomaría mi carrera de periodista. Bueno, unos cuantos años se convirtieron en muchos. Me convertí en madre y ama de casa con tres hijos maravillosos. Grant fue ascendido y hoy es un ejecutivo de alto rango, gana muy buen dinero, así que no me puedo quejar. En realidad no hemos necesitado el dinero de un segundo empleo, así que no regresé a la redacción periodística. Ahora, dos de nuestros hijos entrarán pronto a la universidad y siento que por fin tengo tiempo para dedicarme a escribir, pero ha cambiado tanto el mundo de las noticias y he perdido tanto impulso con los años, que no estoy segura de tener la suficiente energía para regresar."

La mesa más ruidosa del restaurante ahora estaba en silencio. Podíamos percibir el arrepentimiento en la voz de Pat. Estábamos incómodas y calladas. Ninguna supo qué decir. Luego Pat levantó la vista de su copa y dijo, como si leyera nuestra mente: "Miren, todas hemos tomado decisiones y yo he tomado las mías. ¿Hay algunas cosas que hubiera hecho diferente? Claro. Pero a pesar de todo elegí la maternidad por encima de mi carrera y no me arrepiento de eso", terminó con firmeza.

Pat fue clara como el agua y su comentario liberó la tensión de nuestra mesa, lo cual incitó a Janice a levantar su copa. Afirmó: "¡Por las decisiones! ¡Porque todas aprovechemos al máximo las que hemos tomado y tomemos buenas para los años por venir!" Y brindamos.

Leslie, mirando su copa vacía, dijo: "Creo que estamos listas para un poco más de champaña. Y luego quiero oír acerca de Kim."

Capítulo 3

Mi historia

Si obedeces todas las reglas, te pierdes toda la diversión.
Katherine Hepburn

El mesero alcanzó a escuchar el comentario de Leslie y de inmediato se acercó a nuestra mesa llenando nuestras copas. En cuanto se alejó, Leslie preguntó: "¿Y qué ha pasado en tu vida en los últimos veinte años, Kim?"

"Ha sido toda una aventura", comencé. "Recuerdo que cuando tenía trece años leí un libro sobre cuatro hombres y mujeres que viajaron por Europa, en sus últimos años de adolescencia, casi llegando a los veinte. La historia describe de manera vívida las aventuras que encontraron en el camino: lo bueno y lo malo. Como en esa época vivía en Nueva Jersey, donde nací y me crié, ese libro me abrió los ojos al hecho de que había un mundo más allá de Nueva Jersey, Nueva York y Pensilvania, fue una de las razones por las que me mudé a Hawai."

"Recuerdo que tu familia vivía en Oregon", dijo Pat.

"Cuando tenía catorce años nos mudamos de Nueva Jersey a Nueva York", contesté. "Fue mi primer vistazo al mundo que existía fuera de la vida que conocí mientras crecía. Tuve una probadita de lo mucho que hay por ver en este mundo y decidí verlo."

"Así que cuando mis padres me preguntaron en dónde quería estudiar la universidad, dije: 'Hawai.' Pensé que sería un lugar fascinante para vivir y explorar. No sorprende que me preguntaran cuánto tiempo pasaba en el salón de clases y cuánto en la playa. Punto válido. Pero sabiendo que yo no era la estudiante modelo y que probablemente no tendría éxito en una universidad tradicional, aceptaron el primer año… pensando que después sacaría de mi sistema 'ese asunto de Hawai' y pensaría en serio en mi educación."

"Sí, dejaste Hawai", dijo Pat. "Pero regresaste."

"Así fue", reconocí. "Como quería viajar, de hecho me cambié de universidad cinco veces en cuatro años. Terminé graduándome en la de Hawai con un título en mercadotecnia. Soy la más pequeña de tres hijas y, como mis padres nos mantuvieron a las tres durante la universidad, cuando recibí mi diploma lo envié a mis padres con una nota que decía: '¡Felicidades! Ustedes merecen esto más que yo.'"

"Recuerdo haber conocido a tus padres en un viaje que hicieron a Honolulu", dijo Pat. "¡Eran tan divertidos!"

"Soy muy afortunada", dije. "Mis padres siempre han sido maravillosos ejemplos para mí. Desde que tengo uso de razón, siempre me dijeron que podía lograr cualquier cosa que quisiera. Ellos me animaron a pensar por mí misma y repitieron una y otra vez: 'Lo más importante de todo es que seas feliz.' Y ellos vivieron lo que me enseñaron. Mi madre, maestra de escuela que daba clases tanto en el sistema escolar tradicional como a niños con necesidades especiales, siempre ha sido la más optimista. A través de ella, aprendí el significado de la amabilidad, de preocuparse por los demás y de no quedarse atorado por las pequeñas contrariedades que se presentan. '¿Realmente vale la pena alterarse tanto?', solía preguntar. Mi padre, hombre de negocios y vendedor profesional, fue mi ejemplo de honestidad e integridad. Él me enseñó que si hago un trato con alguien, debo cumplirlo a toda costa. Actualmente, mis padres son los más orgullosos de lo que hacemos Robert y yo."

"Y, como todas nosotras, amabas las islas y te quedaste", dijo Janice.

"Enfrentémoslo", dije. "Todas éramos jóvenes, solteras, vivíamos en Honolulu y teníamos pocas responsabilidades. ¿Qué no es amar?"

"Es muy cierto", dijo Janice. "Aquellos fueron tiempos muy divertidos."

Mi primer empleo

Una de las primeras lecciones de padre rico que Robert compartió conmigo fue la siguiente: La clave para el cuadrante 'I' o del inversionista es tener tu dinero trabajando para ti de modo que tú no trabajes por dinero.

Continué con mi historia. "Mi primer empleo de tiempo completo fue en el departamento de medios de una de las agencias de publicidad más grandes de Honolulu. Era un empleo excelente. Como Honolulu es un lugar muy pequeño conocí muy rápido a la comunidad publicitaria. Y era un grupo muy divertido. De la agencia pasé al otro lado del terreno de la publicidad y conseguí un puesto en ventas publicitarias. Ahí trabajaba la última vez que nos reunimos. Como tal vez recuerden, las ventas no eran algo innato en mí y no tenía ningún programa de entrenamiento en mi trabajo. Estaba literalmente de aprendiz allí. Tenía 25 años y dirigía una revista que servía a la comunidad de negocios de Honolulu. Mi objetivo principal era vender anuncios para la publicación. Tenía otros dos representantes de ventas trabajando para mí. Si no vendíamos, no había revista. Con cada número existía la presión de incrementar el número de anuncios respecto al anterior. Luchábamos cada mes. Y cada mes lo sacábamos adelante."

"Ahí estabas cuando tuvimos nuestro último almuerzo juntas en Honolulu. ¿A dónde te fuiste?", preguntó Leslie.

"Estuve en la revista cerca de dos años y decidí que era el momento de un gran cambio. Mi plan era el siguiente: Paso 1, mudarme a Nueva York, la Meca de la publicidad para el mundo entero. Paso 2: ascender por la escalera corporativa. Paso 3: ¡ser recompensada con la oficina en la esquina de Madison Avenue! Era mi plan y lo seguía… o eso pensaba.

"Pronto me di cuenta de que había un problema. Resultó que para ascender por la escalera corporativa tendría que destacarme en acatar órdenes. Necesitaba ser una empleada ejemplar en seguir instrucciones. Y, como ustedes saben, realmente no me gusta que me digan qué hacer. La historia claramente ha demostrado que seguir instrucciones no es mi fuerte. No mencioné que me despidieron dos veces de mi primer empleo, ¿o sí?

"De modo que decidí que era momento de pasar a un Plan B. Acepté mi defecto de carácter. Era inútil trabajar para alguien más. Pensé para mis adentros: 'Ya sé lo que haré. ¡Seré mi propia jefa!'

"Esto de inmediato me llevó a mi siguiente dilema: no sabía nada sobre cómo iniciar un negocio. No había crecido cerca de dueños de negocios. No tenía idea de cómo comenzar. ¿Qué tipo de negocio quería? Me abrumé sólo de pensarlo. Pero por lo menos sabía una cosa: quería mi propio negocio. Cómo llegar ahí era otra historia. Como era una chica audaz de veintitantos años, decidí mudarme a la ciudad de Nueva York y planearlo desde ahí."

Mi primera cita con Robert

"Invité a mi amiga Karen al T.G.I. Friday's de Honolulu para hablar sobre mis planes de mudarme a la Gran Manzana", expliqué. "Nos vimos después de nuestro entrenamiento en el gimnasio y mientras estábamos sentadas en el bar ella vio a su amigo Robert con sus amigos. Saludamos y eso fue todo... o eso pensé.

"Para abreviar una larga historia, Robert me pidió que saliera con él durante casi seis meses. Yo seguía diciendo que no. Le expliqué que me estaba mudando a Nueva York y no podía pensar en una nueva relación. Para hacer más interesante la trama, resultó que Karen fue novia de Robert casi ocho años antes. Así que Robert llamó por teléfono a mi amiga Karen y le dijo: 'Karen, sé que tú y Kim son buenas amigas. ¿Me harías un favor?' Karen dijo: 'Sé que tienes algo entre manos. ¿Qué quieres?' Robert, como vendedor que es, dijo: '¡Quiero una recomendación!' 'Sabía que no era una llamada social', rió Karen.

"Bastante segura, Karen empezó a decirme lo maravilloso que era Robert. El problema era que hacía un trabajo de ventas tan bueno que ahora estoy convencida de que Robert le sigue gustando. Y como soy muy fiel con mis amigas, no iba a salir con alguien por quien ella aún sintiera algo. Así que pasaron otros dos meses. Proseguí con mi plan de mudarme a Nueva York. Ya para entonces, Karen me había convencido de que no estaba interesada en Robert en el plano sentimental. En los meses en que Robert estuvo en plena persecución, me envió flores, postales de sus viajes, tarjetas con notas personales y más flores. Así que una tarde Robert me llamó al trabajo y me invitó a salir. Me intrigaba y me gustaban sus atenciones, así que dije: '¿Qué tal hoy en la noche?'

"De vuelta a las habilidades de Robert como vendedor, por las muchas llamadas que le hizo a Karen, descubrió mis dos cosas favoritas: buena champaña y paseos por la playa. Eso fue lo único que necesitó para poner en marcha el plan de nuestra primera velada juntos. Cuando me estacioné en la puerta del lujoso hotel frente a la playa Cabeza de Diamante, donde vivía Robert, el valet abrió la puerta de mi pequeño Toyota Celica color naranja y dijo: 'Usted debe ser Kim; Robert la espera. Permítame llevarla a su apartamento.' Entramos al vestíbulo y tomó el elevador hacia el apartamento de Robert. Abrió la puerta. Entré y hablamos un poco. Luego bajamos las escaleras para llegar a Michel's, uno de los restaurantes más finos de Honolulu, justo en la playa. El *maitre* se acercó. 'Señor Kiyosaki, tengo lista su mesa con vista a la playa y su champaña se está enfriando.' Está bien… estaba impresionada. Mientras servían la champaña, el *maitre* reapareció para sugerir: 'Si quieren, ¿por qué no toman su champaña y dan un paseo por la orilla del mar?' Está bien, ya es suficiente. Me conquistó. Y hemos estado juntos desde entonces…"

Socios de negocios… a primera vista

"En esa primera cita, nos quedamos despiertos hasta las tres de la mañana hablando. Todavía recuerdo la pregunta clave que me hizo Robert esa noche: '¿Qué quieres hacer con tu vida?' De inmediato, de mi boca salieron las palabras: 'Quiero tener mi propio negocio. No soy muy buena recibiendo órdenes y amo los negocios, así que parece que la solución para mí es tener uno propio.' Su respuesta fue: 'Yo te puedo ayudar con eso.' Un mes después, comenzamos juntos nuestro primer negocio juntos. Además de ser compañeros desde esa primera cita, hemos sido socios de negocios desde entonces.

"Esa noche, Robert me explicó el modelo de negocios que su padre rico le había enseñado. Dibujó este diagrama:

"Saqué una libreta de notas de mi bolso y copié el diagrama de los cuadrantes.

"'Lo denomino Cuadrante del flujo de dinero', dijo Robert. 'Representa los cuatro tipos de personas en el mundo de los negocios. E es para empleado. A es para autoempleado. D es para dueño de negocios e I es para inversionista.'

"'Justo en este momento soy una E', dije. Y cuando vi por primera vez ese cuadrante, pregunté a Robert: '¿Cuál es la diferencia entre una persona autoempleada y el dueño de un negocio?'

"Robert explicó que una persona autoempleada puede ser médico, contador, mecánico o cosmetóloga. Ella es la dueña del negocio y trabaja en él. Los A con frecuencia son los únicos productores de ingreso en sus negocios. El dueño depende de otras personas que trabajan en el negocio y lo opera con muy buenos sistemas. Microsoft, Harley Davidson y Starbucks son ejemplos de D. Aquí está la diferencia entre los dos: si un A se toma un mes de vacaciones, entonces su ingreso se detiene un mes. Cuando descansa, su ingreso también lo hace. Si una persona del cuadrante

D toma un mes o un año de vacaciones, cuando regresa, su negocio estará funcionando igual o mejor que sin ella. Robert dijo: 'La clave para el cuadrante I o del inversionista es tener tu dinero trabajando para ti, de modo que tú no debas trabajar por dinero.'

"'Así que idealmente quiero pasar del lado D al I del cuadrante, donde mi negocio me dé a ganar dinero esté yo ahí o no y mis inversiones hagan lo mismo', concluí.

"'Ése es el plan', dijo Robert.

"Dos meses después iniciamos nuestro primer negocio juntos. Diseñamos un logotipo con las palabras 'Ganar/Ganar' y lo bordamos en playeras y chamarras que vendimos en varias conferencias, seminarios y convenciones a lo largo de Estados Unidos. El propósito de ese primer negocio fue generar ingresos y financiar nuestro viaje y colegiatura para asistir a esos programas educativos durante un año, mientras nos preparábamos para construir nuestro siguiente negocio."

Nota: Cuando hablo con mujeres sobre negocios e inversión, las animo a pasar del lado E y A del Cuadrante del flujo de dinero al lado D e I. Ahí es donde tus esfuerzos reciben mayor recompensa. (Por favor lee el libro El Cuadrante del flujo de dinero *de la serie de Padre rico, publicado también por Aguilar, para saber más.)*

1985. El año infernal

"En diciembre de 1984 vendimos todo lo que teníamos, que no era mucho, y dejamos Honolulu para empezar a construir nuestro negocio en el sur de California. No pasó mucho tiempo, cerca de dos meses para ser exactos, antes de que nos hubiéramos acabado el dinero que teníamos.

Estábamos en bancarrota y sin trabajo. Nos faltaba mucho para lanzar nuestro negocio. Hubo veces en que incluso no teníamos ni un techo, dormíamos en un Toyota Celica golpeado. Honestamente puedo decir que 1985 fue el peor año de nuestras vidas."

"¿Cómo fue?", preguntó Pat.

"¿Han escuchado a alguien decir: 'El dinero no compra la felicidad'?", pregunté.

"Por supuesto", dijo Leslie.

"Bueno, puedo decirles de primera mano que el dinero te puede hacer miserable. Yo solía pensar que los ricos eran avaros, malos y sin corazón. Pero luego descubrí de primera mano que esas características de ninguna manera están reservadas para los acaudalados. Cuando Robert y yo no teníamos nada, discutíamos, nos culpábamos el uno al otro. Surgió el resentimiento… definitivamente no estábamos en nuestro mejor momento, nos sentimos muy estresados. La peor parte para mí fue que mi autoestima tocó fondo. Siempre fui una mujer muy optimista, feliz, decidida y segura de mí misma. Pero cuando pasamos por ese periodo abrumador, comencé a dudar de todo lo que conocía y en lo que creía, incluyendo mi habilidad para lograr cualquier cosa. Solía preguntarme: '¿De verdad sé algo?' Lo que comenzó como unas cuantas dudas personales, creció rápidamente en espiral a lo que en esa época parecía un enorme hoyo negro del que era imposible salir."

"¿Y cómo superaste ese desastre?", preguntó Pat.

Una noche de refugio

"Robert y yo tocábamos a la puerta de gente que medio conocíamos y preguntábamos si podíamos pasar la noche en su casa. Hubo una noche durante ese horroroso periodo, que ninguno de los dos olvidaremos nunca. Nuestras tarjetas de crédito estaban al tope. En esos días no todos tenían las máquinas para poder verificar el estatus de la tarjeta de crédito que se usaba. Así que una tarde nuestro amigo nos llevó al motel 6-Pence. Era barato, cerca de la autopista en San Diego. Entré al vestíbulo y puse mi tarjeta de crédito en el mostrador, cruzando los dedos para que el encargado no la revisara. Manualmente, tomó una impresión de mi tarjeta y me entregó la llave de nuestra habitación. Me contuve de saltar de alegría justo ahí, en el vestíbulo. Casi iba corriendo cuando crucé la puerta hacia el coche. '¡Tenemos un cuarto! ¡Tenemos un cuarto! ', dije lo más fuerte que pude sin que me oyera el empleado del hotel.

"Para muchos, era un motel barato. Para nosotros, ésa noche, era el cielo. Cruzamos la calle para llegar al Kentucky Fried Chicken y compramos una cubeta de pollo. Luego fuimos a la tienda de abarrotes y adquirimos un cartón de cerveza. Regresamos a nuestro cuarto, por fin, los dos solos. En ese momento todo estaba bien. Teníamos un refugio en medio de la tormenta. Esa noche simplemente nos abrazamos, sin saber qué nos depararía el día siguiente, pero por lo menos por una noche estábamos bien.

"Estoy segura de que ni Robert ni yo habríamos superado ese año, de no habernos tenido el uno al otro. Todo el tiempo, amigos y familiares nos decían a ambos: '¿Por qué no consiguen un empleo?' Tomen el sueldo por un tiempo hasta que su negocio esté funcionando.' Sabíamos que conseguir empleos sería dar un paso atrás. Habíamos llegado hasta ese punto, no renunciaríamos entonces. También sabíamos que si optábamos por la comodidad del sueldo, quizá nunca construiríamos nuestro negocio. Viendo en retrospectiva, nuestro motor fue esa horrible situación.

Nos condujo a encontrar una forma de salir del desastre en que estábamos. Y la salida no fue fácil, pero no fue consiguiendo un empleo. Estábamos decididos a construir nuestro negocio."

Es tiempo de tomar el control

Continué: "Finalmente llegamos al punto en que simplemente habíamos tenido demasiado de ese caos. Robert llegó a la conclusión de que nadie mejoraría su vida excepto él y de que era tiempo de tomar medidas drásticas. Yo dejé de sentir pena por mí misma. Dejé de culpar a los demás por mis circunstancias. Y los dos simplemente decidimos controlar nuestro futuro y ponernos a trabajar. Y eso hicimos."

"¿De qué era su negocio?", preguntó Janice.

"Construimos una compañía de educación enfocada al mundo empresarial", contesté. "Mientras Robert construyó varios negocios en Honolulu antes de mudarnos a California, estudió por años la forma en que aprende la gente y nuevos e innovadores métodos de enseñanza. Nuestro negocio creció a once oficinas en siete países del mundo. Constantemente estábamos de viaje, sobre todo en otros países."

Leslie preguntó: "¿Cuándo se casaron?"

"Nos casamos en noviembre de 1986 en La Joya, California", dije. "Al negocio de ninguna manera le estaba yendo de maravilla, pero podíamos ver un futuro más brillante."

"¿Qué pasó con ese negocio?", preguntó Pat. "¿Todavía lo tienen?"

Expliqué: "En 1994, después de diez años de dirigir la compañía, la vendimos y nos retiramos. Yo tenía 37 años y Robert 47. Lo mejor es que éramos libres."

"¿Libres en el ámbito financiero?", preguntó Pat.

"Sí. Ya no teníamos que trabajar para ganar dinero", contesté. "Fue una gran sensación."

Leslie preguntó: "Entonces, ¿debieron vender su compañía por mucho dinero para no tener que trabajar nunca? En especial si tú apenas tenías 37 años. Eso quiere decir que tendrían suficiente dinero para 50 o 60 años, o más."

Me reí. "Es lo que la gente piensa. No fue la venta de nuestra compañía lo que nos permitió retirarnos. Si tuviéramos que depender de ese dinero para vivir, probablemente habríamos quemado el dinero obtenido en unos dos años."

"No entiendo", dijo Leslie, confundida.

"Pudimos retirarnos en 1994 por nuestras *inversiones*. Cada mes obteníamos dinero proveniente de esas inversiones, en especial en bienes raíces, eso cubría nuestros gastos. A eso me refiero cuando digo que éramos libres a nivel financiero."

Mi primera inversión

"Yo no sé nada sobre inversiones", admitió Pat. "Me resulta muy ajeno."

"Yo tampoco sabía", dije. "Cuando empecé en el camino de los inversionistas, honestamente ni siquiera sabía lo que significaba la palabra *inversión*. Tenía una curva de aprendizaje muy escarpada frente a mí."

"¿En qué invertiste?", preguntó Janice.

"Comencé con bienes raíces. Es lo que tiene más sentido para mí. Compré mi primera propiedad para alquilar en 1989. Era pequeña y linda, con dos recámaras y un baño, en Portland, Oregon. Estaba apenas a dos cuadras de donde vivíamos. Debo decirles que fue lo más aterrador que he enfrentado. Estaba muerta de miedo, preocupada. Temía cometer errores que nos costarían dinero. En realidad no sabía qué esperar.

"No entraré en detalles ahora. Pero estaba extasiada cuando después de mi primer mes como propietaria recibí la enorme ganancia o flujo de dinero de 50 dólares por esa inversión. En ese momento estaba pasmada. Hoy controlo bienes raíces por muchos millones de dólares al igual que otras inversiones. Y es gracias a mis inversiones, que arrojan grandes cantidades de flujo de dinero mensual, que soy completamente independiente y libre a nivel financiero."

Janice dijo: "Cuando pienso en la palabra 'invertir' pienso en fondos de inversión o acciones y bonos. No pienso por lo general en bienes raíces. ¿Ganas dinero comprando y vendiendo casas?"

"No, no es mediante la compra y venta de casas, sino de comprar y conservar la propiedad. Pero ése es un tema importante. Podemos hablar de ello más tarde si queremos."

Rich Dad Company

"¿Qué hicieron Robert y tú después de retirarse?", preguntó Leslie. "No te puedo imaginar descansando en la alberca todos los días."

"Definitivamente no fue el caso", dije y sonreí abiertamente. "Ese año compramos un rancho de 34 hectáreas en un pequeño pueblo llamado Bisbee, una comunidad artística sobre las montañas del sur de Arizona. Había una choza destartalada en la propiedad, que en realidad era un viejo depósito de diligencias en los días del lejano oeste. Lo convertimos en una maravillosa casa de una recámara con estudio de artista separado. No había televisión, ni radio... sólo paz y silencio.

"Fue en la tranquilidad de Bisbee donde Robert escribió el libro *Padre rico, padre pobre*, con el subtítulo *Qué le enseñan los ricos a sus hijos acerca del dinero, ¡que las clases media y pobre no!* Mientras Robert escribía en Bisbee, yo estaba en Phoenix convirtiendo un pequeño hotel en un edificio de apartamentos. Era la primera vez que lo hacía y me alegra decir que resultó un éxito.

"Y hablando de éxito, *Padre rico, padre pobre* es ahora uno de los cuatro libros que han estado durante más tiempo en la lista de libros más vendidos del *New York Times*. Antes del lanzamiento de *Padre rico, padre pobre*, creamos un juego de mesa llamado Cashflow 101. Diseñamos el juego para enseñar con detalle a la gente qué hicimos para alcanzar libertad a nivel financiero. Al jugar, la gente obtiene experiencia de primera mano en inversiones y en manejo de su dinero. En el juego, el propósito es salir de la 'carrera de la rata', donde vive la mayor parte de la gente todos los días, y llegar al 'carril rápido', donde se encuentran las mayores inversiones. Y la clave para pasar de un carril a otro es algo llamado flujo de dinero: cuando el flujo que recibes de tus inversiones es mayor a tus gastos mensuales, ¡entonces estás fuera de la carrera de la rata!

"Robert, yo y nuestra socia de negocios, Sharon Lechter, publicamos *Padre rico, padre pobre*. Imprimimos mil ejemplares del libro en abril de 1997. Para ser honesta, pensamos que tendríamos regalos de Navidad que nos durarían los siguientes diez años. Ninguna librería lo quería. Ningún distribuidor estaba dispuesto a tocarlo. Ningún mayorista nos devolvía siquiera las llamadas. Así que empezamos a venderlo nosotros mismos. El primer lugar donde lo pusimos a la venta fue en el lavado de autos de un amigo nuestro. Lo colocamos donde pudimos. El libro lentamente comenzó a vender. Se corrió el rumor y en dos años *Padre rico, padre pobre* estaba en la lista de libros más vendidos del *New York Times*. ¡Estábamos por las nubes!

"Francamente, no nos propusimos construir otra compañía, pero The Rich Dad Company ha crecido más de lo que esperábamos. Hoy, el libro se ha traducido a más de 46 idiomas y se vende en más de 97 países; el juego Cashflow 101 a 16 idiomas y sigue aumentando. Hay una serie completa de libros de Padre Rico, al igual que de Asesores de Padre Rico, escrita por personas que nos asesoran en materia de inversiones. El negocio ha crecido y lo sigue haciendo como una marca a nivel mundial que representa independencia y libertad financiera. *Nadie está más agradecido y rebosante de alegría que Robert y yo.*"

"¡Vaya vida!", exclamó Leslie. "Has estado muy movida los últimos veinte años... desde no tener hogar, luego retirarte y tener ahora una compañía internacional sumamente exitosa. Eres muy afortunada. Me encantaría estar en tu lugar hoy."

"Definitivamente soy afortunada", reconocí. "Pero no sé si la mayoría de las personas estarían dispuestas a pasar por lo que Robert y yo soportamos para llegar a donde estamos. Tomamos el camino difícil (el que muchas personas evitan) a cambio de lo que pensábamos sería el camino más fácil en el futuro. Por fortuna, proceder así dio frutos. De modo que ésa es mi historia. Una cosa es segura, no ha sido aburrido."

Una nota especial para las mujeres

Cunado hablo con tantas mujeres que he conocido gracias a The Rich Dad Company, en repetidas ocasiones me piden: "Por favor, ¿podrías hablar sobre inversiones a las mujeres?" Fue el motor para este libro. Su propósito principal es simple y sencillamente inspirar a las mujeres a entrar en acción y entender que volverse independientes a nivel financiero no es gran ciencia. Cualquiera puede hacerlo. Sólo toma un poco de tiempo y educación.

Un punto que espero esté claro como el agua en este libro es el siguiente: hoy más que nunca nosotras, como mujeres, no podemos depender de alguien más, sea marido o pareja, padres, jefe o gobierno, para que se encargue de nosotras a nivel financiero. Lo que era verdad para nuestras madres y abuelas, no aplica en nosotras el día de hoy. En mi opinión, las mujeres deben aprender a invertir para garantizar una vida segura para ellas y sus hijos. Ya no es sólo una opción. Las reglas han cambiado y es el momento de controlar nuestro futuro financiero.

Capítulo 4

Hace veinte años… en las islas

Las mujeres quieren hombres, carreras, dinero, hijos, amigos, lujos, comodidad, independencia, libertad, respeto, amor y pantimedias de tres dólares que no se corran.
Phyllis Diller

Después de escuchar lo que había hecho cada una durante los últimos veinte años, regresamos a nuestros días en Hawai. Los "¿se acuerdan?" comenzaron a fluir.

Pat levantó la mano: "¿Quién se acuerda de nuestro último almuerzo juntas?"

La mesa quedó en silencio durante aproximadamente medio minuto mientras nos transportábamos de regreso a las islas. Ninguna había crecido en Hawai. Todas llegamos ahí por razones obvias: playas llenas de arena, excelente estilo de vida, cálidas aguas del océano, clima apacible y: ¡diversión!, ¡diversión!, ¡y más diversión! Mi primer viaje a Hawai fue con mi familia cuando estaba en preparatoria. En esas vacaciones decidí que la gente más afortunada del mundo vivía en Hawai y que ahí viviría yo.

Todas nos remontamos a nuestros días de soltería y despreocupación en el paraíso. Al final, Janice rompió el silencio: "Hace veinte años en el Lanai de Tahití."

Leslie rió. "Fue en enero. Un hermoso día soleado. Todavía recuerdo a Janice con su sombrero grande y flojo y a Martha con su diminuto *top* rosa de lunares. Los hombres estaban babeando."

"Recuerdo que estábamos sentadas afuera, justo frente a la playa. Se podía oler el bronceador", agregó Pat. "Y era estrictamente vino de la casa, no champaña costoso. Eran tiempos maravillosos. Sin responsabilidades, sin preocupaciones, apenas ganábamos dinero, pero vivíamos bien."

"Y todas estábamos en excelente forma puesto que vivíamos con el traje de baño puesto", dijo Janice.

"Todas maduramos mucho juntas", dije. "Qué mal que Martha y Tracey no pudieron estar aquí hoy. Habría sido muy bueno que estuviéramos todas juntas. Pero, Pat, hiciste un excelente trabajo para rastrearnos. Te debemos una."

La historia de Martha

Leslie rememoró: "Recuerdo que Martha *siempre* estaba en traje de baño. Siempre llevaba en la playa su tabla para surfear. Sí, era la mejor 'chica surfista'. Creció en las playas del sur de California. No era de sorprender que con su amor por el océano y por todo lo relacionado con él estudiara oceanografía."

Janice agregó: "Recuerdo que la última vez que estuvimos juntas, Martha empezaba a trabajar en el Instituto de Vida Marina. Estaba en el séptimo cielo. Su pasión había sido siempre preservar los océanos y la vida marina. ¡Tenía la misión de salvar al mundo! Su sueño era trabajar con Jacques Cousteau en su famoso barco, Calypso. ¿Saben si alguna vez estuvo cerca de cumplirlo? Tú hablaste con ella, Pat."

"Sólo hablé con ella un rato", dijo Pat. "Le pregunté por qué había regresado a California. Dijo que originalmente regresó para ayudar en el negocio de su padre por un par de meses cuando su mejor empleado se fue. Pero luego dijo que simplemente se quedó. Me contó que era más fácil. Y podía surfear cuando quisiera. Recuerdo que dijo que su vida entonces era 'muy cómoda'. Pero se notaba desgastada cuando hablamos. Aparentemente, su padre murió y ahora ella y su madre viven juntas. Como mencioné, no pudo venir porque su madre no se encontraba bien y Martha la está cuidando. Eso debe ser difícil."

"Han pasado veinte años", suspiró Pat.
"Y mi vida es casi 180 grados diferente de como la
imaginé. ¿Qué pasó?" "Creo que se llama
'vida'", dijo Leslie. "La vida pasó."

"Entonces, ¿nunca regresó a la oceanografía?", pregunté.

"Aparentemente no. Evitó el tema cuando le pregunté al respecto", respondió Pat.

"Eso me sorprende", dije.

"¿Dijo si se casó o tenía hijos?", preguntó Janice.

"No lo dijo", respondió Pat.

La historia de Tracey

"¿Cómo está Tracey? ¿Qué hace?", pregunté.

"Sonaba realmente frustrada cuando hablé con ella hace rato", comenzó Pat. "Estaba muy abrumada por no poder estar aquí y, en sus palabras, 'harta y cansada del mundo corporativo.' No estoy segura si sólo era el momento, las dificultades con su proyecto actual o si había más que eso. Aunque cuando he hablado con ella en otras ocasiones no suena muy feliz que digamos. Simplemente no tiene emoción en la voz.

Parece cansada. Sé que está casada y tiene dos hijos. Ser ejecutiva de su compañía y educar a dos hijos (y un marido) no es un camino fácil. Tracy es bastante sorprendente."

"Bueno, parece que Tracey llevó a cabo su plan", contesté. "Ella y yo nos conocimos a través del trabajo… Bueno, algo así. ¿Recuerdan que todos los viernes por la noche en Honolulu, después de trabajar, la ciudad cerraba las calles principales del centro? Todos los restaurantes permanecían abiertos hasta tarde. Había bandas tocando. Las calles llenas de gente, en su mayoría los que trabajaban en el centro o cerca de él. Podías vagar de un restaurante o bar a otro. Era un lugar excelente para conocer gente, en definitiva, uno de los beneficios de trabajar en el centro. Ahí fue donde conocí a Tracey. De inmediato nos llevamos bien. Resultó que las dos asistíamos a la escuela de negocios de la Universidad."

Proseguí: "Tracey tenía una verdadera atracción por el mundo corporativo. Su plan era ascender en la escalera corporativa y parece que fue exacto lo que hizo. Recuerdo que justo después de la universidad consiguió empleo en un puesto provisional trabajando para una de las compañías locales de comida y pronto fue ascendida varias veces hasta un puesto muy importante. Solía contarme sobre sus viajes de negocios a las islas exteriores y sobre cuánto le gustaba interactuar con clientes. Definitivamente, estaba en su elemento. Confío que todavía sea así."

"Es sorprendente lo mucho que pasó en los últimos veinte años", suspiró Pat. "Mi vida es casi 180 grados diferente de como la imaginé cuando estaba empezando por mi cuenta. Tantos giros que nunca esperé."

"Creo que se llama 'vida'", afirmó Leslie. "La vida pasó." Hizo una pausa y dijo: "No sé si todas recuerdan la conversación que tuvimos hacia el final de nuestro último almuerzo juntas y qué nos llevó a estar juntas hoy aquí." Todas admitimos que no sabíamos exactamente a qué conversación se refería Leslie.

"Fue algo semejante a esto", recordó Leslie. "Janice se reunió con nosotras cerca de media hora después, bufando y resoplando. Hablando a mil kilómetros por minuto sobre todas las cosas que la retrasaron."

"Algunas cosas nunca cambian", interrumpió Pat.

"¡Oye! ¡No es justo!", rió Janice.

Nuestro pacto a veinte años

Leslie hizo un vívido recuento de nuestra conversación de tantos años atrás:

"¿De qué han estado hablando?", preguntó Janice mientras el bolso le resbalaba del hombro y su sombrero grande y flojo estaba a punto de caer de su cabeza. "¿Qué me he perdido? Pónganme al corriente. Pónganme al corriente."

Todas dimos versiones abreviadas de en qué punto estábamos de la conversación. Y luego Pat dijo: "Me pregunto qué estaremos haciendo todas dentro de veinte años."

"¡Dentro de veinte años!", gritó Martha. "¡Apenas podemos pensar en lo que haremos después de este almuerzo, mucho menos en lo que pasará dentro de veinte años!"

"¡En veinte años estaremos viejas!", vociferó Tracey. "¿Quién quiere pensar en eso?" Todas reímos. No queríamos pensar, punto. Sólo queríamos disfrutar de nuestro almuerzo con las chicas.

Pero Pat insistió, "Vamos, chicas, ¿en dónde se ven, qué quieren estar haciendo?"

Janice entró en la conversación: "Quiero ser muy rica, estar locamente enamorada y viajar por el mundo."

"¡Yo me quedo con eso!"

"¡Yo también!"

"¡Y yo!"

"¡Inclúyanme!"

Todas estábamos pensando: "¡Oh! Eso nos evita una discusión larga, seria, introspectiva y profunda respecto a nuestro futuro. Es un día muy agradable para pensar en nuestro futuro. Parece como si nos hubieran hecho esa misma pregunta desde que estábamos en la primaria: '¿Qué quieres ser cuando seas grande?' Simplemente vamos a disfrutar el día de hoy."

De cualquier manera, Pat hizo un último intento. "Estoy segura de que nos estaremos frecuentando a lo largo de los años, pero al final quizá tomemos diferentes direcciones. ¿Qué tal si todas acordamos reunirnos de nuevo en veinte años? ¿No sería divertido ver qué hacemos entonces?"

Para sacar del tema de una vez por todas a Pat acordamos que veinte años después nos reuniríamos para un "almuerzo de chicas" y compartiríamos nuestras experiencias. Por supuesto, no hubo discusión respecto a quién lo organizaría y cómo nos mantendríamos en contacto hasta entonces. Pero habíamos tomado la decisión y sin más podíamos disfrutar del almuerzo.

Todas reímos y aplaudimos la evocación que Leslie hizo de nuestra conversación junto a la playa. Estaba en lo correcto.

"Recuerdo haber logrado que todas aceptaran reunirse, pero olvidé el resto", admitió Pat.

"Sólo prométeme que no vas a ponernos a pensar profundamente en este almuerzo también", insistió Janice riendo.

"Lo dejaré a alguna de ustedes esta vez", dijo Pat.

"¿A alguien le gustaría un postre?", preguntó nuestro mesero.

Capítulo 5

No sólo se trata de dinero

Puedes tenerlo todo. Simplemente no
puedes tenerlo todo a la vez.
Ophra Winfrey

No pudimos resistirnos a ordenar un par de postres para compartir entre las cuatro. Cuando el mesero se fue con nuestra orden, Leslie preguntó: "Kim, dijiste que te retiraste hace varios años, ¿correcto?"

"Sí, en 1994", respondí.

"A todas luces no parece que estés llevando una vida descansada, relajada. Mi imagen del retiro es pasar tiempo en el campo de golf, en el club o descansar en las cubiertas de los cruceros. Parece que estás trabajando más que nunca."

Me reí. "Definitivamente no diría que tengo una vida relajada. Aunque tocas un buen tema. Pienso que en la mente de la mayoría de las personas la palabra 'retiro' supone esas imágenes idílicas: una pareja recostada en una playa de arena blanca, jugando dieciocho hoyos de golf o viajando a esos lugares lejanos con los que siempre soñaste."

"Me gustan los lugares lejanos y las playas de arena blanca", confesó Janice.

"A mí también", acordé. "También disfruto de una ronda de golf. Y, lo más importante para mí, amo los nuevos retos y aprender. Y mi trabajo es una parte muy importante de mi vida. El asunto es que no se trataba tanto de estar *retirada* o dejar de trabajar, era que me encontraba en una posición financiera en la cual ya no *tenía* que trabajar si elegía no hacerlo. No necesitaba el dinero de mi trabajo o negocios para vivir. Podía *elegir* lo que quería. Literalmente era libre a nivel financiero para hacerlo."

Leslie siguió con el tema: "Entonces, si no te importa que lo pregunte, ¿cómo llegaste a esa posición? Sé que dijiste que tenías dinero proveniente de tus inversiones, pero no entiendo cómo eso pudo ser suficiente para retirarse. Quiero decir, para no tener que trabajar debiste hacer una fortuna. ¿Cómo lo lograste?"

"Primero que nada, no hice una fortuna", dije. "Fue un proceso que comenzó años atrás para nosotros. El padre rico de Robert siempre le dijo: 'Debes aprender a hacer que tu dinero trabaje duro para ti, de modo que tú no debas trabajar duro para ganar dinero'. Decía que mientras tú fueras el que trabajara por dinero nunca serías libre, porque siempre tendrías que trabajar para recibir dinero."

"¿A quién te refieres con 'el padre rico de Robert'?", preguntó Janice.

"Su padre rico era el mejor amigo de su padre; dejó la escuela a los trece años para mantener a su familia. Logró convertirse en uno de los hombres más adinerados del estado de Hawai. Robert da crédito a su padre rico por mucho de lo que ha aprendido sobre dinero e inversiones.

"Cuando Robert tenía nueve años, su padre rico empezó a enseñarle cómo hacer que su dinero trabajara para él. Y es lo que yo empecé a aprender en 1989. Ese año, aprendí cómo poner a trabajar a mi dinero para mí. Fue entonces cuando entré al mundo de las *inversiones*."

"Está bien, has mencionado inversión varias veces", dijo Leslie con impaciencia. "Yo tengo algunas preocupaciones reales en lo que respecta a las inversiones. ¡La gente pierde dinero al invertir! Pienso que es muy arriesgado. ¡Y demasiado confuso! ¡Necesitas la mente de un mago financiero para entender las inversiones! Yo soy artista; con trabajos puedo llevar una chequera. ¡Creo que nunca podría invertir!"

"Yo siempre he dejado las inversiones a mi marido", dijo Pat. "Simplemente parece que no tengo talento para eso. Es tan complicado… Y nunca puedo entender de qué hablan los corredores." Luego preguntó: "¿Juegas en la bolsa? ¿Haces mucho dinero comprando y vendiendo acciones? Mi marido apenas parece quedar tablas cuando invierte."

Janice agregó: "Yo tengo algunas acciones y fondos de inversión pero no les presto mucha atención. Los compré hace años. Hago eso de 'comprar y retener', pero en realidad es como 'compra y espera a que aumenten de valor'. Además, estoy demasiado ocupada con mi negocio como para molestarme."

Permanecí en silencio después de escuchar sus comentarios. Todas esperaban que respondiera. Elegí mis palabras con cuidado: "Lo único que dije fue la palabra 'inversión' y las tres tuvieron reacciones automáticas. Leslie dice que es demasiado arriesgado. Pat que es muy complicado. Y Janice que no tiene tiempo. Todas me dicen por qué invertir no es para ustedes."

Seguí adelante: "Retomemos el asunto. Leslie me preguntó cómo me retiré. Dije que a través de las inversiones. Pero déjenme ser clara, mi meta no era invertir, ni siquiera era hacerme rica. Mi meta era ser *independiente a nivel financiero*. A muy temprana edad supe que no quería depender de nadie —ni de un marido, ni de un jefe, ni de mis padres— para mi bienestar financiero. Para mí, la independencia financiera es libertad. Mientras dependiera de alguien para mi supervivencia no sería libre. Simplemente eso. La forma como se definía para mí la independencia financiera era: el momento en que tuviera más dinero entrante cada mes —sin que yo trabajara por él— que el saliente para mis gastos mensuales. Hay muchas maneras de lograrlo", expliqué. "Por supuesto, está la lotería, pero sabía que mis posibilidades de pegarle al gordo eran prácticamente nulas. No planeaba heredar dinero. Y no me iba a casar con alguien por dinero."

Janice interrumpió: "¿Recuerdan a Erica, que trabajaba en el gimnasio? Se casó por dinero con un tipo 30 años mayor que ella. Vaya que tiene anécdotas que contar. No sé quién ha tenido más aventuras, él o ella."

Todas miramos a Janice con gran sorpresa.

"Lo siento, sólo pensé que podía mencionarlo en la conversación", dijo.

"Como dije, no me iba a casar por dinero", resumí.

"Algunas personas hacen sus fortunas en negocios. Incluso conforme Robert y yo construíamos los nuestros, no había ninguna garantía de éxito. Y si los nuestros eran exitosos, ¿por cuánto tiempo querríamos dirigirlos? Así que cuando fui introducida al mundo de las inversiones me interesé."

Leslie se veía confundida. "Sabes, sí reaccioné. Y mientras estoy sentada aquí me doy cuenta de que en realidad no sé lo que significa la palabra 'invertir'."

Sonreí. "Como dije, yo tampoco. Y para ser honesta no fue tanto la idea de *invertir* la que llamó mi atención, fue el concepto de tener dinero entrante cada mes proveniente de mis inversiones, por el cual literalmente no tenía que ir a trabajar. Como dijiste antes, Leslie, cualquiera de nosotras necesitaría una fortuna para no tener que trabajar. Y si estaba planeando vivir de mis ahorros, entonces *necesitaría* una fortuna en ahorros. Pero si tenía dinero entrante cada mes proveniente de mis *inversiones*, entonces no necesitaría adquirir una enorme suma de dinero para vivir. ¿Le están encontrando sentido?"

Las tres, vacilantes, asintieron con la cabeza.

"¿Así que para ti es más importante tener dinero fijo entrante cada mes en lugar de amasar grandes cantidades en ahorros?", preguntó Pat.

"Sí", contesté. "Se llama flujo de dinero. Cada mes, el efectivo fluye."

"¿Cuánto flujo de dinero necesitas al mes?", preguntó Pat.

Llegó el momento en que me pregunté: "¿Qué quieres hacer con tu vida?" Ahora tenía opciones. Podía hacer lo que quería simplemente porque lo deseaba, no porque necesitara hacerlo.

"Excelente pregunta. Trabaje o no, quiero que cada mes entre dinero que pague todos mis gastos… De eso se trata simplemente. Fue mi meta desde el inicio. Adquirir inversiones que arrojaran suficiente flujo de dinero al mes para pagar por mi estilo de vida. ¿Y qué es lo importante en eso? Que a los 37 años quedé en libertad. En ese punto ya no *tenía* que ir a la oficina, perderme cosas que deseaba realizar o tolerar que mi jefe me dijera qué hacer. Ya no necesitaba depender de nadie por dinero. Era libre de hacer lo que quería en cualquier momento. Creo que para mí fue el punto en que realmente comencé a preguntarme: '¿qué quieres hacer con tu vida?' Fue como estar de regreso en Honolulu hace veinte años, empezando y con todas esas opciones disponibles para mí, sólo que no estaba preocupada por dinero. Ahora era cuestión de elegir qué hacer porque lo deseaba, no porque *necesitara* hacerlo. La independencia financiera consiste en tener opciones.

"Déjenme agregar una cosa más. Veo a muchas mujeres atrapadas en matrimonios miserables porque dependen de sus maridos, o a mujeres en empleos que odian porque necesitan un sueldo fijo. En mi opinión, se quedan porque han elegido 'seguridad' sobre 'autoestima'. Eso para mí es el mayor crimen de todos. Muchas mujeres eligen una situación medio infeliz por razones financieras y luego dicen: 'El dinero no es tan importante.' El dinero desempeña un papel más grande en la vida de las mujeres de lo que admitiría la mayoría. Sólo pregúntate, si tuvieras todo el dinero del mundo, ¿quizá existen algunas cosas que harías de manera diferente en tu vida? El dinero tiene el poder de mantener atrapada a una mujer o de ponerla en libertad. Depende de ella."

Las tres mujeres en torno a la mesa estaban en silencio. Pienso que atrapé su atención.

Por qué las mujeres deben convertirse en inversionistas

Una joven periodista se me acercó hace poco y me dijo de una manera bastante apasionada: "Debemos hacer que las mujeres estén conscientes de que necesitan encargarse de su dinero. ¡No pueden depender de alguien más para que lo haga en su lugar!" Después de hablar más con ella, descubrí de dónde venía la pasión. Resulta que su madre de 54 años acababa de divorciarse. Había quedado básicamente sin nada y se mudó con su hija, quien debía mantener a ambas. Esta situación fue una llamada de atención para la joven periodista y la cimbró. Al ver hacia delante, descubrió que si su sueldo fijo se detenía, tenía cerca de 7 000 dólares de respaldo. De pronto, se vio impulsada a la acción.

Como dije en la introducción de este libro, el "cómo" de la inversión, cómo comprar y vender acciones, cómo manejar una propiedad de alquiler o analizar una inversión de negocios, es el mismo para hombres y mujeres. Sin embargo, las razones de *por qué* las mujeres deben convertirse en inversionistas son muy diferentes.

Sabemos que llevamos vidas distintas a las que llevaron nuestras madres. Es sorprendente qué tan diferentes. A continuación menciono seis razones de por qué las mujeres necesitan entrar en el juego de las inversiones.

1) Las estadísticas

Las estadísticas sobre mujeres y dinero son sorprendentes. Las siguientes cifras son estadounidenses. No obstante, encuentro que para otros países del mundo son muy similares o apuntan en la misma dirección.

En Estados Unidos:

- 47% de las mujeres con más de 50 años son solteras. Esto significa que son responsables de sí mismas a nivel financiero.
- El ingreso por jubilación que reciben las mujeres es menor al de los hombres porque una mujer está fuera de la fuerza laboral un promedio de 14.7 años en comparación a 1.6 años en el caso de hombres. Las mujeres por lo general son las principales responsables de cuidar del hogar. Esto, aunado a sala-

rios más bajos, resulta en beneficios de jubilación de tan sólo ¼ respecto a los de los hombres (fuente: National Center for Women and Retirement Research, NCWRR)

- 50% de los matrimonios terminan en divorcio. ¿Y por lo general quién cuida de los hijos? La mujer. Así que ahora ella es la única responsable de sí misma... y de sus hijos. ¿Y cuál es el tema número uno por el que pelean las parejas? Dinero.
- En el primer año de un divorcio el nivel de vida de una mujer baja en promedio 73 por ciento.
- Desde 2000, se espera que las mujeres vivan en promedio de siete a diez años más que los hombres (fuente: Ann Letteeresee, 12 de junio de 2000), lo que significa que deben tomar medidas para esos años adicionales. Sin embargo, las mujeres casadas de la generación del *baby boom* pueden esperar vivir más que sus maridos, en promedio de quince a veinte años.
- La mujer promedio nacida entre 1948 y 1964 probablemente permanecerá en la fuerza laboral hasta los 74 años, debido a la cobertura de pensión y ahorros financieros inadecuados (fuente: Nacional Center for Women and Retirement Research, 1996.)
- De los ancianos que viven en la pobreza:
  — Tres de cada cuatro son mujeres (fuente: Morningstar Fund Investor).
  — 80% de las mujeres no eran pobres cuando sus maridos vivían.
- Aproximadamente siete de cada diez mujeres en algún momento de su vida viven en la pobreza.

¿Qué nos dicen estas estadísticas? Cada vez más mujeres, en especial conforme envejecen, no están educadas o preparadas para cuidarse a nivel financiero. Hemos pasado la vida entera cuidando a nuestras familias, pero no tenemos la habilidad para ver por nosotras en este sentido vital. Dependemos de alguien más para que lo haga por nosotras: un marido o pareja, un jefe, un pariente o el gobierno; o simplemente pensamos que todo saldrá bien. Los cuentos de hadas con los que crecimos fueron justo eso.

Tres estadísticas finales por considerar

- 90% de todas las mujeres tendrá la responsabilidad exclusiva de sus finanzas en algún momento de su vida. No obstante, 79% no ha hecho planes al respecto.
- 58% de las mujeres nacidas durante el *baby boom* tiene menos de 10 mil dólares de jubilación.
- Sólo 20% de las mujeres de la generación del *baby boom* tendrá seguridad financiera en el retiro (fuente: *Ms. Magazine*, 2002). Esto significa que 80% de nosotras no la tendrá. Sin embargo, el hecho de que estés leyendo este libro indica que estás inclinándote hacia el 20 por ciento. Idealmente, conforme más mujeres inviertan, ese 20% aumentará de manera significativa.

2) Evitar la dependencia

No te casas para divorciarte. No comienzas un nuevo trabajo esperando que te despidan. Sin embargo esto sucede cada vez con más frecuencia. He dicho esto antes, pero, mujeres, si dependen de su marido, jefe o de cualquier otra persona para su futuro financiero, piénsenlo dos veces. Puede que ellos simplemente no estén ahí cuando ustedes los necesiten. Con frecuencia quizá ni siquiera nos damos cuenta de lo dependientes que somos hasta que nos enfrentamos con nuestra llamada de alerta personal.

Mi historia personal es ésta. Robert y yo hemos sido socios de negocios desde un mes después de nuestra primera cita. Construimos varios negocios a lo largo de los años.

Llevábamos seis años con nuestra compañía de educación empresarial cuando una discusión me llevó a una epifanía. La compañía estaba operando en Australia, Nueva Zelanda, Estados Unidos, Hong Kong, Singapur, Malasia y Canadá. Construimos los negocios con Robert como figura principal, vocero y visionario, lo cual tenía perfecta lógica de negocios. Un día Robert y yo tuvimos un desacuerdo que se convirtió en una gran pelea. Al calor de la discusión azoté la puerta de nuestra casa. Ninguno de los dos razonaba en ese momento. Necesitaba tiempo para pensar y caminé en la zona de la montaña cercana a nuestra casa. Mientras estaba sola con mis pensamientos, la realidad me asestó un golpe.

Toda mi vida me enorgullecí de ser independiente. Desde el momento en que conseguí mi primer empleo en la preparatoria supe que no sería dependiente mientras ganara dinero. Y, aunque construí esta compañía con Robert desde cero, la verdad me golpeó en la cara: de repente comprendí que si Robert y yo nos separábamos, no sólo perdería mi matrimonio… ¡sino también mi negocio! Como Robert era la figura central de nuestra compañía, si se iba, el negocio colapsaría. Y, si se quedaba, entonces yo me iría. De cualquier manera, la realidad era que, sin darme cuenta, me había dispuesto a ser dependiente de Robert. ¡No podía creerlo! Sé que Robert no lo veía de esa forma, pero yo sí. Fue mi llamada de alerta. Y ahora quería asegurarme de que cualquier decisión que tomara sería la correcta para mí… y no para mi cuenta bancaria.

Robert y yo resolvimos nuestra discusión y estaba claro que deseábamos seguir juntos por mucho tiempo. Pero esa llamada de alerta tuvo un efecto que cambió mi vida. Hasta ese momento, había comprado algunas propiedades para alquilar, pero lo veía como un pasatiempo. Ahora era mi medio de alcanzar la libertad. Ahí fue cuando la pasión entró e invertir ya no fue un pasatiempo para mí, fue una misión.

Hubo un enorme, inesperado beneficio cuando me convertí en inversionista. Una vez que entendí las reglas del juego y aprendí cómo hacer dinero de manera pasiva, sin trabajar, por primera vez me di cuenta de que ya no necesitaba a Robert. Aún más revelador fue descubrir que quería estar con él, no por necesidad sino por deseo. En ese punto nuestra relación adquirió un nuevo significado. Estábamos juntos porque ambos lo deseábamos.

Otro inmenso regalo fue que mi autoestima creció en este proceso. Como resultado, Robert y yo teníamos más respeto, amor, igualdad y felicidad en nuestro matrimonio.

3) Sin techo de cristal

Un obstáculo para muchas mujeres en el mundo corporativo es el mito del techo de cristal: establece que por nuestro género, las mujeres sólo podemos llegar hasta cierto nivel en la escalera corporativa.

En el mundo de las inversiones, a los mercados bursátiles no les importa si eres mujer o si eres hombre, blanco o negro, alguien con título universitario o que nunca terminó la preparatoria. A los mercados bursátiles sólo les interesa qué tan inteligente eres con tu dinero. La clave es educación y experiencia. Cuanto más inteligente seas en tus decisiones, mayor será tu éxito como inversionista. No hay límites, no hay techo —ni de vidrio ni de nada— para las mujeres en el mundo de las inversiones.

4) Sin límites de ingreso

Debido al techo de cristal y a la desigualdad de sueldos entre hombres y mujeres, una mujer a menudo está limitada en cuanto al ingreso al que aspira. Algunos estudios muestran que mujeres con la misma educación y experiencia que sus contrapartes masculinas ganan cerca de 74 centavos por cada dólar de sus compañeros. En las inversiones, el dinero que puedes ganar es ilimitado. Eres completamente responsable de ello y controlas la cantidad de dinero que deseas ganar como inversionista.

Como yo no quería que nadie me dijera cuánto podía ganar, no tener límite respecto a mi ingreso me atrajo en gran medida.

5) Aumento de la autoestima

Personalmente, pienso que es uno de los mayores beneficios para las mujeres inversionistas. No es poco común que la autoestima de una mujer se relacione con su habilidad para mantenerse. Depender de cualquiera para tu vida financiera puede reducir tu propio valor. Puedes hacer cosas que no harías si el dinero no fuera un problema.

He visto elevarse la autoestima de muchas mujeres una vez que saben cómo salir adelante en lo financiero por cuenta propia. Y cuando la autoestima de una mujer se eleva, las relaciones a su alrededor se intensifican. Su vida mejora en general porque se sienten bien consigo mismas y toman decisiones que les resultan legítimas. Con cada pequeña victoria, tu seguridad aumenta. Una mayor seguridad conduce a una autoestima más alta, que a su vez conlleva un éxito más grande y el mayor regalo de todos: la libertad.

6) Control de tu tiempo

Un gran impedimento para las mujeres (quizá más frecuente que para los hombres) en lo que respecta a las inversiones es el *tiempo*. Esto es especialmente cierto para las madres que a menudo pasan muchas horas del día cuidando a los hijos. Escucho a muchas mujeres decir: "Después de regresar del trabajo, debo preparar la cena, ayudar a mis hijos con su tarea y lavar los platos. ¡Para cuando todos están en la cama y tengo un momento libre, estoy exhausta!"

Como inversionista controlas tu tiempo. Invertir es algo que puedes hacer con tiempo parcial o completo, desde tu casa, oficina o donde sea.

También es algo en lo que puedes incluir a tus hijos. Muchas madres me han dicho que los llevan a ver propiedades o inversiones en negocios potenciales. Y un gran bono adicional es que, cuando incluyes a tus hijos en el proceso de inversión, en realidad les estás enseñando a ser inversionistas. Te conviertes en maestra justo como el padre rico de Robert para él.

Yo no tengo hijos, pero ciertamente comprendo el deseo de pasar tiempo con ellos, verlos crecer, estar ahí en todos sus "primeros momentos". Es una de las mayores libertades que existen: tiempo. Ser inversionista te permite pasar tu tiempo como quieres, con tus hijos, cónyuge o pareja, de vacaciones o en tratos potenciales. Tienes el control de tu tiempo.

Resumen

Las seis razones anteriores explican por qué las mujeres y las inversiones van de la mano. Las estadísticas demuestran cuánto han cambiado los tiempos y señalan que nuestra educación financiera ya no es un lujo, sino una necesidad. Depender de alguien más para tu futuro financiero es como tirar los dados en Las Vegas. La recompensa puede estar ahí, al final, pero el riesgo es altísimo. Los techos de cristal y los límites al ingreso van en contra de lo que muchas mujeres han buscado por siglos. Ambos desaparecen en el mundo de las inversiones. Y los dos regalos más grandes que existen (un sentido más alto de tu valor y tiempo para hacer con él lo que quieras) pueden ser tuyos. Hoy en día, las inversiones ya no son sólo una buena idea para las mujeres, son imprescindibles.

Capítulo 6

"¡No tengo tiempo!"

Creo que somos las únicas responsables de nuestras elecciones
y tenemos que aceptar las consecuencias de cada hecho,
palabra y pensamiento a lo largo de nuestra vida.
Elizabeth Kubler-Ross

Pat habló primero: "Todo esto es bastante revelador. Claramente me puedo sentir dependiente de mi marido a nivel financiero. Nunca me siento realmente cómoda tomando esas decisiones porque siento que él es quien gana el dinero, así que no tengo mucha gestión. Tengo mi propio guardadito que he ahorrado y que uso para lo que quiera.

Sin embargo, lo que me asombra y realmente me incomoda es una buena amiga que está en mitad de un divorcio luego de 22 años de matrimonio. Se quedará con muy poco cuando todo se haya resuelto... salvo la pensión para los niños. Ella encaja justo en esas estadísticas. Además, no ha estado dentro de la fuerza laboral en los últimos dieciocho años. Casi tiene 50 y además de sacar adelante las cuentas, busca qué poner en su currículo. Está aterrorizada", concluyó Pat.

Janice se veía un poco inquieta: "Déjame preguntarte esto", comenzó. "Amo mi negocio y planeo pasar el resto de mi carrera en él o venderlo con una buena ganancia. ¿Por qué necesito invertir? Siento que tengo un plan sólido."

"Tienes un plan excelente", le dije. "De lo que estoy hablando es de tener opciones. Si tu plan funciona como imaginas, entonces maravilloso. Y, conociéndote, harás que así sea. En cuanto a The Rich Dad Company, haber llegado en principio a la compañía con independencia financiera, realmente incrementó el éxito de nuestro negocio. Cuando empezamos la compañía, Robert y yo no necesitábamos dinero para vivir. Lo mismo era cierto en el caso de nuestra socia, Sharon. Así que en cada decisión que tomábamos nos preguntábamos: '¿Cuál es la mejor decisión para la compañía?', no '¿Qué pondrá más dinero en nuestros bolsillos?' Eso por sí solo aceleró el crecimiento de nuestra compañía. Nos condujo a tomar mejores decisiones para el negocio.

"Aquí hay otro ejemplo de una mujer que ama su trabajo", continué. "Tengo una muy buena amiga, Carol, dentista. Es dueña de su consultorio. Hace poco le diagnosticaron cáncer de mama. Gracias a Dios el doctor lo detectó a tiempo y ella está bien. Me llamó poco después del calvario y dijo: 'Ésta ha sido una enorme llamada de alerta para mí. Voy por ahí como una dentista exitosa, ganando un ingreso excelente, disfrutando lo que hago y de repente tengo cáncer. De inmediato comencé a pensar en qué pasaría si no pudiera trabajar. Mi buen ingreso rápidamente se iría a ceros. Y mis ahorros *podrían* mantenerme por un año'. Fue un momento aterrador. No sólo enfrentaba el cáncer, sino, para colmo, un posible desastre financiero.

"Como resultado de esa llamada de atención, hoy es dueña de varias propiedades para alquilar que arrojan un ingreso mensual sano y está preparando su consultorio para que funcione sin ella, si alguna vez elige dejarlo."

"De nuevo", terminé, "simplemente se trata de darte opciones."

Janice asintió en conformidad.

La excusa número 1 de las mujeres

"Pero, Janice, tú hiciste la primera y más importante pregunta que una mujer necesita resolver cuando se trata de empezar algo nuevo."

"¿Qué pregunté?"

"Algo que si no respondes con honestidad arruinará tus posibilidades de éxito", dije. "Primero, déjame decir esto: no estoy aquí hoy para convencerlas de convertirse en inversionistas fabulosas… aunque creo que sería algo muy inteligente de su parte. Estamos aquí hoy para ponernos al corriente respecto a las vidas de las demás, para tener un maravilloso almuerzo juntas, hablar de 'los viejos tiempos' y disfrutar del día."

"Eso está bien", dijo Pat. "Esto se está poniendo bueno."

"Bien, porque a veces no puedo evitar compartir con personas que me importan lo que he aprendido en el transcurso de los años. Y cuando empiezo, es difícil que me callen. Así que, si parece que estoy predicando, ofrezco disculpas. Lo que he hecho y he aprendido no es porque sea lista, tenga un título universitario, habilidades especiales o sepa más que cualquier otra persona. Lo que he hecho no es porque tengo esas brillantes ideas que me vienen a la mente. No tiene nada que ver con eso. Pero he aprendido de muchos maestros excelentes… la mayoría ni siquiera se da cuenta de que son maestros. Son personas de negocios, inversionistas, escritores, padres y amigos. Así que, cuando hablo sobre inversiones y sobre lo que hago, comparto con ustedes una combinación del conocimiento y experiencia de todas esas personas.

"En verdad no estoy aquí para hablarles sobre nada. Sólo soy un poco entusiasta porque he visto cómo la vida de muchas mujeres ha dado un giro para mejorar desde que entraron en este juego. En vez de que yo siga hable y hable, si quieren conversar más al respecto lo podemos hacer en otra ocasión. Por ahora disfrutemos nuestra reunión."

Cuál es la pregunta

"No tan rápido", interrumpió Janice. "Dijiste que yo había hecho una pregunta importante. Quiero saber cuál."

Miré a Pat y a Leslie. "¿Ustedes dos quieren escuchar esto? Puedo hablar con Janice después sobre el tema."

"No, continúa", exclamó Leslie. "Definitivamente quiero escucharlo. Sólo estoy sorprendida con lo que escucho porque, para ser del todo honesta, he buscado algunas respuestas al respecto."

Pat agregó: "Tienes mi atención, aunque algunas cosas que dices parecen muy lejanas para que las pueda entender. Continúa."

"Está bien", comencé. "Janice hizo 'la' pregunta. Pero antes de entrar en materia déjenme darles una pista. Déjenme hacerles a todas una pregunta. Si les dijera, pasemos tres días completos a la semana, todas las semanas, haciendo ejercicio y poniéndonos en forma, ¿qué dirían?"

"Estoy demasiado ocupada. No puedo dejar mi negocio con tanta frecuencia", comenzó Janice.

"Sí, claro, no puedo tomarme tres días de mi trabajo. Es demasiado tiempo", secundó Leslie.

"Yo lo haría si tuviera tiempo. Realmente estoy fuera de forma", terminó Pat.

"Tiempo. Siempre es cuestión de tiempo, ¿no es cierto?", pregunté. Todas asintieron con la cabeza.

"Estamos demasiado ocupadas. No tenemos tiempo. Aunque es algo que sabemos que sería bueno para nosotras, los requerimientos de tiempo son demasiado grandes."

"Entonces, ¿a qué quieres llegar?", preguntó Leslie.

Proseguí: "A menudo usamos excusas, disfrazadas de razones, cuando no queremos hacer algo. Las razones suenan perfectamente lógicas y aceptables, pero en realidad es la forma que tiene una persona de decir: 'No voy a hacer eso' o 'No quiero hacer aquello.' ¿Y la excusa o razón número uno que usa la gente hoy en día, cuál es?"

Lo que he hecho y aprendido no es porque sea lista, tenga
un título universitario, habilidades especiales o sepa más
que cualquier otra persona.

•

Lo que he hecho no es porque tengo esas
brillantes ideas que me vienen a la mente.
No tiene nada que ver con eso.

•

Pero he aprendido de muchos maestros excelentes...
la mayoría ni siquiera se da cuenta de que
son maestros. Son personas de negocios, inversionistas,
escritores, padres y amigos.

"¡No tengo tiempo!", dijo Leslie.

"¡Exacto! Y a menudo no tenemos tiempo. Sin duda todas estamos muy ocupadas. Con qué frecuencia decimos: 'Si tan sólo el día tuviera más horas.' Esto es especialmente cierto en el caso de las mujeres. Cuántas tenemos carreras de tiempo completo, hijos, un marido o una relación, además de actividades cotidianas adicionales. Así que cuando alguien sugiere agregar otra actividad que demande nuestro tiempo explotamos.

"Cuando decimos 'no tengo tiempo', sólo afirmamos 'lo que tengo en mi plato es más importante que la actividad adicional que sugieres.' No está bien ni mal decir 'no tengo tiempo.' Pero la pregunta que deben hacerse es '¿realmente qué es más importante?' A menudo la excusa de no tener tiempo es una respuesta automática porque estamos abrumadas y no podemos imaginarnos agregando una cosa más a la carga de trabajo."

"¿Y qué tal si realmente estamos hasta el tope de trabajo y actividades y simplemente no tenemos tiempo?", preguntó Janice.

"Es una buena pregunta", reconocí.

"Soy buena con las preguntas, no tanto con las respuestas", rió Janice.

"Lo cual es un perfecto regreso a nuestra pregunta original", respondí. "La razón o excusa número uno que escucho de las mujeres cuando les hablo sobre empezar a invertir es, adivinaron: '¡No tengo tiempo!'. De manera que si hacen malabares con familia, carrera, obras de caridad, deportes, por no mencionar el simple hecho de mantenerse en contacto con amigos y la vida cotidiana, ¿cómo encuentran tiempo?

Por desgracia no podemos añadir más horas al día. A partir de hablar con muchas mujeres parece claro que la forma como 'encuentras tiempo' es la respuesta a la pregunta original de Janice."

"Qué es...", rogó Janice.

"La pregunta crítica que hiciste fue: '¿Por qué necesito invertir?'"

Las tres mujeres estaban totalmente desconcertadas.

"¿Y por qué es la pregunta más importante?", preguntó Leslie con una mirada confundida.

Tu motivo personal

"Porque la mayoría de las personas piensan que el primer paso para invertir es aprender los 'cómo'", contesté. "Cómo encontrar un buen corredor de bienes raíces. Cómo adquirir una opción de compra. Cómo ubicar un buen negocio donde invertir. Los cómo no son difíciles de aprender. Toma algo de tiempo (ahí está de nuevo esa palabra) y algo de educación. Pero el paso real en lo que respecta a la inversión es encontrar por qué quieres o necesitas aprender. ¿Por qué tomarías este reto? ¿Qué te motivaría e impulsaría a invertir tiempo y esfuerzo para convertirte en una buena inversionista?"

"Yo sólo quiero hacer suficiente dinero, de modo que no tenga que ir a trabajar todos los días", ofreció como respuesta Leslie.

"¿Ganar suficiente dinero, de modo que ya no tengas que ir a trabajar, te inspira leer libros, hacer esfuerzo físico, asistir a seminarios, buscar y reunirte con expertos en inversiones y ceder tus días libres?", pregunté.

"¡Vaya! Suena como demasiado trabajo. Me canso de sólo pensarlo", respondió.

"Entonces no es tu por qué. Si no te inspira, no es una razón fuerte y apremiante para hacerlo", expliqué.

"Entonces, ¿cuál es una razón apremiante? ¿Puedes darnos un ejemplo?", preguntó Pat.

Pensé por un momento. "Está bien. ¿Recuerdan cuando les pregunté sobre pasar tres días enteros a la semana haciendo ejercicio?" Todas asintieron con la cabeza. "Obviamente ninguna de ustedes tenía una razón apremiante para hacerlo. Cada una dio la razón de por qué no podían cumplir con el compromiso. ¿De acuerdo?", pregunté.

De nuevo asintieron.

Continué. "¿Qué tal si fueran al médico a una revisión y les dijera que tienen una enfermedad extraña y si no hacen ejercicio tres días completos a la semana morirán? ¿Ahora tendrían una razón apremiante para hacer ejercicio?"

Sus ojos se abrieron al máximo.

"Eso con toda seguridad me funcionaría a mí", dijo Janice. "De pronto, hacer ejercicio se convertiría en mi prioridad."

"¡Ahí lo tienes!", dije emocionada. "En un inicio, hacer ejercicio no era prioridad en su vida. En cuanto descubres esa razón, se convierte en la principal prioridad. Es exactamente a lo que me refiero cuando hablo sobre encontrar tu propio por qué."

"Entonces si no descubres la razón real de por qué, no es una prioridad y probablemente no lo harás", dijo Pat.

"O no te mantendrás. Si comienzas, las probabilidades son que pierdas interés y te rindas", añadí. "¿Cuántas veces hemos comenzado algo que parecía muy importante pero nunca lo terminamos? Probablemente se debe a que sonaba como una idea excelente, pero nunca nos tomamos tiempo para revelar la verdadera razón para hacerlo. En lo que respecta a iniciarse en la inversión, hay una gran curva de aprendizaje, así que no es suficiente decir que mi razón es 'Quiero hacer más dinero' o 'Quiero comprar propiedades para alquilar' o 'Quiero retirarme'. Todas ésas son razones, pero dudo de que las inspirarían cuando estuvieran listas a renunciar, porque se pone un poco difícil o sienten que han hecho 'suficiente' y los resultados aún no llegan. Su personal por qué debe ser deslumbrante y conmovedor, de manera que cuando comiencen a dudar de lo que hacen su por qué las mantenga en marcha."

"Entonces el sólo hecho de decirme a mí misma: '*Debería* invertir' o 'Tal y cual dijeron que era una buena idea' no me motivará a seguir adelante porque no he descubierto mi beneficio profundo, lo que representa para mí verdaderamente", dijo Leslie.

Algunos por qué

"Exactamente. El otro día escuché un fantástico por qué", dije. "Estaba hablando con un caballero, Peter, padre soltero con un hijo de siete años. Me dijo: 'Soy ingeniero. Veo a mi hijo unos minutos en la mañana, luego el padre de otro niño lo recoge para llevarlo a la escuela y me voy a trabajar. Si tengo suerte llego a casa antes de que se acueste. La razón por la que quería ser libre a nivel financiero era simple y sencillamente para llevar a mi hijo a la escuela todos los días. Eso era todo. Bueno, me tomó cuatro años y hoy soy libre. El flujo de dinero de mis inversiones paga por mi estilo de vida. Y hoy llevo a mi hijo a la escuela todos los días. Probablemente soy la única persona en la autopista de Los Ángeles atorado en medio del tránsito a la hora pico con una enorme sonrisa en el rostro.' Ésa es una valiosa *razón de por qué*."

"Eso me recuerda a mi vecina", dijo Leslie. "Ella y yo hablamos a menudo y comparte conmigo lo frustrada que se siente por ser madre soltera. Sus padres se divorciaron cuando tenía cinco años y él obtuvo la custodia. El problema era que su padre siempre estaba trabajando o persiguiendo a su siguiente novia. Mi vecina dice que tuvo muy poca a nula guía o estabilidad mientras creció. Básicamente la cuidaron niñeras. En consecuencia, sólo deseaba que sus hijos supieran que eran amados, protegidos y cuidados todos los días. Simplemente quería pasar el mayor tiempo posible con ellos. Su dilema, como el de tantas mujeres, es que debe trabajar tiempo completo para mantener a su familia, lo que a veces incluye noches y días. Tiene su *razón de por qué*. Sólo que no sabe qué hacer al respecto."

"Mi hermana es otro ejemplo", anunció Pat. "Desde que fue capaz de abrir un libro ha soñado con viajar por el mundo. Solía devorar libros sobre tierras extranjeras. Sus trabajos finales siempre tenían lugar en ubicaciones exóticas. Acumuló una enorme colección de folletos y artículos de todos los lugares que soñaba visitar. Constantemente me dice que quiere vivir su sueño antes de ser demasiado vieja para disfrutarlo. Estaría muy emocionada con esta conversación."

"Hay incontables *por qué*. Estoy segura de que todo el mundo tiene uno. Sólo que no tomamos tiempo para descubrirlo. Por desgracia, para muchas de nosotras nuestro por qué nos da un golpe en la cara como llamada de atención."

"¿A qué te refieres con una 'llamada de atención'?", preguntó Janice.

"¿Recuerdan que mencioné a mi amiga dentista? Su *por qué* se hizo claro como el agua cuando le diagnosticaron cáncer. De hecho tuvo dos llamadas de atención. La primera fue obviamente por su salud. Comenzó a estudiar el cáncer. ¿Cuáles eran las posibles causas? ¿Qué podía hacer diferente para mejorar sus probabilidades? ¿Necesitaba cambiar su dieta o hábitos de trabajo? De repente, su salud fue su prioridad número uno.

"La segunda llamada de atención se relacionaba con dinero. Se daba cuenta de que si no podía trabajar, no tendría ingresos. Sus ahorros eran casi inexistentes. No tenía apoyos si no podía trabajar. Fue la patada en el trasero que necesitaba para tomar el control de sus finanzas a largo plazo."

"He visto eso a menudo con varias personas en lo que respecta a su salud", agregó Janice. "La mayoría nunca consideramos la salud como nuestra principal prioridad, hasta que enfrentamos un problema… es el primer susto. Para mí, siempre es una batalla cuando suena el despertador por la mañana: ¿voy al gimnasio o me doy vuelta y regreso a la cama?"

"Yo hago eso algunas veces", se quejó Leslie.

"Yo me he sentido culpable por ello, más de una vez", agregué. "Así que volviendo a esa excusa número uno, 'No tengo tiempo', una vez que descubres tu verdadera *razón de por qué* quieres invertir (o la *razón* real de *por qué* quieres empezar algo nuevo) entonces la excusa desaparece."

"Porque se convierte en la principal prioridad en tu vida", terminó Pat el razonamiento. "Porque puedo ver lo que realmente representa para mí."

Leslie interrumpió: "En realidad no es diferente a cuando estábamos empezando hace veinte años. Nuestra prioridad entonces era nuestra carrera. En ello nos concentrábamos. ¡Nos emocionaba tomar ese nuevo reto! Ahí pasábamos la mayor parte de nuestro tiempo… entre chicos, playa y citas… era lo número uno para todas. Pero después, en lugar de hacer que las cosas fueran una prioridad en mi vida de manera deliberada, *reaccioné* ante lo que sucedía y eso determinó la ruta que ha seguido mi vida hasta ahora. Ahora me doy cuenta de que nunca hice de mis prioridades una prioridad."

"Eso es bastante filosófico", bromeó Janice. "Pero en verdad es un gran tema. Me doy cuenta de que sólo me he dado una opción en términos de mi futuro (construir mi negocio y venderlo)… y si funciona, genial. Pero, ¿si ocurre algo inesperado o me consumo con él? Necesito más de una opción y en especial me gusta la idea de tener dinero cada mes sin trabajar para obtenerlo. Cuéntame más al respecto, porque es un tema del que no sé absolutamente nada. También empezaré a pensar en mi *razón de por qué* voy a comprometer tiempo y energía para volverme, como tú dices, independiente a nivel financiero... sin importar qué haga con mi negocio. ¡Qué idea tan liberadora!"

"Lo que obtengo de todo esto", agregó Pat, "es que no estoy segura de que alguna vez haya pensado en mi *por qué* hago cualquier cosa. Sólo porque se necesita hacer. Nunca me he sentado y dicho: 'Éstas son mis prioridades.' Simplemente circulo con la vida un día y otro, sin cuestionar por qué lo hago. Vaya, ahora puedo ver cómo esto me daría mucho más control sobre mi vida."

Leslie preguntó en voz alta: "¿Cómo diablos entramos en una discusión tan pesada? ¡Cielos! Esto comenzó como un agradable almuerzo, ¡y ahora hablamos sobre cambiar nuestros mundos! ¿Quién empezó todo esto?" Todas callamos en ese momento. Luego terminó: "Bueno, quienquiera que haya sido... gracias... es justo lo que necesitaba escuchar."

Acordamos mantenernos en contacto. Aplaudimos a Pat por la organización del almuerzo y salimos al aire fresco para tomar nuestros taxis. Mientras se acercaba el primero, Janice gritó: "¡Oh no! ¡Tenía que asistir a una gran inauguración hace media hora! ¡Perdí la noción del tiempo por completo!" Mientras subía al taxi, dijo: "¡Fue muy divertido! ¡Llámenme!", y partió en un remolino.

Las tres nos miramos: sí, algunas cosas nunca cambian.

Cómo descubrir tu motivo para independizarte a nivel financiero

Busca un lugar tranquilo sin distracciones, un ambiente que te permita ponerte en comunicación contigo. Tómate tu tiempo, no te apresures. Tu razón personal puede llegar en un instante o quizá descubras que deseas pensar al respecto durante un tiempo.

1. a) Pregúntate: "¿Cuál es mi verdadera razón para querer ser independiente a nivel financiero?"
   - *¿Qué harías si nunca tuvieras que volver a trabajar?*
   - *¿Qué pasaría si tuvieras todo el tiempo del mundo para pasarlo exactamente como quisieras?*
   - *¿En qué sería distinta tu vida si el dinero no fuera una preocupación?*

   b) Escribe todas las ideas que te vengan a la mente.

2. a) Pregúntate de nuevo: "¿Cuál es mi razón más profunda, medular, para querer ser independiente a nivel financiero?" Busca más profundo.

   b) Escribe todas las ideas que se te ocurran.

3. a) Pregúntate de nuevo, llegando a lo más profundo: "¿Cuál es mi razón íntima, sincera, para querer ser independiente a nivel financiero?"

   b) Escribe todas las ideas que te vengan a la mente.

Continúa haciéndote la pregunta una y otra vez, yendo cada vez más a fondo dentro de ti, hasta que tu razón personal sea clara como el agua.

Capítulo 7

¿Qué significa ser independiente a nivel financiero?

> *No deseo que (las mujeres) tengan poder sobre los hombres, sino sobre sí mismas.*
> Mary Wollstonecraft

¿Exactamente qué es *independencia financiera*? ¿Significa que tienes un empleo bien remunerado y puedes mantenerte? ¿Significa que has ahorrado una buena suma de dinero que te dure para los próximos 30 o 40 años? Para muchas personas, la libertad financiera se traduce en: "Voy a trabajar hasta que tenga 65 años y luego me retiraré."

Hay muchas ideas sobre lo que constituye la independencia financiera. La siguiente definición la he usado durante bastante tiempo y me permitió retirarme a los 37.

Primero, permíteme decir lo siguiente: te recomiendo que leas *Padre rico, padre pobre* (Aguilar, 2004), libro escrito por mi marido, Robert. Es una historia de la vida real basada en sus dos "padres". El "pobre" era su padre biológico, doctor con alto grado de educación que trabajaba como supervisor de escuelas para el estado de Hawai. Robert lo llama su "padre pobre" porque, sin importar cuánto dinero ganara, siempre estaba quebrado al final de mes. El "padre rico" de Robert, como dije a mis amigas, era el mejor amigo de su padre. Tuvo muy poca educación formal y logró construir un imperio de bienes raíces en Hawai. De modo que *Padre rico, padre pobre* es una historia sobre lo que ambos enseñaron a sus hijos (Robert y su mejor amigo) sobre el tema del dinero.

La mayoría de las filosofías y conceptos que sigo en torno a dinero, riqueza y libertad financiera son resultado de lo que aprendí de Robert al hablar y escribir sobre su padre rico. Así que, en vez de darte una versión de tercera mano de las lecciones de padre rico, te propongo leer el libro. Te dará los fundamentos y un cimiento sólido para construir. Leerlo resulta realmente imprescindible si piensas en serio sobre tu futuro financiero.

Lo más sorprendente de la información proveniente de padre rico es lo que hizo para adquirir su riqueza: lo opuesto en casi 180 grados a lo recomendado por los "expertos financieros". Además, no es una gran ciencia. No es complicado. Simplemente se necesita algo de tiempo, educación y sentido común.

De modo que, regresando a *educación financiera*, ¿qué es eso? Déjame afirmar claramente que la siguiente definición y fórmula me permitió mantener y hacer crecer mi soberanía financiera. He escuchado definir la independencia financiera de muchas formas y por muchas personas. No hay respuesta correcta o incorrecta. Simplemente explico los términos y criterios que uso al invertir, mismos que me llevaron a ser libre a nivel financiero.

La fórmula es la que el padre rico de Robert le enseñó. De nuevo, para una explicación más completa, por favor lee *Padre rico, padre pobre*.

La fórmula es la siguiente:

Compro y creo activos que generan flujo de dinero. El flujo de dinero de mis activos paga mis gastos. Una vez que el flujo mensual proveniente de mis activos es igual o mayor a mis gastos mensuales, entonces soy independiente a nivel financiero. Soy libre a nivel financiero porque mis activos arrojan flujo de dinero y trabajan para mí. Ya no debo trabajar por dinero.

¿Qué es un activo?

El padre rico de Robert tenía una forma de poner las cosas en términos muy realistas. Su definición de un activo, que yo uso, es:

"Un activo, si dejas de trabajar, es algo que pone dinero en tu bolsillo." Simple. Si dejaras de trabajar hoy, lo cual significa que tu salario se detendría, ¿de dónde llegaría dinero a tu bolsillo? La mayoría de las mujeres a quienes explico esto por primera vez responden: "De ninguna parte." No habría dinero.

Una mujer insistía: "Pero mi brazalete de diamantes es un activo."

A lo cual respondí: "¿Lo vas a vender?"

"¡Por supuesto que no!", dijo indignada.

"Bueno, entonces, ¿te está poniendo dinero en el bolsillo hoy?"

"No", admitió en voz baja.

"Entonces es simple. Según la definición de padre rico, no es un activo. El día que lo vendas y ponga dinero en tu bolsillo, será considerado un activo."

Un activo puede ser una propiedad de alquiler con flujo de dinero positivo. Puede ser un negocio en el que invertiste y te da flujo de dinero anual. Puede ser una acción que paga un dividendo. La clave es que sea una inversión de la cual recibas dinero con regularidad, que te proporcione efectivo positivo.

En el otro lado de la moneda, un pasivo, de acuerdo con padre rico, saca dinero de tu bolsillo. Si dejaras de trabajar, las probabilidades indican que tu auto quitaría dinero de tu bolsillo cada mes mediante pagos, gasolina y mantenimiento. Tu casa te quitaría dinero cada mes en forma de hipoteca, predial, seguro y mantenimiento. Todo eso es flujo de dinero negativo.

De acuerdo con padre rico, la razón por la que la gente se mete en problemas financieros o nunca sale adelante es que tiene pasivos que les han hecho creer que son activos. Una de las lecciones más importantes que aprendí de padre rico fue saber la diferencia entre activo y pasivo.

Así que la primera parte de la fórmula es comprar o crear activos. Y un activo, según padre rico, arroja flujo de dinero positivo.

¿Qué es flujo de dinero?

Hay dos aspectos clave que atiendo al adquirir activos. El primer elemento, y el más importante, es: flujo de dinero.

Digamos que pones una cantidad de dinero en una inversión. Pueden ser acciones, bienes raíces o un negocio. Cada mes (o trimestre o año) recibes una ganancia (o pago) por el dinero que invertiste.

En el mundo de las acciones, el dividendo de una acción que compras es un flujo de dinero.

Aquí hay un ejemplo del mundo de los negocios: inviertes 25 000 dólares en el nuevo negocio de comida gourmet de tu amiga. (No es que yo esté recomendando que inviertas dinero con amigos… ésa es otra historia.) Cada mes recibes un cheque de 400 dólares como ganancias, son flujo de dinero.

Aquí hay un ejemplo del mundo de bienes raíces: pagas 20 000 dólares como enganche por una propiedad para alquilar de dos unidades. Al final de cada mes, después de cobrar la renta, pagar gastos de la propiedad e hipoteca, tu ganancia neta es de 300 dólares, dinero que fluye directamente a tu bolsillo.

¿Por qué invertirías, si no es por flujo de dinero? La mayoría de las personas invierten por una de dos razones: flujo de dinero o ganancias de capital.

Ganancias de capital

Las ganancias de capital se obtienen una sola vez. El flujo de dinero es una ganancia constante. Por ejemplo, compras una casa por 100 000 dólares. La vendes por 130 000. Después de pagar una comisión al agente de bienes raíces y cerrar costos, tu ganancia neta es de 20 000 dólares: representan tu ganancia de capital.

Si compras una acción en 20 dólares y la vendes en 25, la ganancia que obtienes de la venta se considera ganancia de capital.

Para obtener estas ganancias debes vender tus inversiones o activos. Para obtener más ganancias de capital, o beneficios, debes comprar y vender la siguiente inversión o activo.

El flujo de dinero sigue fluyendo mientras tengas el activo (y se administre bien). Cuando vendes ese activo, el flujo de dinero termina. Si vendes la inversión, tus ganancias entrarán en la categoría de ganancias de capital.

¿Cómo calculas el flujo de dinero?

Calcular tu flujo de dinero en dividendos de acciones y negocios (asumiendo que eres estrictamente un inversionista en el negocio y no lo estás operando realmente) es bastante sencillo. Cuando compras una acción que paga un dividendo, es tu flujo de dinero. Realmente no hay nada que calcular respecto al flujo de dinero. Pero hay otra fórmula importante para calcular, junto con el flujo de dinero, de la cual hablaremos a continuación.

Calcular el flujo de dinero para una inversión pura de negocio no es diferente. Pones tanto dinero como tu inversión y recibes un cheque cada mes o cada trimestre por ese negocio y el uso de tu dinero. El flujo de dinero que recibes por lo general proviene de las ganancias de ese negocio.

Si esto te suena poco común, no debería ser así. No es distinto a una cuenta de ahorros. Los intereses que recibes por tus ahorros pueden considerarse flujo de dinero. El problema con los ahorros es que las actuales tasas de interés de uno a dos por ciento de tu flujo de dinero, son casi nada. Como inversionista, quieres que tu dinero trabaje duro por ti. Y una ganancia de uno a dos por ciento es muy poco.

Con inversiones en bienes raíces, sea una casa para una familia, un edificio de apartamentos, de oficinas o un centro comercial, el cálculo es el mismo. La ecuación es:

$$\begin{array}{r} \text{Ingreso de renta} \\ - \text{Gastos} \\ \underline{- \text{Pago de hipoteca (préstamo)}} \\ = \text{flujo de dinero} \end{array}$$

La parte esencial de la ecuación es que tu flujo de dinero sea positivo, no negativo.

¿Por qué el flujo de dinero es tan importante
para la independencia financiera?

La independencia financiera significa una sola cosa para mí: libertad.

Soy libre de hacer lo que quiero, sea tener una vida de ocio o ir tras una nueva empresa. Soy libre de estar con las personas que elija. Soy libre de fijar mis horarios. Mi tiempo es en verdad mío.

Compro y creo activos que generan flujo de dinero. El flujo de dinero de mis activos paga mis gastos.

•

Una vez que mi flujo de dinero mensual proveniente de mis activos es igual o mayor que mis gastos mensuales, entonces soy independiente a nivel financiero.

•

Soy libre a nivel financiero porque mis activos arrojan flujo de dinero y trabajan para mí. No debo trabajar por dinero.

Libertad significa tener más opciones. Si pudieras escoger entre volar en clase turista o en primera clase, ¿cuál elegirías? La mayoría de las personas no tienen esa opción. Vuelan en clase turista porque es lo único que pueden pagar. Si pudieras comer en un buen puesto de tacos o cenar en un restaurante gourmet de cinco estrellas, ¿cuál elegirías? Depende del ánimo que tengas. (Yo probablemente optaría por el puesto de tacos.) El asunto es que con libertad financiera puedes elegir. Muchas personas sólo tienen una opción: la comida barata.

Así que, ¿cómo encaja en todo esto el flujo de dinero? Mientras *tenga* que trabajar, no soy libre. (Puedo *elegir* trabajar, lo cual es muy diferente a *tener* que trabajar.) Si *debo* hacer algo todos los días y generar dinero para vivir, entonces no soy libre.

Lo que me encanta del flujo de dinero positivo es que el dinero entra cada mes, trabaje o no trabaje. Mis edificios de apartamentos arrojan dinero cada mes a mi bolsillo. Mis propiedades comerciales generan ganancias jugosas que recibo puntualmente. Las regalías de los libros de Robert dan un ingreso mensual por el cual ya no debe trabajar. Escribe el libro una vez y, si el libro tiene valor y es recomendado por quienes lo leen, entra flujo de dinero; sucede, trabaje Robert o no.

La meta número uno es tener más flujo de dinero entrante del que sale por gastos. Quiero comprar y crear cosas que generen ese flujo de dinero sin tener que trabajar por él. A eso llamamos activos.

Quiero que mis activos trabajen para mí, en vez de que yo trabaje por dinero.

Por esta razón las ganancias de capital son un beneficio secundario para mí, no un objetivo primario. Debo vender el activo para recibir ganancias de capital. Luego ese dinero se usa en gastos y entonces debo comprar otra inversión y volver a venderla. Ese dinero se destina a gastos y el ciclo continúa. Nunca soy realmente libre.

Otros dicen: "Ahorraré suficiente dinero para vivir el resto de mi vida." Y está bien. Sólo piensa en lo siguiente: ¿cuánto dinero tendrás que ahorrar para vivir? ¿Cuál será la tasa de interés de tus ahorros cuando te retires? ¿Vas a contar cada centavo que gastes por miedo a quedarte sin dinero? ¿Tu nivel de vida bajará para estirar el dinero ahorrado? Sólo unas cuantas preguntas que hacen pensar…

Sé que Robert y yo, teníamos una meta: comprar y crear activos que generaran el flujo necesario para pagar nuestros gastos cada mes. En 1994 decidimos "retirarnos" haciendo justo eso.

Lo mejor es que no necesitas grandes cantidades de dinero para ser libre a nivel financiero. En 1994, Robert y yo teníamos 10000 dólares cada mes provenientes de nuestras inversiones. Nuestros gastos en esa época eran aproximadamente de 3000 dólares al mes. En ese punto fuimos libres. Teníamos dinero más que suficiente cada mes para manejar nuestros gastos.

Por supuesto, no queríamos detenernos ahí, así que continuamos comprando y creando activos. Nuestro flujo de dinero creció y permitió que nuestros gastos crecieran, lo que elevó nuestro nivel de vida.

¿Cuál es el segundo elemento al analizar un activo?

Mencioné que tengo dos puntos clave al analizar inversiones potenciales. El primero es flujo de dinero. El segundo, que va de la mano con el flujo de dinero, es la ganancia sobre la inversión (rendimiento de la inversión).

¿Qué es una ganancia sobre la inversión (rendimiento)?

Tu ganancia sobre la inversión (o rendimiento de la inversión) es eso: la cantidad de efectivo que el dinero que invertiste te paga o regresa. En otras palabras, ¿qué tan duro trabaja para ti el dinero invertido?

Hay muchas maneras de calcular la ganancia sobre la inversión, según lo que midas. Cuando me refiero a ganancia sobre la inversión, por lo general quiero decir lo que en inversiones se denomina ganancia por dinero invertido. Sólo me interesa una cosa: cuánto dinero entra a mi bolsillo.

Algunas fórmulas consideran la depreciación al calcular la ganancia sobre la inversión. Otra asume que el flujo de dinero que recibes se reinvierte de inmediato y lo toma en consideración. Cada fórmula es precisa, dependiendo de qué quieres medir. Yo prefiero mantenerla simple. Todo es flujo de dinero.

¿Cómo calculas la ganancia por dinero invertido?

Es muy simple. Se muestra como un porcentaje y por lo general se calcula como cifra anual. La ecuación es:

Flujo de dinero anual / cantidad de dinero invertido
= Ganancia por dinero invertido

Por ejemplo, compro una propiedad para alquilar, cuyo costo es 100 mil dólares. Daré un enganche de 20% o 20 mil dólares. Cada mes tengo un flujo de dinero positivo de 200 dólares por un flujo de dinero anual de 2 400 dólares. Esos 2 400 (mi flujo de dinero anual) dividido entre 20 000 dólares (la cantidad de dinero que invertí en la propiedad) = 12 % de ganancia por dinero invertido.

Consideremos la compra de una acción. Compras 2 500 dólares en acciones que dan dividendos. Recibes un dividendo anual de 100 dólares, divididos entre 2 500 = 4 % de ganancia por dinero invertido.

Ahora, veamos la cuenta de ahorros promedio actual. Puedes recibir 2% de interés sobre tus ahorros. Si tienes 1 000 dólares en ahorros, el banco te pagará 20 dólares anuales.

De nuevo, la fórmula es simple. ¿Cuánto dinero invierto? ¿Y cuánto dinero recibo por esas inversiones?

Todo el razonamiento enfocado en el flujo de dinero es: quieres que tu dinero trabaje duro para ti, no que tú debas trabajar duro por tu dinero. La ganancia sobre la inversión mide específicamente qué tan duro trabaja tu dinero por ti y te permite comparar el desempeño de tus inversiones. Si recibes 2% de ganancia sobre la inversión (rendimiento), no está trabajando muy duro. Si recibes 50%, realmente tienes un miembro activo en tu equipo.

Mantente en sintonía.

El camino que me condujo a ser libre a nivel financiero no requiere gran ciencia. La fórmula es bastante *simple*. Sin embargo, no necesariamente es *fácil*. Toma tiempo y educación. No llegará de la noche a la mañana. Pero te garantizo que cuando empieces a ver dinero entrante, el juego se hará muy divertido… y tus esfuerzos y resultados mostrarán que el viaje vale la pena.

Entonces, si esta fórmula es tan simple, ¿qué impide a las mujeres entrar en acción y controlar su vida financiera?

Ya explicamos la excusa número uno para no hacer algo, dicen *y creen*: "No tengo tiempo." Confío en que te resultará claro que siempre puedes tener tiempo para algo que es importante para ti.

No es que no tengamos tiempo, es que elegimos hacer otras cosas con nuestro tiempo… cierto, la mayoría ya corremos a un millón de kilómetros por hora. Sólo debes saber que si te dices, como es posible en este momento, "no tengo tiempo", entonces no has hecho de esto una prioridad, no has encontrado el *por qué*. Pero puedo decirte de primera mano que cuando las mujeres hacen de su bienestar financiero una prioridad no hay nada que las detenga. Y cada vez más mujeres lo hacen.

Así que, ¿de qué otra forma nos contenemos las mujeres? La segunda excusa más popular que escucho de miles de mujeres no sólo es tonta, sino aberrante. No es una excusa válida, está tan lejos de la verdad que es absurda. La excusa número dos que las mujeres usamos es…

Capítulo 8

"¡No soy lo suficientemente inteligente!"

*Pienso que la clave es que las mujeres
no se fijen ningún límite.*
Martina Navratilova

Alrededor de una semana después de nuestro almuerzo en Nueva York, estaba en el auto camino a una junta cuando sonó mi celular.

"Hola, Kim, habla Leslie. ¿Tienes un minuto?"

"Claro."

"He estado pensando mucho en la conversación que tuvimos en el almuerzo, sobre invertir y ser independiente a nivel financiero. Todo suena bien. Parece exactamente lo que quiero, pero sigo llegando al mismo problema una y otra vez."

"¿Qué problema?", pregunté.

Leslie explicó: "Toda mi vida he estado en el arte. Colores, formas, estilo, técnica. Así funciona mi mente, no de manera metódica y analítica. El punto es que soy un caos respecto a números y matemáticas. *Simplemente no pienso que tenga la suficiente inteligencia en lo que a invertir se refiere.* Y cada vez que pienso iniciar, se me nublan los ojos. Incluso salí a comprar *The Wall Street Journal*. ¡Igual podría estar leyendo en chino! Pienso que hay personas que tienen un don natural para este asunto y entienden de números, pero yo no."

La frustración de Leslie era bastante notoria. De modo que dije con cautela: "Primero, déjame preguntarte esto: ¿has encontrado tu razón de por qué deseas empezar a invertir?"

"El porqué está claro como el agua", contestó Leslie. "Lo único que quiero es pintar. El arte es mi pasión. El problema es que estoy tan ocupada en la galería para pagar mis cuentas que nunca tengo tiempo para pintar. Quiero tomar mis pinturas y mi caballete, pasar días pintando en lugares maravillosos y únicos. Idealmente, me gustaría viajar a Europa y pintar ahí, así como estudiar a los grandes maestros. Hay cursos de arte que me encantaría tomar. Si me quedara un solo día de vida, pintaría. Sí, estoy muy consciente de mi razón."

"Felicidades. Ahora inicia tu proceso", declaré.

"¿Qué proceso?", preguntó un poco frustrada.

"Hacerte rica o ser libre a nivel financiero no sucederá de la noche a la mañana. Cada vez que emprendemos algo nuevo hay una curva de aprendizaje por la que debemos pasar. Y puede ser muy incómodo, en especial al principio, porque entramos en un terreno del que sabemos muy poco."

"Imagino que es como cuando aprendí a manejar", dijo. "Al principio me sentía como idiota porque pisaba demasiado el acelerador o saltaba sobre el freno y casi salía por el parabrisas. Casi choqué el auto la primera vez que estuve en la autopista."

"Exactamente de eso hablo. Hoy no piensas dos veces respecto al acelerador, el freno o siquiera el volante. Es casi automático. Al principio, la curva de aprendizaje era enorme. Ahora es un hábito", la tranquilicé.

"Entonces es un proceso y hay mucho que aprender", prosiguió. "Pero no sé si soy lo suficientemente inteligente para asumir esto. Invertir parece ser un juego de hombres. Tal vez su talento para los números es mejor que el mío. No sé si puedo competir en un juego de hombres."

"Primero que nada", dije, "tienes razón. Los hombres son buenos con los números... 90-60-90... para ser exactas."

Leslie rió.

"Pero, en serio, ¿por qué piensas que es un juego de hombres?"

Leslie respondió: "Bueno, no veo o escucho de muchas mujeres inversionistas en las noticias. Todos los de alto nivel parecen ser hombres. En lo personal, no sé de muchas mujeres ejemplares en lo que respecta al dinero o las inversiones. Pienso que los hombres tienen una mejor comprensión del tema que las mujeres."

"Una pregunta para ti", dije con tranquilidad. "¿Los hombres eran mejores que las mujeres para elegir funcionarios públicos? ¿Por eso es que sólo los hombres votaban hace tiempo? ¿Eran mejores estudiantes que las mujeres? ¿Eran mejores para escuchar y valorar la evidencia? ¿Por eso durante años sólo los hombres estuvieron sentados como miembros del jurado?"

"¡Por supuesto que no!", exclamó Leslie.

"Debes entender que hay una gran diferencia entre hacer algo mejor y hacerlo *por más tiempo*", subrayé.

"En cuanto a que no tienes la suficiente inteligencia para invertir, hay sólo tres cosas clave que necesitas entender y luego apuesto a que esa idea se desvanecerá para siempre. Así sucedió en mi caso."

"Está bien, soy toda oídos. ¿Cuáles son?", preguntó.

Nuestra conversación telefónica continuó y le dije lo que ahora comparto contigo.

Lo que nos han enseñado a las mujeres

1) Educación

Enfrentémoslo: no ha habido buena información para las mujeres en lo que respecta al dinero. De hecho, mucho de lo que se enseña raya en lo degradante: cómo llevar una chequera, comprar un seguro de auto, reducir gastos, ahorrar centavos en la tienda de abarrotes. Honestamente, creo que somos un poco más inteligentes que eso.

Sí, debes poner en orden tus finanzas. Sí, por supuesto, debes conocer las bases. Todo eso es muy importante. Pero eso no es suficiente hoy en día, es sólo el comienzo, los cimientos. Una vez que entiendes las bases, entonces debes tomar un papel activo para alcanzar tus propias metas financieras.

Si escucho a un hombre decir una vez más de manera condescendiente: "Oh, mi esposa maneja todas nuestras finanzas", voy a gritar. Nueve de cada diez veces ella no maneja las finanzas. Paga las cuentas y lleva la chequera. Eso es todo. Si sondeas más a fondo descubrirás que cede a su marido todas las decisiones de inversión y de compra más importantes. Él maneja la compra y venta de acciones, las transacciones de bienes raíces y, la mayoría, si no es que todas, las decisiones financieras.

Y cuando su esposo muere y ella debe manejar los asuntos financieros, no tiene idea de qué hacer. El hecho alarmante es que 80% de las mujeres viudas son pobres, y no lo eran cuando sus maridos vivían. Recuerda, 90% de nosotras seremos las únicas responsables de nuestros asuntos financieros en algún momento de nuestra vida. El marido de una mujer se ha ido y ella no ha tenido ninguna experiencia ni educación respecto a las finanzas, de manera que decide mal o pide al "señor Ayuda" (el especialista financiero, el corredor de bolsa, el agente de bienes raíces, el planificador estatal) que venga a rescatarla. "Yo me encargaré de eso en su lugar", dice. "Permítame ayudarla a administrar su dinero. Le arreglaré el portafolio de inversión perfecto y usted ni siquiera tendrá que pensar en ello." Bueno, querida, si tú no estás pensando en tu propio dinero, ¿realmente crees que otra persona lo hará?

A continuación hay un panorama aterrador en el caso de Dawn, de San Luis. Ella escribe:

> Tengo 58 años. Mi marido murió de manera inesperada. No tengo idea de cuánto dinero tenemos ni dónde se encuentra. Él mismo lo administraba y se enorgullecía de asegurarse de que yo nunca me preocupara por el dinero, lo que significa que nunca hablamos del tema.
>
> Ahora que se ha ido me siento como un bebé desvalido de un año que quiere ponerse de pie pero aun se cae. He estado en la oscuridad todos estos años. Justo antes de que comenzara el funeral de mi marido, fui con mi amiga y le pregunté: "¿Cómo pagas un funeral? Estoy completamente perdida."

Así que si piensas en serio en tomar el control de tus finanzas y no quieres terminar como Dawn, la conclusión es que llevará tiempo y educación, además de cometer unos cuantos errores. Es un proceso. No sucederá de la noche a la mañana. Pero, por favor, no cometas el mayor error de todos, pensar que los hombres saben más que tú, sólo porque alguien se denomina "experto en finanzas". No asumas que sabe todo lo que es mejor para ti y tu dinero. Si piensas: "Todos saben más que yo", entonces serás presa de los "señores Ayuda" o del mundo y nunca controlarás tu dinero.

Sí, debes poner en orden tus finanzas. Sí, por supuesto que debes saber las bases. Todo eso es muy importante.

•

Pero opino que eso no es suficiente hoy en día, es sólo el comienzo, los cimientos.

•

Una vez que entiendes las bases, entonces es momento de tomar un papel activo y alcanzar tus propias metas financieras.

El primer paso es educarte. ¿Qué significa exactamente? Hay tanta información allá afuera, ¿por dónde comienzas?

El punto de inicio será diferente para cada persona. Puedes empezar por aprender sobre diferentes tipos de inversiones disponibles. Probablemente encontrarás que te sientes atraída hacia un cierto tipo; para mí, son los bienes raíces. Para mi amiga la contadora, son acciones en papel. A mi amiga la empresaria le encanta invertir en compañías que inician. A lo largo de tu proceso educativo descubrirás qué inversión te resulta mejor.

A continuación hay una lista parcial de fuentes para ayudarte a obtener la educación que necesitas.

• *Lee libros*
Hay cientos sobre dinero e inversión para quienes empiezan o son inversionistas con poca experiencia. Se recomienda la lectura del glosario al final de este libro.

• *Escucha cintas de audio y discos compactos*
Llévalos en tu auto y escúchalos mientras conduces.

Aprovecha el tiempo en medio del tránsito, en el trayecto de ida y de regreso del trabajo o mientras haces mandados. Las citas de audio y discos compactos pueden tratar desde administración de dinero e inversión hasta desarrollo personal. Tu actitud y mentalidad desempeñan un papel crucial en cualquier cosa que emprendas. Como dijo Henry Ford: "Si piensas que puedes hacer algo o que no puedes hacer algo, estás en lo correcto." Algunos discos recomendados se enlistan en el glosario.

• *Invierte en seminarios, conferencias y talleres educativos*
Pueden ser programas gratuitos en tu localidad o clases pagadas. Varias universidades, negocios, clubes comunitarios, organizaciones y grupos de inversión locales ofrecen a menudo tales programas. Algunos están planeados para mujeres.

• *Lee periódicos y revistas financieros*
The Wall Street Journal, *Investor's Business Daily* y *Barron's* son tres periódicos llenos de información. Incluso si no entiendes toda la terminología, sigue leyendo y tu conocimiento se incrementará de manera notable. Hay un libro excelente publicado por *The Wall Street Journal* titulado *Guide To Understanding Money and Investing*. Este libro te enseña cómo leer e interpretar *The Wall Street Journal*.

• *Suscríbete a tu periódico de negocios local*
Ahí obtendrás un caudal de información sobre lo que sucede en tu localidad. Pronto serás consciente de los artículos relacionados o que afectan varias decisiones de negocios.

- *Habla con agentes de bienes raíces, corredores de bolsa y agentes de negocios*

Hazles preguntas. Pueden darte un caudal de información. Sólo debes estar consciente de que la mayoría están ahí para venderte algo, así que mantén los ojos abiertos. He encontrado que muchos de los corredores exitosos están muy dispuestos a compartir información y educación con otros.

Tres consejos: 1) Hay tantos malos agentes como buenos. Para encontrar uno confiable, pide recomendaciones. 2) Específicamente con los de bienes raíces, asegúrate de trabajar con uno de inversión y no con uno residencial que sólo quiere venderte una casa. No hablan el mismo idioma. 3) Cuando sea posible, trabaja con agentes que sean inversionistas. Muchos son sólo vendedores, no inversionistas. Un agente que también es inversionista entiende tus necesidades y deseos mucho mejor que quien no lo es.

- *Habla con otros inversionistas*

Busca personas que inviertan en lo que tú estás interesada y habla con ellas. De nuevo, probablemente encontrarás que los más exitosos estarán felices de compartir contigo lo que saben.

- *Únete a un club de mujeres inversionistas*

Según Ken Janke de Better Investing, las mujeres representan ahora la mayoría de los clubes de inversión del mercado bursátil: "En 1960, la membresía a clubes de inversión era 90% de hombres y 10% de mujeres. Hoy es más de 60% de mujeres." En lo personal, recomiendo clubes que se enfoquen en *educación* sobre inversiones. No necesariamente apoyo los clubes en que los miembros juntan su dinero para comprar inversiones. He visto arruinarse varias amistades por reglas poco claras en torno a inversiones conjuntas. Para encontrar clubes de inversión de mujeres, busca en tus periódicos y revistas locales para encontrar las reuniones que tienen lugar en tu localidad. Entra a internet y busca clubes de mujeres en tu zona. Asiste a las reuniones de la red local de mujeres de negocios y pide referencias de clubes de inversión.

- *Inicia tu propio club de mujeres inversionistas*
Mantén altos tus estándares. Acepta sólo mujeres que tomen en serio su futuro financiero, que se apoyarán y animarán para alcanzar sus metas.

¿Qué haces en un club de inversión?

- Se puede comenzar como un grupo de estudio donde lees y discutes un libro en grupo. O elige un producto de audio o video para estudiar en conjunto. (Hay una lista de productos de *Padre Rico* al final del libro que puede ser un buen punto de partida para un club nuevo o ya existente.)
- Se llevan oradores invitados que sean inversionistas exitosos, agentes confiables (que estén ahí para educar, no para venderte un producto), administradores de propiedades, expertos en ventas (que instruyan sobre cómo vender. Esto te ayudará en casi todo lo que emprendas), cualquiera que se sume a tu conocimiento sobre inversiones.
- Se analizan inversiones potenciales. Se llevan tratos de bienes raíces específicos, intercambios de posibles acciones e inversiones de negocios al grupo para que

las mujeres puedan analizarlas y aprender juntas. En un inicio, se puede encontrar un inversionista o profesional con experiencia que hable sobre cómo analizar esas inversiones. Cuantas más inversiones analices, mejor será tu habilidad para distinguir una buena oportunidad de una mala.

• *Únete a un club Cashflow en tu localidad*
Hay casi 2000 clubes *Cashflow* en todo el mundo. En internet encontrarás el más cercano. También puedes visitar nuestro sitio www.richdad.com para ver una lista de clubes *Cashflow*. Cada uno es diferente. La mayoría incluyen el juego de mesa *Cashflow*, se apoyan en sus metas de inversión, llevan oradores invitados y, lo más importante, aprenden juntos cómo sacar el mayor provecho de sus futuros financieros.

• *Usa internet*
En la red busca todo tipo de información sobre las inversiones de tu elección. Es una fuente increíble de materiales de referencia, juntas y conferencias, contratos, sitios de inversión con *chats* y foros de discusión.

• *Conduce por la ciudad*
Date una idea de lo que está pasando con los bienes raíces y negocios en tu zona. A menudo las personas piensan que deben encontrar la ciudad o mercado "correctos" para invertir, cuando por lo general encuentran oportunidades increíbles a la vuelta de la esquina. Cuanto más cerca estés físicamente de tus inversiones, mejor será tu probabilidad de éxito. Es mucho más fácil mantener el dedo en el renglón de un mercado si está a dos cuadras que a 2000 kilómetros de distancia.

- *Ve los programas de televisión sobre finanzas*

De nuevo, puede que no entiendas todo pero con seguridad aprenderás mucho y escucharás el vocabulario del mundo de las inversiones. Cuanto más escuches, más entenderás.

- *Suscríbete a boletines financieros*

Los boletines pueden darte un rápido resumen de lo que pasa en los diversos mercados de inversión, tendencias económicas a nivel regional y global, así como consejos sobre a qué prestar atención en el futuro. Varios están enlistados en el glosario.

- *Pregunta, pregunta y pregunta*

Recuerda, las mujeres tenemos una ventaja aquí. Como hemos tenido tan poca educación sobre inversiones, no debemos fingir que sabemos todas las respuestas. Cuantas más preguntas hagas, más lista te volverás.

Además, puedes encontrar un nuevo mentor en el proceso. Por cierto, la educación nunca se detiene. Mientras quieras aumentar tus inversiones, y expandir tu portafolio, siempre habrá nuevos niveles de aprendizaje. A medida que cambian los mercados y crecen mis inversiones, descubro que debo ponerme al corriente y ampliar mi conocimiento financiero.

2) El proceso *versus* el resultado

Siempre tengo en mente que invertir es un proceso. No hay fórmula secreta. No hay pastilla que puedas tomar para hacerte rica. No te vas a la cama una noche y te despiertas adinerada a la mañana siguiente. Quizá hay gente allá afuera que promete esas cosas, pero no es real.

No es diferente a bajar de peso. Si quieres bajar y no recuperarlo, te sometes a un proceso. Haces ejercicio con regularidad, cambias tu dieta, y con el tiempo comienzas a ver resultados. No sucede de la noche a la mañana... a menos que te hagas una liposucción. Pero aun así ajustas tu estilo de vida para que el efecto perdure.

En el proceso de volvernos inversionistas, aprendemos. Obtenemos algo de experiencia de primera mano. Cometemos errores y aprendemos de ellos. Ganamos experiencia. Y en el proceso, crecen nuestro conocimiento, seguridad y habilidades. Por no mencionar nuestras cuentas de banco. Pero la clave es: *este proceso al que nos sometemos es incluso más importante que la meta misma*. Porque la persona en quien nos convertimos, como resultado del aprendizaje, errores y experiencias, es el verdadero valor. Hay un proverbio chino que dice:

El viaje es la recompensa

En 1985, cuando Robert y yo pasamos por ese "año del infierno", innegablemente fue el peor de nuestras vidas. Mi autoestima estaba hecha trizas. Las contrariedades eran constantes. Mi voz interna, lo que me decía a mí misma, era negativa de manera persistente: "No puedes hacer eso", "Vas a fracasar", "No sabes nada", "No tienes esperanza." Honestamente algunas noches solía ir a la cama pensando que sería mucho más fácil si nunca volvía a despertar. No había ninguna duda de que era el punto más bajo de mi vida.

Y ahora, muchos años después, mirando en retrospectiva ese momento, descubro que Robert y yo pasábamos por nuestros propios procesos. No fingíamos: era una miseria. No obstante, pasar por eso, tocar fondo y luego emerger a la superficie, fue probablemente una de las mejores cosas que pudieron pasarnos. Cuando estaba en mitad de todo no sabía si tenía en mí lo necesario para salir adelante. Pero el pasar por ese proceso juntos, haciendo lo necesario a nivel individual y como pareja, y salir del otro lado con éxito, fue una experiencia increíble para forjar nuestro carácter. Como resultado, ese tiempo en extremo difícil nos hizo más fuertes y listos a nivel individual, y más comprometidos y seguros como pareja. La persona en quien me convertí y la persona en quien se convirtió Robert durante el proceso lo hicieron invaluable. Ésa fue la verdadera recompensa.

Te garantizo que en tu propio proceso cometerás errores... a veces enormes. Enfrentarás desafíos. Tendrás momentos de miedo. Habrá veces en que tomarás decisiones sin un resultado positivo. En esos momentos tu carácter se pone a prueba. Si huimos del desafío, no crecemos. No aprendemos. Si aceptamos ese reto, sea que tengamos éxito o no, es un hecho que creceremos y seremos mejores. Y la ganancia de "capital intelectual y emocional" no tiene precio.

Capítulo 9

Cómo ser más inteligente… rápido

Si pudiera vivir mi vida de nuevo,
cometería los mismos errores, sólo que más pronto.
Tallulah Bankhead

Las luces se encendieron para Leslie. "No es que no sea inteligente", comenzó, "es que nunca me han enseñado esas cosas. Nadie me enseñó a pensar así. No es diferente a aprender equitación. Tendría que empezar por el principio y tomarlo literalmente paso a paso."

"Así es", le dije.

"Tengo algo que decirte", confesó Leslie. "He puesto los noticiarios de finanzas y algunas veces me pierdo completamente en los términos y vocabulario que usan. Me abruma y me confunde por completo. Es difícil seguir cuando no sé lo que significan la mitad de las palabras."

3) Jerga

"Mencionas un punto muy importante", contesté. "De hecho es el número 3. Se llama jerga y hay mucha en el vocabulario del mundo del dinero y las inversiones."

Continué: "Pienso que mucha de la confusión en torno a las inversiones tiene que ver con las palabras que usan los expertos, semiexpertos y nada expertos. A veces pienso que las personas usan toda esa jerga para confundirnos a propósito, sonar inteligentes o con el fin de que compremos algo. No queremos admitir que no sabemos de qué hablan. Yo lo he hecho. He hablado con alguien que arroja palabras que no entiendo y, en lugar de pedir que las explique, finjo que entiendo porque no quiero parecer estúpida."

Las palabras son herramientas poderosas. Domínalas y tu nivel de comprensión de la nueva información aumentará de manera notable. Cuando te topes con una palabra que no entiendes… búscala en un diccionario, entiende lo que significa y continúa leyendo.

"Odio admitirlo, pero hice exactamente eso hace dos meses", dijo Leslie, riendo. "Fui a la gran inauguración de un nuevo restaurante italiano. El dueño era un cliente mío de la galería. Me uní a un grupo que hablaba sobre el mercado bursátil. Todos estaban emocionados sobre una nueva compañía que acababa de hacerse pública. Decían que amigos de sus amigos estaban involucrados en ella y que iba a ser el próximo Microsoft. Bueno, ¡pura jerga! No dejaban de soltar su léxico elegante. Para mí era un galimatías. Recuerdo algo sobre una relación *precio/gasto* y que la acción participó en la bolsa Nasdaq. Parecían tan conocedores y emocionados. Aunque no sabía de qué hablaban, sentía que tenían una información secreta que nadie más poseía, salvo ese pequeño grupo. Así que, al siguiente día compré algunas acciones. Eso ocurrió hace dos meses. Hoy mis acciones valen la mitad de lo que pagué por ellas y lo que escucho es que la predicción futura para la compañía no es demasiado brillante."

Me reí. "Pienso que el término que escuchaste fue relación *precio/utilidad*, que compara el precio de una acción

126

con las ganancias de la compañía el año anterior, y la bolsa Nasdaq, completamente electrónica. No tienen instalaciones físicas. Pero no te sientas mal por querer entrar en la bolsa de Cenicienta. Todos deseamos creer el cuento de hadas", la tranquilicé. "Si te hace sentir un poco mejor, yo no sólo creí en el cuento de hadas... ¡pensé que había comprado acciones de la gallina de los huevos de oro! Las compré en un fondo de acciones privadas. Quería creer todas las promesas, todas las ganancias 'demasiado ciertas para ser verdad'. Toda la emoción, la fórmula secreta, el Santo Grial. Como no entendía las palabras y frases que usaban, no supe cómo verificar qué era cierto y qué no. *Sonaban* como si supieran de qué estaban hablando. Así que compré todo. Lo siguiente que supe fue que la compañía era investigada y el dueño fue a la cárcel. Incluso cuando salió a la luz toda la publicidad negativa, seguí creyendo que los titulares eran una mentira y las promesas se harían realidad. Resulta que la publicidad era cierta y perdí mi inversión completa. Conclusión: no hablaba el idioma y no me molesté en aprenderlo porque quería que el cuento de hadas se hiciera realidad."

Leslie dejó escapar un gran suspiro: "Lamento tu pérdida... pero me hace sentir mejor saber que nadie consigue el éxito de una sentada. También saber que yo no soy la única que se confunde y abruma con la jerga financiera."

"Apreciarás esta historia", le dije. "Robert tuvo una entrevista en la ciudad de Nueva York en uno de los programas televisivos sobre finanzas. El entrevistador usaba todo tipo de jerga: derivados, relación P/U, niveles de resistencia, etcétera. Robert lo detuvo en mitad de la discusión y dijo: 'Prefiero mantener el lenguaje sencillo.' Y continuó la entrevista usando palabras cotidianas. Cuando salimos, un joven se acercó. Tenía como 29 años, bien vestido con traje y abrigo. Dijo que trabajaba en Wall Street. Estrechó la mano de Robert y dijo: 'Acabo de ver su entrevista y quiero agradecerle por mantenerla simple de modo que todo el mundo pueda entender lo que dice'. Pensé que era todo un cumplido viniendo de alguien que estaba en el negocio."

"¡Vaya! Siento un gran alivio", admitió Leslie. "Creo que muchas mujeres pueden pensar que no son lo bastante inteligentes para entrar en el mundo de las inversiones porque, como yo, suponen que son las únicas que no entienden. Comprendo que es un proceso educativo y hay que aprender sobre la marcha."

Terminó diciendo: "¡Gracias por tu tiempo! Eso aclara bastante mis dudas. ¿Cuándo vuelves a Nueva York?"

"Estaré ahí en aproximadamente dos meses", dije.

"Si tienes tiempo, vamos a vernos. ¡Yo invito el almuerzo!"

Cómo sabes cuando no sabes

Una amiga mía ha estudiado muchos años la forma en que aprende la gente y me enseñó una herramienta valiosa. Me preguntó: "¿Alguna vez te has encontrado leyendo el mismo párrafo una y otra vez?"

"Sí", dije. "Lo hago a menudo. ¿Por qué pasa eso?" Su investigación encontró que cuando las personas leen una palabra que no entienden, pierden la concentración. Esto, de manera casi inconsciente, les hace releer la oración o el párrafo varias veces. Una vez que las personas leen una palabra cuyo significado no conocen, la comprensión del fragmento completo disminuye. Así que pregunté a mi amiga: "¿Cómo lo superas?"

"Es fácil", dijo. "Lo único que debes hacer es buscar la palabra en el diccionario, entender qué significa y continuar la lectura. Tu nivel de comprensión aumenta."

Así que ahora me esfuerzo por tener un diccionario cerca y buscar las palabras que no entiendo. Y una señal segura de que he pasado una palabra mal entendida es cuando releo una sección varias veces.

En lo que respecta al mundo de las inversiones, la jerga es desenfrenada. Puedo leer cuatro palabras que no entiendo en una oración. Tan sólo quiero pasarlas y pretender que no son importantes. En cambio, hago un mejor esfuerzo si tomo el diccionario y busco las palabras. Es más que sólo leer la definición. Quiero asegurarme de que entiendo el significado claramente. A veces me remonto a la primaria donde la maestra solía decirme que usara cierta palabra en una oración. ¡Funciona! Puede consumir un poco de tiempo al principio pero en definitiva incrementa mi comprensión de lo que leo y mi vocabulario cotidiano.

El glosario al final de este libro define muchos términos comunes de finanzas e inversiones. No incluye todas las palabras que encontrarás, así que recomiendo algunos buenos libros sobre inversiones y finanzas para agregarlos a tu biblioteca y sentirte más informada cuando se presente la jerga.

Mejor comprensión, mejores resultados

Hace años hablé con un corredor de bienes raíces de inversión sobre un edificio de 24 apartamentos. Y comenzó a escupir la terminología. "La relación del préstamo sobre el valor es de 80 por ciento. La tasa de capitalización es de 90 por ciento. La tasa interna de retorno es de 19 por ciento." (Todos esos términos se encuentran en el glosario.) Y siguió y siguió. Así que le pregunté: "¿Exactamente qué significa tasa de capitalización?" Él dijo: "Bueno, cuanto más alta sea, mejor es el trato."

"Pero, ¿exactamente cómo se determina una tasa de capitalización? ¿Cuál es la ecuación? ¿Y qué mide en específico?"

Me miró perplejo y luego dijo: "En realidad no es tan importante; lo que importa es el buen trato que representa este edificio."

El hecho es que no tenía idea de lo que hablaba. Usaba las palabras, pero no sabía a qué se referían. Apreciarás lo siguiente: ese corredor de bienes raíces no sólo estaba desconcertado por su propia jerga, sino que sus números sobre esa propiedad tampoco tenían sentido. No era un trato tan maravilloso.

Tres reglas sencillas

En lo que respecta a la jerga, he aprendido tres reglas a seguir:

1) *Incrementa tu vocabulario día con día*

   No te sientas intimidada o, más aún, no seas floja cuando alguien use una palabra que no entiendes. Si tienes una conversación y surge una palabra poco familiar, pide a quien la usó que la explique o escríbela y búscala después. Si lees o ves televisión y aparecen nuevos términos, búscalos en un diccionario.

2) *Haz preguntas*

   Siempre sé curiosa. Incluso cuando ya tengas algún conocimiento sobre el tema, sigue haciendo preguntas. Siempre puedes aprender más. Dos cosas suceden cuando preguntas a un experto o semiexperto.

a) Creas una relación con la persona porque ve que realmente te interesas en su tema.

b) Aprendes más.

3) *Luce estúpida cada vez que puedas*
No temas decir: "No sé." La forma más rápida de impedir tu aprendizaje es pretender que tienes todas las respuestas, actuar como si supieras de qué habla una persona cuando no es así. Tener miedo a lucir estúpida sólo te hace estúpida.

Pienso que una de las ventajas que tenemos las mujeres hoy en día es que la mayoría no hemos sido educadas en el mundo del dinero, las finanzas y las inversiones. Así que no tememos decir: "No sé." Ni siquiera se espera que sepamos. No tenemos miedo de hacer preguntas ni admitir que, aunque parezcamos súper mujeres, en realidad no tenemos todas las respuestas.

No permitas que la jerga y todas esas palabras intimidantes y confusas se conviertan en obstáculo para ti. Son sólo palabras. Y cada palabra tiene una definición que se puede encontrar en un diccionario. En lugar de abrumarte, emociónate cada vez que escuches un nuevo término, porque con cada palabra nueva te vuelves mucho más inteligente y mejor inversionista.

Capítulo 10

"¡Estoy muerta de miedo!"

Obtienes fuerza, valor y seguridad a través
de cada experiencia en la que te atreves
a ver al miedo a la cara. Debes hacer lo
que piensas que no puedes hacer.
Eleanor Roosevelt

Hablemos de miedo

No podemos ignorar que muchas mujeres experimentan miedo a invertir. La pregunta que escucho una y otra vez, en especial entre quienes por primera vez invierten es: "¿Cómo supero mi miedo?" Si piensas que eres la única alterada cuando llega el momento de comprar tu primera propiedad para alquilar, invertir en ese primer negocio o cada vez que comprometes el dinero de cualquier inversión, por favor, debes saber que *no estás sola*.

Aunque el miedo puede advertirnos sobre lo que amenaza
la vida, también puede ser un asesino… un asesino de
sueños, de oportunidades, de nuestro propio crecimiento y
pasión personal, de vivir nuestra vida al máximo.

Las ventajas y desventajas del miedo

¿Qué es lo mejor del miedo?

El miedo tiene una ventaja. Nos alerta respecto de posibles situaciones que amenazan la vida. Tal vez sientas miedo al escuchar un ruido extraño en la noche. Cuando piensas que alguien puede meterse a tu casa, de inmediato tomas las precauciones necesarias. El miedo puede detonarse cuando caminas sola a través de un parque por la noche, de modo que rápidamente encuentras la ruta más segura para salir. Si conduces en mitad de una tormenta de nieve con casi nula visibilidad, el miedo puede hacer que te orilles hasta que el temporal se calme. Así que a todas luces hay un lado positivo en el miedo.

También hay un lado destructivo en el miedo. Aunque puede advertirnos sobre hechos que amenazan la vida, también puede ser un asesino... un asesino de sueños, de oportunidades, de nuestro propio crecimiento y pasión personal, de vivir la vida al máximo.

Cada vez que entramos a un terreno que no es familiar, que nos resulta desconocido, un poco de miedo puede ser bueno para motivarnos a ver con mayor cuidado los números de esa propiedad o sintonizar el reporte especial por televisión sobre la industria en la que acabamos de comprar acciones. Un poco de miedo puede mantenernos alerta y a veces evita que cometamos errores. Ahí es donde nos beneficia el miedo.

El lado dañino del miedo es cuando nos paralizamos y no hacemos nada. Decimos "no" a una oportunidad de manera automática, sin siquiera pensarlo. Lo único que vemos son las cosas que saldrán mal. Podemos espetar todas las razones por las que la inversión es una mala empresa, arriesgada y poco prudente. El miedo a cometer errores, a perder dinero y a sufrir decepciones personales gana.

Entonces, ¿por qué permitimos que el miedo nos detenga? Dos razones de por qué sucede:

"¡Me voy a morir!"

Una de las funciones de la mente, a través del miedo, es advertirnos de situaciones que amenazan la vida. Sin embargo, la mente a menudo percibe algo amenazante cuando no lo hay. Por ejemplo, aquí está una mente hablando: "¡Invertir es arriesgado! ¡Estoy perdiendo dinero! ¡¿Y si no puedo pagar mis deudas?! ¡¿Y si no puedo pagar mi hipoteca?! ¡El banco hará un juicio hipotecario! ¡Me quedaré sin casa! Quedaré en la calle. Oh, Dios mío, ¡me voy a morir!"

¡Vaya! Cuánta charla. No obstante, es el tipo de trucos que puede jugarnos la mente. ¿Realmente moriremos si hacemos una inversión? Por supuesto que no. Pero esas respuestas automáticas, inconscientes, a veces dirigen nuestra vida.

Cuando sientas que ese miedo paralizante se apodera de ti al analizar una oportunidad de inversión nueva y poco familiar, primero admite que esa situación no amenaza tu vida. No es una situación en donde las opciones son "o lo haces o te mueres". En segundo lugar, de manera racional revisa pros y contras. ¿Cuál es la ventaja? ¿Cuál es la desventaja? ¿Cómo puedes reducir la desventaja? En otras palabras, saca del camino a tu mente irracional.

El miedo como una excusa

Una segunda razón, más evidente, de que el miedo toma el control es cuando resulta más fácil no enfrentarlo. Cuando enfrentamos algo desconocido, que nos desafía o presiona, existe incomodidad. Lo fácil es no hacer nada.

Por ejemplo, ¿alguna vez has tenido que dar una charla en público? Los expertos dicen que el miedo número uno es hablar en público. Si tienes ese miedo, lo más fácil es no enfrentarlo, no dar la charla.

Lo más difícil sería confrontar tu miedo, escribir tu discurso, practicar, tomar un curso de cómo hablar en público, practicar un poco más y finalmente pararte en el podio. Al pasar por ese proceso, creces. Al alejarte, te haces más pequeña.

¿Puedes pensar en este instante en algo que, de llevarlo a cabo, aunque resultara aterrador e incómodo, mejoraría tu vida y la volvería más plena por haberlo hecho? (Tal vez comprar la primera o la siguiente inversión.) Son ocasiones en que el miedo puede impulsarte hacia delante o convertirse en excusa para no hacer nada. En esos momentos, aceptas el reto y enfrentas tu miedo o decides no participar, huir y quedarte donde estás. En realidad nunca permanecemos: crecemos o nos encogemos. Con el mundo moviéndose y cambiando tan rápido, las decisiones expanden o contraen nuestra vida. No creo que haya un punto intermedio.

El miedo como activo

El miedo puede ser el activo más grande que tenemos. Cada vez que aparece y tienes claro que no se trata de una situación que amenace tu vida, significa que hay una oportunidad de crecer. A menudo es a través de ese proceso agitado como más crecemos. ¡Y cuando lo logras es estimulante! No eres la misma persona que antes del proceso.

Piénsalo de esta forma: *el miedo nos hace crecer*. En vez de temer al miedo, míralo directo a los ojos y date cuenta de que acabas de develar tu siguiente nivel de crecimiento… si eliges aprovecharlo.

Ralph Waldo Emerson cambió mi vida con esta cita: "Quien no está venciendo algún miedo todos los días, no ha aprendido el secreto de la vida."

Dos tipos de dolor

Las palabras más tristes que existen conforme la gente envejece son: "Si tan sólo hubiera (llena el espacio en blanco)…" "Desearía haber hecho (llena el espacio en blanco)…" Había algo más para ellos pero, con frecuencia por miedo, se contuvieron. Puede ser miedo al fracaso, a no encontrar algo mejor, a perder o a ser humillado. Sea cual sea, fue más poderoso que la oportunidad de una vida más apasionante, alegre y satisfactoria. Escuché a Anthony Robbins, orador motivacional, decir desde el podio: "Hay dos tipos de dolor: el dolor del fracaso y el del arrepentimiento."

Yo eligiré el del fracaso todos los días de mi vida. Para mí, el arrepentimiento es el peor castigo que puedo infligirme. Sé cuándo flaqueo. Sé cuándo renuncio. El asunto es que en los momentos en que me contuve, tuve una elección. Y elegí ser *cobarde* en lugar de *valiente*.

Nadie debe reprocharme cuando no me atrevo a hacer algo. Estoy muy consciente de esos momentos. Y es al mirarlos en retrospectiva cuando el dolor del arrepentimiento es más agudo.

Para algunas mujeres significa renunciar a su carrera. Para otras, que su carrera se interponga entre ellas y su familia. Y el arrepentimiento típico es conservar una relación o matrimonio que no las satisface porque es "fácil" y "cómodo".

El arrepentimiento que espero que *ninguna* de nosotras enfrente jamás es haber ignorado nuestros intereses financieros y permitir que alguien más dicte lo que considera mejor para nosotras.

Sin duda se necesita valor para hacer cambios drásticos en la vida y enfrentar lo desconocido. La buena noticia es que cuando elegimos al valor sobre la cobardía, ganamos, pues crecemos. Y entonces no puede haber arrepentimientos.

Un momento de valor

Apuesto a que la mayoría podemos recordar un momento de valentía que enfrentamos de jovencitas o del que fuimos testigos. El otro día estaba observando a una niña de siete años y me trajo recuerdos.

Se preparaba para saltar del trampolín de la alberca por primera vez. La observé mientras subía por la escalera, aferrándose al barandal con fuerza. Dio el último paso hacia el trampolín y miró el lugar donde terminaba. Nada más existía para ella. Se paró ahí por lo que pareció una eternidad. Luego dio su primer paso adelante, aferrándose al barandal, y sólo estaban ella, el trampolín y el agua, la cual probablemente le parecía a kilómetros de distancia.

Muy titubeante, caminó hacia el final del trampolín, con las piernas un poco temblorosas. Y llegó el momento de la verdad: iba a dar ese enorme y atemorizante salto al agua o a darse vuelta, descender por la escalera, bajar y decir: "No puedo hacerlo."

Se quedó de pie por un par de minutos más y luego, con todo el valor que pudo reunir, dio un suspiro profundo, cerró los ojos y saltó del trampolín hacia lo desconocido.

Al entrar en el agua hubo un chapoteo. Cuando asomó la cabeza tenía la sonrisa más grande, más brillante, de oreja a oreja. "¡Lo hice!", gritó extasiada. Estaba muerta de miedo, pero lo hizo. ¿Y qué quiere hacer a continuación? Volver a subir por esa escalera y echarse un clavado desde lo alto otra vez... y otra vez... y otra vez...

Esa niña de siete años en realidad no es diferente a ti o a mí. La situación puede serlo, pero la intensidad del miedo y el terror justo antes de la decisión de saltar o no saltar, ya sea a una alberca o a una nueva aventura, es común a todas.

"¿Cómo supero mi miedo?"

En lo que respecta a invertir, a menudo entramos en terreno desconocido. Muchas de nosotras hacemos algo por completo nuevo. No tenemos experiencia. Es seguro que no poseemos todas las respuestas. Ningún inversionista las sabe. De modo que la curva de aprendizaje es empinada y la probabilidad de cometer errores es alta. Y estamos jugando con dinero real, lo que siempre añade un poco de drama al asunto.

Nuestro miedo puede venir en muchas formas. Podría ser a perder dinero o cometer errores (a lo cual realmente no debes temer porque ya está dado: cometerás errores). Tal vez hayas oído, como yo, que uno de los mayores miedos de las mujeres es el miedo a terminar como vagabunda en las calles, en bancarrota y sin hogar. (Y si ves algunas estadísticas sobre mujeres mayores y su dinero, ese miedo puede ser justificado.) Sea cual sea el miedo, si existe, admítelo.

Una forma de *reducir* el miedo, por supuesto, es mediante educación y experiencia. Cuanto más aprendas y sepas sobre ciertas inversiones, más segura estarás de tus decisiones. Cuantas más inversiones realices, más tranquila y conocedora te volverás. Por lo tanto, el miedo desempeñará un papel menos trascendente en cada nueva inversión.

Un ejercicio que cambia la vida

La mayoría experimentamos miedo, acaso franco terror. ¿Cómo superarlo? Participé en un curso de supervivencia; se trataba exclusivamente sobre el manejo del miedo. En uno de los ejercicios debía trepar hasta lo alto de un poste de madera, similar a uno telefónico, pararme sobre él sin usar las manos, luego saltar y coger un trapecio colgante. De inmediato pensé que la parte más aterradora, por mucho, sería ese salto hacia el trapecio. No fue así. Mientras escalaba el poste tomando y pisando cada saliente, pensé: "Esto no es tan malo." Luego llegué a la última saliente, lo que significaba que el único lugar para colocar las manos era la parte superior y plana del poste, que quizá medía 30 centímetros de diámetro. El terror estaba a punto de asestarme un golpe. Tenía las dos manos en la parte superior del mismo y mis pies en las dos últimas salientes. El paso más aterrador del ejercicio era, sin manos, colocar los pies sobre el poste. Estaba paralizada. Pareció una eternidad mientras estuve en esa posición. Al final, el instructor me gritó: "¿Qué sucede?"

Le pregunte: "¿Cómo supero mi miedo?"

Respondió: "No se trata de deshacerte de tu miedo, sino de *controlarlo* cuando aparezca. Sólo da el siguiente paso."

Debo decirte que necesité todo mi esfuerzo para poner un pie sobre el poste y luego el otro. Estaba sobre esa diminuta plataforma, donde apenas cabían mis dos pies, con los brazos estirados a los lados para tener equilibrio. "Lo hice", pensé. Luego entró el miedo número dos. Ahora tenía que saltar y coger el trapecio a 1.80 metros de distancia. Simplemente repetí lo que mi instructor me había dicho: "Se trata de controlar tu miedo. Sólo da el siguiente paso."

Con eso di un respiro largo y profundo, brinqué del poste, salté por el aire y cogí el trapecio. Mientras me bajaban a tierra mi cuerpo temblaba más que cuando empecé. Mi instructor caminó hacia mí y preguntó: "¿Entendiste la lección?" Cada célula de mi cuerpo había comprendido.

Enfrentar el miedo a mi primera inversión

¿Tenía miedo cuando estaba en la oficina de la compañía de títulos, lista para firmar los papeles de mi primera propiedad? Estaba aterrorizada.

En 1989, Robert, fungiendo él mismo como instructor de una clase de supervivencia, me dijo: "Kim, es tiempo de que empieces a invertir."

"¿Invertir? ¿A qué te refieres con invertir?", pregunté, totalmente confundida.

Robert me explicó algunos de los principios de padre rico sobre inversión y bienes raíces, y dijo: "Ahora depende de ti entenderlo."

"¡Oh, no!", pensé. "¡Quiere que escale hasta la punta de ese poste otra vez!"

Y comenzó mi educación sobre inversiones.

La única sugerencia que me hizo Robert fue: "Revisa el vecindario." Así que eso fue justo lo que hice. A unas cuadras de donde vivíamos en Eastmoreland, cerca de Portland,

Oregon, había un vecindario llamado Westmoreland. Era una comunidad maravillosa llena de casitas lindas con patios y porches. El área rodeaba un parque, y las tiendas de antigüedades y restaurantes le añadían un toque de pueblo viejo.

Para no alargar la historia, me topé con una pintoresca casa que se vendía, con dos recámaras y un baño. Tenía un patio agradable y una cochera aparte. Incluso una linda mariposa de metal adherida al frente de la casa. Perfecto. El precio de venta era 45 mil dólares. Tenía que dar 5 mil. Y después de hacer todos mis cálculos, pensé que podía ganar entre 50 y 100 dólares mensuales de flujo de dinero. El flujo de dinero significa que cobro la renta al inquilino, pago los gastos (impuestos, seguro, agua, etcétera) e hipoteca, y el dinero restante es el flujo de dinero que entra directo a mi bolsillo.

Como era mi primer trato de bienes raíces, no sabía lo que estaba haciendo. Así que revisaba todo tres o cuatro veces (techo, plomería, estructura del edificio, impuestos, seguro)… todo es posible. Hablé con varios administradores de propiedades para ver en cuánto se podía rentar la casa. Estaba lista.

Y aun así, cuando llegó el momento de firmar los papeles en la oficina de la compañía de títulos y entregar mis 5000 dólares, mi mano temblaba tanto que apenas pude firmar. Hice toda mi tarea respecto a esa propiedad. Revisé tres veces todos mis números. Entonces, ¿por qué estaba asustada? No dejaba de decirme: "Sólo da el siguiente paso."

De nuevo, ésa fue mi primera compra de bienes raíces de inversión. Simplemente no estaba segura de si mi análisis era correcto. Hice mi mejor esfuerzo para calcularlo. "¿Pero qué tal si había cometido un error? ¿Qué tal si había algo mal en las cuentas? ¿Qué tal si, en vez de hacer dinero cada mes, perdía dinero? ¿Qué tal si hay un gran problema de plomería o con el techo? ¿Qué tal si pierdo mis 5 mil dólares?" Todos esos pensamientos corrían en mi cabeza mientras en la mesa veía el cheque que estaba a punto de entregar.

"Quizá simplemente no debería hacer este trato", me dije. "Eso sería lo más fácil. Quizá necesito aprender más antes de comprar algo. Si es un trato tan bueno, ¿por qué no todo el mundo quiere comprar la casa?" Todos esos pensamientos parecían una excusa razonable para no hacer el trato. Podía encontrar muchas personas que validarían mi decisión de retirarme.

Pero luego me dije: "Kim, has investigado mucho esta propiedad. Parece tener sentido con base en lo que sabes. Si no continúas, probablemente nunca invertirás en bienes raíces. Es ahora o nunca. Da el salto y toma la barra." Y con eso, firmé los papeles, entregué mi cheque por el enganche y fui la orgullosa dueña de mi primera inversión.

¿Cometí errores en esa propiedad? Sí. ¿Me costaron dinero? Sí. ¿Que si mis cuentas salieron exactamente como lo había planeado? No. ¿Fue mi inversión más importante en la vida? Por supuesto. Fue la primera. Me puso en marcha. Abrió la puerta que condujo a más y más inversiones.

¿Estuve asustada y nerviosa en el siguiente cierre y en los posteriores? Sí. De hecho, hubo un trato de bienes raíces donde literalmente estaba llorando de miedo porque estaba segura de que la propiedad estaba a punto de caerse. También salí de ésa. Y con cada nueva inversión aprendí un poco más y más. Me volví más lista. Obtuve más conocimiento. Verdaderamente es un proceso que llevas paso a paso.

En el capítulo 20 explicaré la inversión que eliminó para siempre 95 por ciento de mi miedo. Fue una de mis grandes lecciones de vida.

La historia de un inversionista: "dar el siguiente paso"

La siguiente es una historia inspiradora: una mujer que enfrentó sus miedos en su primera propiedad de inversión. Como resultado, está feliz y hoy es una inversionista exitosa.

Historia de vida:

Mi marido y yo éramos dueños de un negocio pequeño. Corríamos muy rápido pero no llegábamos a ninguna parte. De hecho, nos estábamos rezagando cada mes.

Yo tenía 47 años, dos hijos en la universidad y tres en casa. Me resultaba difícil encontrar tiempo para estudiar, aprender y buscar tratos potenciales de bienes raíces. Pero, de alguna manera, busqué el tiempo necesario porque sabía lo importante que eso sería para mí y para mi familia. Mi esposo me apoyó y disfrutamos aprendiendo juntos. Decidimos que yo me enfocaría en bienes raíces mientras él estudiaba otras inversiones.

Fue una enorme responsabilidad para mí cuando llegó el momento de cerrar el trato por nuestra primera propiedad de inversión, un edificio de apartamentos. Se necesitarían todos nuestros ahorros y me estaba muriendo de miedo. Cada hora cambiaba de opinión respecto al trato. No hay duda de que lo hubiera abandonado de no ser por el apoyo de algunas personas clave a mi alrededor.

No dejaba de decirme que había invertido mucho dinero y tiempo en mi educación financiera en los últimos dos años y que sabía lo que hacía. Me repetía esto una y otra vez para acallar esa vocecita que constantemente me decía que no sabía qué demonios hacía, cómo podía pensar que eso funcionaría y que iba a perder todo el dinero de mi familia, etcétera.

Hoy puedo verlo en retrospectiva y reír. Es una gran sensación. Proseguí con el trato y esa propiedad está completamente llena de inquilinos y generando un flujo de dinero muy bueno. Estoy y seguiré aprendiendo y comprando más propiedades de inversión. Simplemente me hago más lista y segura, y me divierto cada vez más.

Capítulo 11

¿Qué tanta riqueza tienes?

*Una mujer siempre será dependiente
hasta que lleve un bolso propio.*
Elizabeth Cady Stanton,
activista por los derechos
de las mujeres (1815-1902)

Una mañana abrí mi correo electrónico y reconocí una dirección que no había visto en un tiempo. El mensaje decía lo siguiente:

"¡Hola, Kim! ¡Soy yo, Janice! Estaré en Phoenix mañana por un viaje de un día que surgió casi sin pensarlo. ¿Estás disponible para un rápido almuerzo? ¡Ciao! Janice."

Respondí:

"¡Hola, Janice! Mañana me queda perfecto. Me encantaría saber cómo te ha ido y escuchar qué has hecho. Saludos, Kim."

Decidimos la hora y el lugar.

En su último correo electrónico, Janice escribió emocionada: "Kim, he estado pensando mucho en lo que hablamos en Nueva York. Estoy empezando a entenderlo cada vez más, en especial mientras trabajo día y noche en mi negocio. Estoy ansiosa por hablar más al respecto. ¡Te veo mañana! Ciao, Janice."

Al día siguiente supe que debía estar emocionada porque era la primera vez que podía recordar a Janice sentada a la mesa cuando llegué. ¡De hecho había llegado temprano! Se estaba despidiendo de alguien en su celular cuando me acerqué a la mesa.

Se puso de pie de un salto y nos dimos un gran abrazo. "Te ves ma-ra-vi-llo-sa", rió.

"Me alegra mucho que me escribieras", dije. "Tú, por supuesto, te ves fabulosa como siempre."

Desde ese momento, el almuerzo fue un poco confuso. Hablamos sin parar durante casi dos horas. Sé que comimos algo, pero la comida no fue el centro de nuestra reunión.

Comencé: "A ver, dime qué ha pasado."

"¡El dinero me controla!"

"Mi mente ha estado dando vueltas desde que nos vimos la última vez. Sin duda, no tengo todo claro, pero estoy empezando a ver atisbos de cómo podría ser mi vida si el dinero no fuera un problema. Nunca me di cuenta de cuántas de mis decisiones se basan simplemente en ganar más dinero *versus* lo que es mejor para mí y mi negocio", confesó Janice.

"Por ejemplo", prosiguió, "la semana pasada tuve que tomar una decisión. Había dos eventos a los que podía asistir, pero eran el mismo día así que tuve que elegir. Uno era más que nada un día educativo y de relaciones con algunas de las personas más importantes en la industria de las ventas al menudeo. Ése era el programa al que en realidad quería asistir. El otro era como una miniferia comercial donde podía vender mis productos."

"Cuéntame qué hiciste", dije con curiosidad.

"Mi proceso de decisión no tuvo nada que ver con lo que sería mejor a largo plazo para mi negocio", dijo frustrada. "Toda la decisión se redujo a qué me haría ganar más dinero hoy. Así que elegí la feria comercial."

"¿Y?", pregunté.

Janice continuó: "La feria comercial básicamente fue una pérdida de tiempo. Vendí muy poco. Los asistentes en realidad no eran mis clientes. Y no la disfruté. En cambio, de haber asistido al otro evento, hubiera conocido y hecho preguntas a dos de mis principales 'héroes' de negocios, cuya asistencia no se anunció. La retroalimentación de los amigos que asistieron fue fenomenal. Sentí que pude aprender muchas cosas excelentes para el crecimiento de mi compañía. Yo me fui por el dinero rápido, a corto plazo."

"Muy buena lección", comenté.

"De nuevo, fue un pequeño vistazo de cómo podría ser mi vida si mis decisiones no dependieran tanto de cuánto dinero ganaré hoy", dijo. "Lo que estoy empezando a entender es que si supiera que mis gastos básicos están cubiertos y no dependieran de mi negocio, entonces sería mucho más divertido porque tomaría las mejores decisiones a largo plazo para mi negocio… y para mi vida.

"Ayer rechacé desayunar con una mujer que hace lo que me gustaría hacer dentro de dos años. ¿Y en cambio qué hice? Tenía una junta con mis tres vendedores clave porque nuestras ventas estuvieron bajas el mes pasado", dijo. "Ahora bien, sé que esas juntas son importantes. Lo estúpido es que hubiera podido tener esa junta más tarde el mismo día o incluso la mañana siguiente. Pero quizá nunca tenga la oportunidad de encontrarme frente a frente con esa mujer que verdaderamente podría impulsar mi negocio. Y eso simplemente es estúpido."

"Entonces, ¿cuál es tu plan a partir de este punto?", pregunté.

"Bueno, siento que tengo una razón genuina de por qué quiero empezar y moverme hacia lo que tú llamas independencia financiera. Pretendo que mi negocio sea divertido, un lugar donde aprenda y crezca, y quienes ahí trabajen aprendan, se desarrollen y persigan sus sueños y metas, como yo los míos. Eso, para mí, sería emocionante y satisfactorio." Podía ver la pasión en sus ojos mientras hablaba.

"Ésa es una razón poderosa", reconocí.

Janice y yo seguimos hablando.

Compartí con ella la conversación que tuve con Leslie sobre que pensaba que no era lo suficientemente inteligente, sobre todo debido al lenguaje usado por los "expertos". Discutimos la importancia de aprender el vocabulario, la jerga del dinero, las inversiones y las finanzas.

"Ésa es la clave", concordó Janice. "Porque cuando escucho toda esa palabrería simplemente me desconecto. Y entonces pierdo interés en el tema."

Pasamos una buena parte de nuestro almuerzo discutiendo lo que es la independencia financiera y por qué el enfoque principal está en el flujo de dinero.

El siguiente paso

"Entonces, ¿a dónde voy a partir de este punto? ¿Cuál es mi siguiente paso?", presionó Janice.

"¿Recuerdas cuando dije que la meta número uno de la independencia financiera era tener más flujo de dinero entrante —sin trabajar— del que sale en la forma de gastos?", pregunté.

"Sí. Me gusta esa idea", respondió. "Y la otra cosa que me encanta es que no se necesita una enorme cantidad de dinero para ser libre a nivel financiero, y siempre pensé que era la única forma de lograrlo."

"Es cierto. La independencia financiera, de acuerdo con la fórmula que uso gracias al padre rico de Robert, es diferente para cada persona. La cantidad de flujo de dinero que necesitas para ser libre a nivel financiero será diferente de la que necesitaría tu vecino o tu mejor amiga."

Compartí con Janice cómo Robert y yo quedamos libres a nivel financiero en 1994. "Nos tomó sólo cinco años alcanzar la libertad financiera. ¿Recuerdas que les conté sobre mi primera propiedad de inversión que compré en 1989: una casa pequeña de dos recámaras y un baño? Bueno, cinco años después, como resultado del flujo de dinero de nuestras inversiones, que principalmente eran en bienes raíces, teníamos un total de 10 mil dólares al mes entrando a nuestro bolsillo. No es mucho dinero, pero lo bello es que nuestros gastos en ese momento eran de sólo 3 mil dólares. Así que en ese punto estuvimos libres. Ya no teníamos que trabajar para cubrir esos 3 mil dólares al mes. En cambio, el dinero ahora estaba trabajando para nosotros y 10 mil dólares entraban a nuestro bolsillo cada mes."

"Piénsalo", comencé. "Ser libre e independiente a nivel financiero significaría que nunca más tendrías que trabajar por dinero porque cada mes tendrías suficiente de tus inversiones para cubrir tus gastos. Así que tu riqueza es infinita porque nunca se agota."

Janice interrumpió: "Entonces, mi siguiente paso es calcular cuánto flujo de dinero necesito para cubrir mis gastos mensuales."

"¡Eso es! Podemos hacerlo en este momento, si quieres."

"¡Vamos a hacerlo!", dijo y golpeó la mesa con el puño.

Cómo determinar cuánta tanta riqueza tienes

"Está bien, vamos a descubrir cuánta riqueza tienes", dije.

"¿Exactamente cuál es tu definición de riqueza?", preguntó Janice.

"Excelente pregunta", contesté. "La palabra riqueza tiene incontables definiciones. Yo uso la que me enseñaron hace años. La definición proviene de un brillante inventor, filósofo y filántropo llamado R. Buckminster Fuller. Su definición de riqueza es: 'La capacidad de una persona para sobrevivir X número de días en adelante.'

Dicho en términos financieros, la pregunta es, ¿cuántos días podrías sobrevivir sin trabajar? Y las palabras clave son *sin trabajar*. Si dejaras de trabajar hoy, lo que significa que tu ingreso laboral se detendría también, ¿cuánto tiempo sobrevivirías con la cantidad de dinero que tienes?"

"¿Cómo lo calculo exactamente?", preguntó Janice.

"En realidad es bastante simple", respondí. "Primero sumas todos tus gastos. Eso es lo que te cuesta 'sobrevivir' cada mes. Si no tuvieras un salario o ingreso proveniente de tu negocio, ¿cuánto dinero necesitarías cada mes para vivir?"

"¿Quieres decir cuáles son mis gastos netos con los que podría vivir? Porque podría eliminar comer fuera, cosa que hago a menudo, o podría ir de compras con menos frecuencia", explicó Janice.

"Me alegra mucho que lo hayas mencionado porque es una diferencia importante. Esta fórmula está basada en tu nivel de vida actual. No estoy hablando de mudarte a una casa más pequeña ni vender tu coche y usar el autobús. No soy partidaria de vivir 'debajo de tu nivel'. ¿Por qué querrías ser independiente a nivel financiero si tendrías que rebajarte a un estilo de vida que no disfrutas? La libertad financiera consiste en vivir en el nivel de vida que quieres. Así que hoy tienes un nivel y esos gastos son los que usaremos. Siempre puedes aumentar tu nivel de vida en el futuro… lo que recomiendo ampliamente."

Paso número 1

Janice asintió feliz con la cabeza. "Así que si sumo mis gastos incluirían los siguientes puntos."

Janice hizo su lista en el momento (las cantidades están en dólares):

Pago de hipoteca	$2 500
Predial	$300
Seguro de casa	$150
Gastos generales de la casa	$350
(servicios, agua, teléfono, cable)	
Pago del auto	$550
Gasolina	$150
Comidas y entretenimiento	$500
(comidas en casa y fuera)	
Compras varias	$500
(ropa, artículos para la casa)	
Revistas / periódicos / libros	$50
Viajes / vacaciones	$250

Cuando hagas tu propia lista, a continuación añadimos otros gastos que podrías incluir:

• Pago de hipoteca.

- Predial.
- Seguro de casa.
- Gastos generales de la casa: servicios, agua, teléfono, televisión por cable.
- Renta.
- Pago(s) del auto.
- Mantenimiento del auto.
- Gasolina.
- Gastos de transporte (tren, autobús, taxi).
- Comidas (en casa).
- Comidas (fuera de casa).
- Entretenimiento: espectáculos, conciertos, actos deportivos, etcétera.
- Compras varias: ropa, artículos para el hogar, libros, cuidado del cabello, etcétera.
- Revistas / suscripción a periódicos.
- Viajes / vacaciones.
- Niños:
  —Niñera.
  —Escuelas.
  —Ropa.
  —Compras varias.
  —Deportes / clases.
- Seguro médico.
- Ejercicio / gastos de gimnasio.
- Gastos de la mascota (alimento, salud, pensión).
- Mantenimiento del jardín.
- Otros gastos de vehículos (barco, motocicleta, remolque).
- Programas educativos.
- Gastos de estacionamiento.
- Cualquier otro gasto extra.

Tras revisar la lista de Janice, pregunté: "Entonces, ¿cuál es tu cantidad total de gastos mensuales?"

"4 900 dólares al mes", anunció.

"¿Y fuiste honesta en tus números?", indagué.

"Bueno", dudó, "probablemente gasto un poco más en ropa y entretenimiento. Quizá debería inflar un poco esas cifras. Podría ser bueno poner una categoría para 'reservas' o 'gastos varios', pues pueden ocurrir cosas inesperadas."

"Excelente idea", aplaudí. "Cuanto más honesta seas contigo misma sobre tus números, más grande será tu posibilidad de alcanzar tu meta."

Agregué: "Cuando Robert y yo estábamos quebrados, lo más difícil para mí era encontrarme con mi contadora dos veces al mes. No era una experiencia agradable sentarme con ella en cada reunión y enfrentar la verdad de cuán poco dinero entrante había y cuánto dinero salía, así como de la cantidad de deudas que teníamos. Pero debo admitir que ser honestos respecto a dónde estábamos nos permitió fijar metas claras y lidiar con cada acreedor y situación que se presentara. De habernos mentido respecto a dónde estábamos a nivel financiero, quizá seguiríamos con esas deudas."

"Entiendo", respondió Janice.

Hizo algunos ajustes a sus números y luego anunció: "Mis gastos mensuales son de 5 300 dólares."

"Bien hecho", la felicité. "Es el paso número uno para descubrir cuánta riqueza tienes. ¿Lista para el paso dos?, pregunté.

"Por supuesto", contestó Janice.

Paso número 2

"El siguiente paso es calcular cuánto dinero tienes actualmente, *sin incluir el sueldo de tu empleo o trabajo*. En otras palabras, si dejaras de trabajar hoy, cuánto tendrías en ahorros, bonos y acciones que podrían venderse de inmediato y, por supuesto, flujo de dinero generado por activos."

"¿Qué hay de mis joyas o la platería de mi abuela? ¿No cuenta?", preguntó Janice.

"No cuento ese tipo de objetos por dos razones", expliqué. "Primero, no sé si los puedo vender. Si se puede, probablemente valen mucho menos de lo que pensé. Y, segundo, el ejercicio consiste en asumir tu nivel de vida actual. Si comienzas a vender todo lo que puedas, bajas tu nivel de vida."

"Tiene sentido", admitió Janice. "Está bien, déjame hacer mi lista, lo cual no tomará nada de tiempo."

Cuando todo estuvo dicho y hecho, Janice tuvo la siguiente lista (cantidades en dólares):

Ahorros $18 000
Acciones $ 6 000

"Ésta es mi lista", declaró Janice. "Sabía que sería rápido. El punto es que podría tener un total de 24 mil dólares disponibles."

Paso número 3

"Bien", dije. "Ahora simplemente divide los 24 mil dólares entre tus gastos mensuales de 5 300, ¿qué obtienes?"

Janice buscó en su portafolio y sacó una calculadora. "A ver, 24 mil entre 5 300 dólares. Da un total de 4.5", dijo Janice algo perpleja. "¿Qué significa eso?"

"Significa que tienes cuatro meses y medio de riqueza. Si dejaras de trabajar hoy, tendrías dinero para cubrir cuatro meses y medio."

Vi cómo caían los hombros de Janice. Me miró un poco aturdida y dijo: "Eso no es mucho. Nunca lo había visto de esa forma."

"No hay una respuesta correcta y otra incorrecta aquí", señalé. "Es simplemente tu punto de partida. Muchas personas, si dejaran de trabajar hoy, tendrían cero riqueza o peor, riqueza negativa."

"Entonces, la ecuación es: tomo el dinero ahorrado y divido esa cantidad entre mis gastos mensuales. ¿Es correcto?", preguntó.

"Así de simple. Y en un minuto hallaremos la pieza que falta en el rompecabezas", dije. "Pero digamos que los gastos mensuales de una persona son de 2500 dólares. Tiene 5000 dólares ahorrados. Esos 5000 divididos entre 2500 es igual a 2, lo que significa que puede mantener su estilo de vida durante dos meses. Ahora, vamos a la pieza que falta", continué. "La ecuación completa es ésta." Escribí en una servilleta:

Ahorros (o dinero disponible)
+ Ingreso entrante sin trabajar/gastos mensuales de vida
= Tu riqueza

"Y obviamente no tengo dinero entrante por el que no tenga que trabajar. Es la parte que falta, ¿no es cierto?", concluyó Janice. "Entonces, ¿cuál es la meta? ¿Tu número de riqueza debe ser el número de meses que piensas vivir? ¡Sería un número enorme!"

"¿Cuál es la meta?"

"Sería un número enorme", estuve de acuerdo. "Pero haces una pregunta excelente. Para ser independiente a nivel financiero, tu riqueza debe ser infinita."

"¿Infinita?", preguntó confundida.

"Piénsalo", comencé. "Ser libre e independiente a nivel financiero significaría que nunca más tendrías que trabajar por dinero porque cada mes obtendrías suficiente de tus inversiones para cubrir tus gastos. Así que tu riqueza es infinita porque nunca se agota."

"Si pensara que necesito un millón de dólares para el resto de mi vida, entonces debo trabajar realmente duro para ahorrar tanto dinero. Eso me tomaría mucho tiempo y quizá nunca alcance la meta. Y, aunque lo lograra, ese millón de dólares terminaría por gastarse y estaría en grandes problemas."

"Es exactamente de lo que estoy hablando", dije.

"Entonces mis gastos determinan la cantidad de *flujo de dinero* que necesito. Y ahora que sé cuáles son mis gastos, puedo fijar la cantidad de dinero entrante que necesito de mis inversiones", dijo en voz alta.

"¡Entendiste!", dije con una sonrisa. "Se llama flujo de dinero. Tu dinero está entrando. Y el flujo de dinero que proviene de tus inversiones se denomina *ingreso pasivo*. ¡Es pasivo porque no trabajas por él!"

Janice dijo emocionada: "¡Mi meta es recibir 5300 dólares de flujo mensual sin tener que trabajar para ganarlos!"

"Sí, 5300 dólares al mes… o más", dije.

"O más", concordó.

"Ahora, la siguiente pregunta es cómo hacer eso."

"¡Es exactamente lo que estaba a punto de preguntar!", rió. "Pero de hecho me lo explicaste al hablar sobre tu fórmula para invertir. Dijiste que compras o creas activos. Los activos son inversiones que ponen dinero en mi bolsillo. ¡Así que el siguiente paso es cómo encontrar activos que pongan dinero en mi bolsillo!", exclamó triunfante.

Luego Janice dijo: "Sólo tengo una última pregunta antes de que nos vayamos. No tengo mucho dinero. Ya viste cuánto tengo ahorrado. ¿No debes tener dinero para hacer dinero? ¿No se necesita mucho dinero para entrar al juego de las inversiones?"

"Maravillosa pregunta", contesté. "Sé que ambas tenemos prisa, así que retomemos este tema por teléfono en la semana."

Mientras salíamos del restaurante, dije a Janice: "Sólo déjame decirte esto respecto a tu pregunta sobre el dinero: tener dinero puede ser uno de los mayores beneficios respecto a invertir. ¡Hablaremos pronto! ¡Ciao!"

Capítulo 12

"¡No tengo dinero!"

El dinero no puede comprar la felicidad, pero te hace sentir muy cómodo mientras eres miserable.
Clare Boothe Luce

Estaba planeando un viaje a Nueva York y recordé haber dicho a Leslie que la buscaría en mi próxima visita. La llamé al celular.

"¿Hola?", respondió Leslie.

"¡Hola, Leslie! Habla Kim. ¿Tienes algunos minutos para hablar?"

"¡Por supuesto!", contestó.

"Oye, voy a estar en Nueva York en aproximadamente dos semanas. ¿Quieres que nos veamos?", pregunté.

"¡Siempre y cuando podamos almorzar!", rió.

Yo sonreí. "Imagino que el almuerzo es lo nuestro. Janice estuvo en Phoenix hace unos días y nos vimos... para almorzar, por supuesto."

Hablamos varios minutos y decidimos un día y una hora. "Tú elige el lugar", sugerí.

"Tengo un lugar favorito. Veré si está disponible y te avisaré", respondió. Colgamos.

Otro almuerzo con las chicas

"Deja que la artista busque un sitio único para almorzar", pensé mientras me aproximaba al sitio donde nos encontraríamos.

Saqué el teléfono celular, pues no estaba exactamente segura de dónde era ese "lugar favorito" de Leslie. "¡Hola, Leslie! Estoy cruzando el puente. ¿Voy a la derecha o a la izquierda?", pregunté.

"A la derecha, sigue el camino y nos verás. No puedes perderte. Hermoso día, ¿verdad?", dijo.

Reí para mis adentros mientras caminaba. No había una sola nube en el cielo. El día era cálido de modo que sólo necesitaba una chaqueta ligera. Al pasar por la curva, claro, ahí estaba. Sentada en mitad de un cobertor rojo brillante colocado en el pasto de Central Park, con una enorme canasta de picnic junto a ella, sonriendo de oreja a oreja.

Saludé con la mano mientras caminaba hacia ella. Me sorprendió ver a otra mujer a su lado, de espaldas a mí. No se movió cuando Leslie me devolvió el saludo.

Mientras me acercaba a ellas reconocí de inmediato a la otra mujer. "¡Tracey! ¿Pero qué estás haciendo aquí?", exclamé. Nos dimos un fuerte abrazo.

"Estaba tan desilusionada por haberme perdido la última reunión que, cuando dijiste que venías a Nueva York, Leslie me llamó y preguntó si podía unirme", dijo. "No iba a perder otra oportunidad de recuperar el contacto, en especial después de que Leslie me contó lo mucho que se divirtieron juntas."

Pasamos la siguiente hora poniéndonos al corriente sobre nuestras vidas… y comiendo un fabuloso almuerzo que Leslie había preparado. Tracey nos contó lo agotada que estaba con su empleo en Chicago. "Mi vida no es vida", dijo con aire de arrepentimiento. "Estoy trabajando más que nunca, pero no veo las recompensas. Me dan aumentos, pero no parezco salir adelante. Mi marido trabaja tanto como yo. Tenemos dos niños: uno en secundaria y otro en séptimo grado. Hago malabares con todo pero, para ser honesta, al final del día simplemente no siento que esté progresando. Corro a toda velocidad para mantenerme en el mismo nivel. Realmente estoy lista para un cambio.

"Lo que en realidad me asustó", agregó, "es que hace un par de meses vendieron la empresa donde trabaja mi marido y había una posibilidad de que lo despidieran porque la compañía que compró la suya estaba remplazando a muchos empleados con los propios. Gracias a Dios no lo despidieron, porque eso hubiera sido un enorme golpe a nuestro ingreso. Pero me demostró lo vulnerables que somos en nuestras finanzas."

Leslie entró en la conversación: "Compartí con Tracey algunas de las conversaciones que hemos tenido sobre el dinero y alcanzar libertad financiera y parecieron tocar una fibra en ella."

"Como puedes ver, el momento no podía haber sido mejor para mí", admitió Tracey.

Igual que durante nuestros almuerzos de jóvenes, hablamos sin cesar. Tracey habló sobre lo difícil que es llevar una carrera y una familia. Bromeé con ella y recordé una cita de Gloria Steinem, feminista fundadora de la revista *Ms. Magazine*: "Todavía me falta escuchar a un hombre pedir consejo sobre cómo combinar matrimonio y carrera."

Todas reímos... y luego permanecimos calladas al darnos cuenta de lo cierto de esa afirmación.

Tracey dijo: "Pienso que por eso la idea de 'No tengo tiempo' parece influir tanto en mi vida. Cada vez que alguien sugiere *cualquier cosa* que me quitará un minuto de mi preciado tiempo, esas palabras salen de mi boca de manera automática. Noté que eso fue lo primero que me pasó por la mente cuando Leslie habló sobre su conversación relacionada con el dinero y las inversiones. Pero me siento tan fuera de control que necesito hacer un cambio drástico. Es una de las razones por las que estoy aquí hoy."

Déjà vu… Una pregunta familiar

El *por qué* de Tracey comenzaba a revelarse. Cubrimos mucho terreno en poco tiempo. Luego Tracey trajo a cuento una pregunta familiar: "Pero, ¿no necesitas dinero para invertir?, ¿no necesitas primero dinero para hacer dinero?"

Sonreí. "Deberíamos llamar por teléfono a Janice porque es la pregunta exacta que hizo cuando salíamos de un restaurante el otro día. No tuvimos tiempo de entrar en materia."

Tracey habló. "Realmente me avergüenza admitirlo, pero después de todos estos años de explotar nuestro talento, mi marido y yo hemos ahorrado muy poco. Tenemos nuestro plan de retiro 401(k) y un par de fondos de inversión, más una pequeña cuenta para la educación de nuestros hijos, pero además de eso gastamos casi todo, a veces más de lo que ganamos."

"Si te hace sentir mejor, Tracey, estás en mucho mejor forma que yo", confesó Leslie.

"Entonces, ¿no se necesita dinero para hacer dinero?", preguntó Tracey una vez más.

"Permítanme tan sólo decir esto y es con lo que dejé a Janice después de nuestro almuerzo", comencé. "No tener dinero fue lo mejor para mí cuando empecé a invertir."

Las dos mujeres me miraron, confundidas.

"¿Cómo puede ser?", preguntó Leslie. "Estoy con Tracey, pienso que debo tener dinero para invertir."

"Pero, ¿necesitas dinero antes de empezar a *ver*?", contesté.

"No entiendo", dijo Tracey.

Contesté: "¿Alguna vez han dicho las palabras: 'En cuanto tenga dinero, haré tal y cual' o 'Cuando tenga un poco de tiempo libre haré equis cosa?' ¿Alguna de esas frases les suena familiar?"

Tracey respondió. "Sí. Yo sin duda las he dicho, en especial la frase sobre el tiempo libre. ¿Y?"

"¿Alguna vez encontraste tiempo?", indagué.

Pensó unos segundos y luego admitió: "Casi nunca."

Leslie entró en la conversación: "Yo digo muy seguido, 'en cuanto tenga algo de dinero'. ¿Y saben qué? Esas cosas que quiero hacer 'cuando tenga dinero' nunca suceden. ¿Y saben por qué? Porque el dinero siempre parece ir a otra cosa. Es casi como si decir esas palabras garantizara que lo que deseo no sucederá."

"Es el punto", dije. "Cuando escucho que alguien dice: 'Empezaré en cuanto tenga dinero', estoy casi segura de que nunca lo hará. Ese pensamiento por sí solo, 'en cuanto tenga dinero', justifica que no hagas nada porque no puedes... hasta que tengas dinero. Es una excusa excelente para no hacer nada."

"Entonces, si tengo poco o nada de dinero para invertir, ¿qué hago?", preguntó Tracey, un poco frustrada.

"¿Puedo contarles una historia que cambió mi mentalidad con respecto a necesitar dinero para invertir?", pregunté.

Tracey y Leslie asintieron con la cabeza.

"No tenemos dinero"

"Cuando Robert y yo vivíamos en Oregon y estaba empezando mi carrera, no teníamos dinero ahorrado. De hecho, muy poco dinero, punto. Pagar nuestras cuentas cada mes era una aventura en sí misma. Una tarde, regresamos de un viaje de negocios de cinco días en Australia. Literalmente acabábamos de cruzar la puerta, con maletas en mano todavía, cuando sonó el teléfono. Era nuestro corredor de bienes raíces. Dijo que teníamos una hora para ver un edificio de apartamentos de doce unidades que acababa de enlistar en ese momento. Fuimos las primeras personas a quienes llamó. Si no recibía noticias nuestras en una hora, lo ofrecería al siguiente inversionista en la lista. Como estábamos regresando de 24 horas de vuelo, estábamos exhaustos. Robert dijo: 'Yo iré a verlo.' Todavía recuerdo mis palabras cuando subió al auto, conociendo nuestro penoso estatus financiero: '¡No lo compres!'

"Por supuesto, Robert regresó emocionado y las primeras palabras que salieron de su boca fueron: '¡Lo compré!'

"No lo podía creer. '¿Qué? ¡No tenemos el dinero!', dije de manera automática.

"'Bueno, si no conseguimos dinero, no lo compramos', dijo. 'Pero pensemos cómo podríamos conseguir dinero. Firmé la oferta, la cual aceptó el vendedor y dice que tenemos dos semanas para hacer nuestra inspección en la propiedad, incluyendo el estado financiero. Si no nos gusta lo que vemos, estamos en libertad de deshacer el trato. Pero eso también significa que tenemos dos semanas para averiguar cómo conseguir el dinero'.

"Debo admitir que yo estaba un poco aprensiva.

"Conseguimos la información financiera respecto a la propiedad gracias al corredor. Llamamos a nuestro amigo

Drew en Canadá, un inversionista en bienes raíces muy exitoso. Dijo que estaba interesado, de modo que le enviamos los números por fax. Necesitábamos 50 mil dólares para el enganche por esa propiedad que se vendía en 330 mil. Una hora después de enviar los números por fax, Drew llamó y dijo: 'Realmente me gusta esa propiedad. Es un trato excelente. Entro con 50 por ciento.' Eso significaba que él pondría 25 mil dólares y sería dueño de la mitad del edificio de apartamentos. Ahora sólo necesitábamos conseguir los otros 25 mil. '¡Excelente!', dijo Robert. 'Te llamaré mañana con más información.'

"Estábamos en el auto cuando recibimos la llamada de Drew. Fue en el momento en que dijo: 'Cuenten conmigo'. Algo peculiar y estimulante me sucedió. Me volví hacia Robert y dije: 'Si Drew, cuya vida es la inversión en bienes raíces, piensa que es un trato tan bueno, entonces debe ser bueno.' Robert estuvo de acuerdo. Yo sonreí y dije: 'Hagamos el trato nosotros mismos. ¡Hay que ser dueños del 100 por ciento!'

"Robert pisó el freno y orilló el auto. 'Mira', dijo con impaciencia, 'Drew está dispuesto a poner la mitad y eso hace que sólo tengamos que conseguir 25 mil dólares. Si compramos esa propiedad solos, regresaremos al punto de partida.' Hubo un silencio. Nuestras mentes divagaban. Ambos nos miramos y luego Robert dijo: 'Está bien. Hagámoslo.'

"Muchas personas podrían pensar que lo que hicimos fue algo estúpido. A veces nosotros mismos lo pensamos. Rechazamos algo seguro y pudimos terminar sin nada. Era todo o nada.

"Estábamos como al principio, buscando 50 mil dólares. Fuimos de un banco a otro y todos nos rechazaron. Nos acercamos a gente que conocíamos y preguntamos si podían prestarnos el dinero a una tasa de interés razonable... nada. Luego revisamos nuestras finanzas con mucho detalle y logramos una pequeña cantidad del dinero necesario. Nos volvimos a nuestro negocio y dimos con algunas nuevas ideas que podían generar ventas adicionales inmediatas antes de cerrar el trato por la propiedad. En total, logramos reunir 25 000 dólares. Yo pensé para mis adentros: 'Ahí es justo donde estábamos cuando Drew dijo que sí.'

"Cuando escucho a alguien decir: 'empezaré en cuanto tenga el dinero' pienso que se justifica por no hacer nada porque no puede... hasta tener el dinero. Es una excelente excusa para no actuar."

"Seguimos adelante. Nos quedaban tres días antes de que nuestro tiempo expirara. Como un último esfuerzo, nos acercamos a nuestro banco. A propósito lo habíamos evitado en nuestra primera ronda porque sólo teníamos alrededor de 3 500 dólares en nuestras cuentas personales y de negocios, así que asumimos que ese banco no sería muy receptivo.

"Robert y yo entramos y pedimos hablar con James, el gerente. Lo habíamos visto en varias ocasiones. Nos sentamos ante su escritorio. Le explicamos el trato de bienes raíces. Le mostramos las cuentas y explicamos de qué manera pagaríamos el préstamo con el flujo de dinero de la propiedad. James tranquilamente se volvió hacia nosotros y dijo: 'Tienen muchas agallas al venir aquí. Primero que nada, sé cuánto dinero tienen ambos con nuestro banco. En segundo lugar, sólo han sido clientes nuestros por dos meses.' Sabíamos que venían las malas noticias.

"James continuó. 'Aunque considerara, tan sólo por un segundo, este préstamo, lo cual es dudoso, primero necesito que ambos firmen este documento. Así que, ¿por que no hacen eso por lo menos?', sugirió.

"Imaginamos que estaba haciendo su mejor esfuerzo por ser educado y aminorar el rechazo que seguramente vendría a continuación.

"Firmamos el documento y se lo entregamos. Él lo colocó en un fólder de papel manila. Luego nos miró con una sonrisa en el rostro y dijo: 'Felicidades, acaban de obtener su préstamo.'

"Estábamos asombrados. '¿En serio? ¿Nos está dando el préstamo?', pregunté. 'La propiedad tiene sentido', dijo. 'Además, sólo los he visto un par de veces pero puedo ver lo comprometidos que están con su negocio, y confío en que estarán igual de comprometidos con sus inversiones. Buena suerte.'

"Así salimos del banco, todavía sorprendidos. Llamamos a nuestro corredor de bienes raíces y proseguimos el trato... al 100 por ciento.

"Ahora bien, ese gerente de banco no tenía una razón lógica para darnos el préstamo. ¿Cómo habríamos podido adivinar que se arriesgaría con nosotros? A veces el dinero brota en los lugares más inesperados. La magia sucede. Pero el punto es que nunca habríamos conseguido el dinero o comprado la propiedad si no nos hubiera impulsado el edificio de apartamentos y no hubiéramos tenido una fecha límite", terminé.

¿Sin dinero? No hay problema

"Parece como si estuvieras diciendo exactamente lo opuesto a lo que yo pensé que debería hacer", dijo Leslie. "En lugar de buscar el dinero primero, se debe encontrar la inversión. ¿Cierto?"

"Es justo lo que estoy diciendo", reconocí. "La mayoría de las personas dicen: 'Primero conseguiré el dinero y luego compraré la inversión'. En cambio, yo he aprendido a decir: 'Primero buscaré la inversión y luego conseguiré el dinero.'"

"Continúa", dijo Leslie, titubeante.

"Es simple", continué. "Encuentra primero la inversión. Haz que sea realidad para ti. Emociónate al respecto. Por ejemplo, si es una propiedad para alquilar de tres recámaras y dos baños, visítala, tócala, recórrela, calcula el flujo de dinero, imagínate de propietaria, habla al respecto. Ahora ya no es tan sólo una idea o teoría, es algo real. En ese punto, tu mente entra en acción y te sorprenderá lo creativa que te vuelves para encontrar financiamiento. Es lo mismo para una inversión en un negocio o cualquier otra inversión que te emocione. Por lo general, lo que más me emociona es el flujo de dinero que me pagan las inversiones."

"Así que encuentro primero la inversión en lugar del dinero", repitió Leslie. "Eso significa que puedo empezar de inmediato. Para ser honesta, me estaba desanimando un poco la parte de conseguir el dinero. Lo único que podía imaginar era trabajar más duro. Me cansé de sólo pensar en ello, razón por la cual nunca hice ningún esfuerzo para buscar inversiones."

Tracey entró en la conversación: "Entonces, ¿si encuentro una buena inversión, el dinero aparecerá milagrosamente?"

"No aparecerá si esperas y no haces nada", dije. "Debes entrar en acción, salir y encontrarlo. Hay dos cosas que funcionan a tu favor si tienes una inversión específica a tu alcance. Primero, estás motivada por una inversión real de la que puedes hablar y presentar a los prestamistas e inversionistas potenciales. En segundo lugar, por lo general tendrás una fecha límite para conseguir todo el dinero. Ahora hay una urgencia, de modo que no puedes decir: 'Trabajaré en eso más adelante.' Debes actuar de inmediato. Con cuanta más gente, prestamistas e inversionistas potenciales hables, más energía creas y más oportunidades se te abrirán. La energía atrae energía. Ahí ocurre la magia… como el gerente de banco que nos otorgó el préstamo."

Leslie preguntó: "¿Siempre encuentran el dinero? ¿Alguna vez no han podido hallarlo?"

"Definitivamente no hay garantías, pero de esa forma por lo menos estás dentro del juego. Tienes una oportunidad. O puedes decirte: 'No tengo el dinero. No puedo pagarlo' y salirte del juego antes de empezar. Al ir tras el dinero, las probabilidades de conseguir la inversión pueden ser de 50 a 100 por ciento. Pero si ya decidiste que no puedes pagarlo, entonces tus probabilidades son cero."

No tener dinero es un beneficio

Tracey preguntó: "Entiendo lo de rastrear primero la inversión. No estoy segura de que entiendo cómo no tener dinero es un beneficio. Parece que ustedes pasaron por muchos esfuerzos para encontrar el dinero."

"Buen punto", contesté. "Sí se necesitaron muchos esfuerzos, como en el caso del siguiente trato y del siguiente. De hecho, para casi todas las inversiones que hemos hecho, no disponíamos del dinero que necesitábamos. Cuando yo empecé a invertir, fue simplemente porque no teníamos mucho dinero. Hoy no tengo dinero porque todo nuestro dinero siempre está invertido."

"Y no tener dinero es un beneficio porque…" Tracey insistió.

"Porque te obliga a pensar, a ser creativo. En vez de tener sólo una estrategia para financiar mis inversiones, como usar mi propio dinero, tengo incontables maneras de hacerlo. El beneficio más importante es que nunca dejaré que la excusa de que no tengo el dinero me impida ir tras una buena inversión. Es sorprendente lo que puedes hacer cuando debes actuar", dije.

"Una de las mayores lecciones que el padre rico de Robert le enseñó fue nunca decir: 'No puedo pagarlo.' Cada vez que dices esas palabras, tu mente se cierra. En vez de decir que no podía pagar algo, su padre rico solía preguntarse: '¿cómo puedo pagarlo?' Al hacerte esa pregunta, tu mente se abre y busca respuestas."

Cómo encontrar dinero

La primera parada que hace la mayoría de las personas para conseguir un préstamo o fondos adicionales es un banco tradicional. Cuando ese primer banco los rechaza, se rinden y dicen: "No puedo obtener un préstamo." Ahí están otra vez las palabras "no puedo". No se dan cuenta de que el banco al que acudieron como primera opción no presta dinero para el tipo de propiedad o negocio que buscan. Bancos diferentes prestan dinero a diferentes tipos de inversiones. Aparte de los bancos tradicionales, a continuación presento otros métodos para financiar tus inversiones. Descubrirás maneras adicionales de conseguir dinero conforme crezca tu experiencia.

- Financiamiento del vendedor: Como en el caso de una propiedad para alquilar, el vendedor actúa como el banco. El acuerdo con el vendedor especifica la cantidad del préstamo, la tasa de interés que pagarás y la duración o término del préstamo.

- Financiamiento a partir del flujo de dinero: Hay muchos tipos de préstamos disponibles. Ahí es donde tu corredor hipotecario o de negocios puede ser un miembro valioso de tu equipo. Esos corredores saben qué prestan los prestamistas y para qué inversiones. El prestamista paga los honorarios del corredor, no tú.

- Préstamos asumibles: En bienes raíces, una propiedad puede tener un préstamo incorporado a la propiedad, lo que implica que "asumes" el préstamo existente con poco esfuerzo de calificación de tu parte. También debes asumir los términos del préstamo, lo que incluye tasa de interés, término del préstamo y cualquier otro detalle.

- Otros inversionistas: Hay muchas personas con dinero, pero sin interés, tiempo o experiencia para encontrar y administrar ciertas inversiones. Si puedes demostrar que tu inversión (sea en bienes raíces, un negocio, certificados fiscales, metales preciosos o lo que sea) dará al inversionista una buena ganancia por su dinero, entonces los inversionistas individuales pueden ser una buena fuente de financiamiento para ti.

- Familiares y amigos: Puedes acercarte a familiares y amigos para que inviertan contigo. Tú pones tiempo y esfuerzo y ellos, el dinero. Si te acercas a tus familiares o amigos para recibir financiamiento, entonces te ofrezco dos consejos: 1) Trata a tus familiares y amigos como inversionistas, no como personas que quieres y que "te echarán la mano". Si tú vas a ser inversionista, maneja cada asunto de manera profesional. Demuestra a tus inversionistas cómo recuperarán su dinero y una buena ganancia. Realiza contratos entre tú y ellos. 2) Debido a la relación emocional con tus familiares y amigos, no necesariamente recomiendo tomar este camino. No vale la pena arriesgar una amistad por una inversión que quizá no rinda frutos. He visto peleas familiares donde el cuñado que prestó dinero a su cuñada necesitaba desesperadamente ese dinero siete meses después, y ella hacía malabares por encontrar un nuevo financiamiento. No lo vale. Trata cada inversión como un negocio separado, porque eso es exactamente.

"Siempre hay dinero"

Dije a mis amigas: "Justo la semana pasada, un corredor con quien trabajo acudió a mí con una inversión en bienes raíces. Después de algunos intentos, mi oferta fue aceptada. El corredor me vio luchar por conseguir el enganche, el cual provino de tres fuentes distintas. Podía decir que él estaba un poco nervioso de que yo no lo consiguiera. El día que cerramos el trato por la propiedad, me volví hacia él y dije: 'Gracias por un trato excelente. Llámeme en cuanto encuentre otro. Mañana no sería muy pronto.'

"Me miró y dijo: '¿Mañana? ¿Pero no está usted sin dinero? Pensé que este último trato se había llevado todos sus fondos.'" Sonreí con seguridad. "Siempre puedo encontrar el dinero para un gran trato."

Tracey dijo: "Entonces la conclusión es que no debo enfocarme en conseguir primero el dinero. Si lo hago, las probabilidades son que nunca empiece. En cambio, debo concentrarme en encontrar primero la inversión. Una vez que la encuentre, me concentraré en el dinero. Me gusta."

"Así es", contesté. "Ahora déjenme compartir con ustedes dos un consejo final que Robert y yo hemos usado durante muchos, muchos años. Así es como pueden acumular dinero día con día sin hacer cambios drásticos respecto a lo que hacen en este momento. Pero primero, pásenme la charola del queso."

Capítulo 13

Más sobre el dinero

Una buena meta es como un ejercicio extenuante... hace que te estires.
Mary Kay Ash

"¿Y cuál es ese buen consejo?", preguntó Tracey.

"Les contaré otra historia", comencé. "¿Recuerdan cuando Robert y yo nos mudamos a Oregon, sin ahorros y apenas con algo de dinero para pagar nuestras cuentas?"

Las dos mujeres asintieron con la cabeza.

"Fue en esa época cuando descubrimos que necesitábamos hacer algo diferente o, de lo contrario, a nivel financiero, siempre estaríamos detrás de la octava bola. Aunque ganábamos muy poco entonces, decidimos que para tener futuro financiero debíamos dar pasos hacia ese futuro en el presente."

"¿Y qué hicieron?", preguntó Leslie.

"Lo primero fue contratar un contador", le dije.

"¿Por qué un contador?", preguntó. "Dices que apenas tenían dinero. ¿Por qué necesitaban un contador si tenían poco dinero?"

"¿Saben lo fácil que es mentirse respecto al dinero?", pregunté. "Yo solía pensar en esa época que de alguna manera nuestros problemas se resolverían solos milagrosamente. Siendo optimista como soy, lo último que quería era enfrentar nuestro dilema financiero. 'Si no lo pienso, simplemente desaparecerá', era mi mantra."

Leslie rió: "¿Acaso lees la mente? Es exactamente lo que yo hago."

"Es mucho más fácil que enfrentar la verdad, ¿no es cierto?", contesté. "Así que lo más difícil era contratar un contador con quien me reuniera dos veces al mes. Cada dos semanas, Betty nos echaba en la cara nuestros oscuros hechos financieros. Era como una madre que no deja a su hija levantarse de la mesa hasta que ha comido sus verduras. Betty no me dejaba irme de nuestra reunión hasta que cada factura y cada dólar (o falta de él) fuera analizado y diera cuenta de él. No era agradable. Temía cada reunión."

"¿Hay un lado bueno en esta historia?", Tracey bromeó conmigo.

Reí. "El lado bueno era saber dónde estábamos a nivel financiero. No fingía que todo iba bien o las cosas simplemente se resolverían. Sabía la verdad respecto a nuestro ingreso y gastos. Y una vez que supimos dónde estábamos, de manera realista pudimos averiguar a dónde queríamos ir y cómo llegar ahí."

Continué. "Antes de Betty, la contadora, yo era como un avestruz que esconde la cabeza en la arena. No era diferente a llamar a un restaurante y preguntar: '¿Cómo llego a su restaurante?', sin indicarles de dónde vengo. Si la *hostess* del restaurante no sabe dónde estás, entonces ¿cómo puede darte indicaciones hacia dónde quieres llegar?

"Así que, si quieres saber a dónde quieres ir a nivel financiero, debes saber exactamente en dónde estás hoy."

Súper consejo

"Al reunirnos con Betty cada dos semanas, lo primero que Robert y yo comprendimos fue que no estábamos apartando nada para nuestro futuro. Cada centavo que ganábamos era para pagar nuestras cuentas lo mejor que podíamos. Así que nos comprometimos a pagarnos primero a nosotros y *luego* a nuestros acreedores. Me doy cuenta de que el término "pagarse a sí mismo primero" es casi cliché y significa cosas diferentes para personas distintas. Aquí está lo que significa para nosotros.

"Nuestro plan era simple. Por cada dólar que entrara a nuestro hogar, sin importar de dónde viniera, primero tomábamos 30%. Si entraban 100 dólares, tomábamos 30. Si era un dólar, tomábamos 30 centavos. Luego dividíamos el dinero en tres cuentas:

1. Cuenta para inversión (10%)
2. Cuenta de ahorros (10%)
3. Cuenta para caridad o diezmo (10%)

Después de tomar el 30%, *entonces* el dinero restante pagaba las cuentas. Pagarnos primero a nosotros significaba que 30% era para construir nuestro futuro financiero.

"La clave para este programa es que debes apegarte a él. No puedes decir 'Me saltaré este mes, pero al siguiente guardaré doble.' Las probabilidades indican que el mes siguiente no te pondrás al corriente. La parte más importante de este proceso es la *disciplina* o compromiso de apegarte a cada dólar que entre. No es tanto la cantidad que apartas cada mes, sino el *hábito* de hacerlo una y otra y otra vez con cada centavo que recibes. Una vez que has establecido el hábito, se vuelve automático.

"Puedes elegir diferentes porcentajes. Elegimos 30% porque sabíamos que significaba un esfuerzo para nosotros, dada nuestra situación financiera. Si eligen un porcentaje o cantidad más bajo, está bien. Les aconsejo que no se lo hagan demasiado fácil por dos razones.

"Primero, si hacen que los porcentajes sean demasiado ligeros, les tomará más tiempo ver resultados sustanciales. Segundo, si no ven buenos resultados rápidamente, pueden perder interés y descontinuar el hábito. Creo que debe haber algo de esfuerzo, de sacrificio, para que valga la pena. Sean creativas. Si lo hacen, se sorprenderán de lo rápido que crecen esas cuentas.

"Algo importante fue darnos cuenta de que ese 30% era nuestro futuro. Si no empezábamos a prepararnos para ese futuro financiero entonces, no lo tendríamos."

Tracey preguntó: "Pero si estaban luchando por salir adelante, ¿cómo pagaban sus cuentas?"

Comencé riendo. "¡Es exactamente lo que preguntó nuestra contadora Betty! Nuestra conversación continuó de la manera siguiente: 'Betty, lo que queremos hacer es tomar 30% de cualquier dinero que entre. Ese dinero se va a tres cuentas bancarias que sólo podemos tocar para inversiones y obras de caridad. La cuenta de ahorros es sólo para emergencias extremas.'

"Betty dijo: '¡No pueden hacer eso! Tienen cuentas por pagar. ¿Cómo van a pagarlas?'

"Dije: "Pagaremos algo a cada acreedor cada mes. A veces puede que paguemos menos de lo que pidieron. Si es necesario, les llamaré por teléfono y les explicaré que garantizamos pagar el 100%, pero quizá tengamos que extender el plazo.'

"Betty dijo: 'Tengo una idea mucho mejor. ¿Por qué no pagamos sus deudas por completo y luego apartamos todo lo que reste?'

"Dije: 'Es lo que todo mundo dice que hará. El problema es que nunca queda nada. Apeguémonos a este plan y yo manejaré a los acreedores.' Betty gruñó."

"¿Y sus acreedores no acechaban de día y de noche?", preguntó Leslie.

"Es una pregunta válida", contesté. "Definitivamente no les recomiendo que no paguen sus cuentas. La tasa de bancarrotas en Estados Unidos está fuera de control y, en muchos casos, las personas simplemente quieren evadir sus cuentas y responsabilidades financieras. Yo no apoyo eso en lo absoluto. Nos aseguramos de que todas nuestras cuentas quedaran pagadas por completo y estuvimos en constante comunicación con nuestros acreedores para asegurarnos de que entendían que se les iba a pagar por completo.

"El punto principal es que hay más de una forma de lidiar con los problemas financieros. Deben ser creativas. Vean todas sus opciones. Creen opciones. Pregúntense: 'Si entrara en este programa de págate a ti primero, ¿cómo podría hacerlo? ¿Qué necesito hacer diferente?' De nuevo, no era simplemente ahorrar un poco de dinero extra, sino construir nuestro futuro financiero. Y les diré que el dinero creció en esas cuentas más rápido de lo que imaginamos."

"Explica de nuevo para qué eran esas cuentas", preguntó Leslie.

Dibujé tres cajas en un pedazo de papel:

Inversión	Caridad	Ahorros

"Primero, necesitábamos invertir, así que abrimos una cuenta para inversión. Segundo, creíamos fielmente en la idea de que debes dar para recibir así que abrimos una cuenta para caridad y diezmo. Tercero, abrimos una cuenta de ahorros generales como colchón para emergencias reales u oportunidades especiales."

"El concepto de 'pagarse a sí mismo' no es consentirte con un nuevo par de zapatos o derrochar en un viaje a Tahití. Se trata de cuidarte a nivel financiero para el futuro", dijo Leslie de manera reflexiva.

"Exactamente", reconocí. "Y traes a cuento un punto excelente porque la gente a menudo se confunde al respecto y gasta el dinero por el que ha trabajado tan duro en 'lujos' para ella... y vuelve a terminar en cero. De hecho, el enganche de 5 000 dólares para mi primera propiedad de alquiler (la casita de dos recámaras y un baño) fue el primer dinero que salió de nuestra cuenta para inversión."

"Es un poco difícil apartar 30% y vivir sólo con 70% de lo que gano", lamentó Leslie.

"Imagino que, si fuera pan comido, todo el mundo lo haría", contesté. "Sé creativa. Piensa aproximadamente cuánto dinero en total entró a tu casa el año pasado. ¿Entiendes?"

"Entiendo", contestó Leslie.

"Ahora toma 30% de esa cifra e imagina cuánto más habría en tus cuentas bancarias hoy si hubieras empezado ese ejercicio hace un año."

Leslie estaba sonriendo ante la idea.

"Así que piensa en lo que tendrás y no en lo que te habrías sacrificado", sugerí.

Leslie parecía confundida: "¿Sacrificar?", preguntó.

"Sí", sonreí. "Sacrificar. Como una forma de hacer las cosas y que probablemente has hecho siempre sin darte cuenta de ello y te impide avanzar."

"Entiendo", sonrió.

"¿Siguen practicando ese hábito hoy en día? ¿Siguen apartando 30% del total?", preguntó Tracey.

"Lo hacemos, aunque ahora los porcentajes son mucho mayores a 30%. La única diferencia es que la prioridad número uno en la que gastamos nuestros ahorros son nuestras inversiones."

Las tres seguimos hablando. Todas disfrutamos al máximo la elección de "restaurante" de Leslie, sin mencionar su deliciosa comida y bebida. Saboreamos hasta la última migaja. Estábamos relajadas viendo toda la actividad en el parque cuando el teléfono celular de Leslie sonó...

Ejercicio:

1) ¿Cuál fue la cantidad total de ingreso que entró a tu hogar en los últimos 12 meses? $_____
   Si en los últimos 12 meses hubieras apartado 30% de todo el dinero, ¿qué tan avanzada estarías hoy? Tu ingreso de 12 meses x 0.30 = $_____

2) ¿Cuál es el ingreso total mensual en tu hogar? $_____

   Multiplica el ingreso mensual de tu hogar x 12, para obtener el ingreso anual futuro de tu hogar. $_____

   ¿Qué otro dinero adicional esperas recibir?: devolución de impuestos, regalos, inversiones, ingreso adicional, etcétera. $_____

Ingreso total de tu hogar: $_____

Si en los siguientes 12 meses apartaras 30% de todo el dinero que entra a tu hogar, ¿cuánto acumularías para *pagarte primero a ti*?

Ingreso total de tu hogar x 0.30 = $_____

Capítulo 14

"¡Mi pareja no está interesada!"

El poder es la capacidad de no tener que complacer.
Elizabeth Janeway

"¡Hola!", dijo Leslie, animada.

"¡Hola, Leslie, habla Pat!", le contestaron.

Leslie rió. "¡Pat! Tenía el presentimiento de que podías ser tú. Qué bien que puedas reunirte con nosotras para almorzar... aunque nos comimos casi todo. Dame un minuto". Leslie puso su teléfono celular en altavoz. "Pat, saluda a Tracey y a Kim."

"¡Hola! Me alegra oír que Tracey pudo llegar. Está bien, ahora tienen que ponerme al corriente de todo lo que han estado hablando."

Tracey entró en la conversación. "Desearía que estuvieras aquí con nosotras. Gracias por llamar. De hecho me he estado poniendo al corriente con Kim y Leslie respecto a su última reunión. Leslie y yo hemos hablado de su discusión sobre dinero, finanzas e inversiones y quería escuchar más, es una de las razones por las que estoy aquí. Ha sido una gran conversación. ¡Te extrañamos!"

"Yo también desearía estar ahí", respondió Pat. "Están pasando muchas *cosas* por aquí. Sé que estaría mejor estando con ustedes."

Pat continuó: "Saben que compartí con mi marido parte de nuestra conversación del almuerzo en el Plaza...

sólo las conversaciones sobre inversiones, no las partes sobre nuestros días de solteras. Simplemente no parece interesado. Su comentario fue: 'Ganamos suficiente dinero. No creo que necesitemos arriesgarlo invirtiendo. Estamos bien.' Y fin de la conversación. Y hasta ahí llegaron también mis esfuerzos. Es difícil empezar algo nuevo si tu socio número uno no está interesado, más aún cuando él es quien lleva el dinero a casa. No estoy segura de cómo manejar esto."

Nos quedamos calladas en el otro extremo del teléfono.

Pensé para mis adentros: "Ésa es la pregunta del millón de dólares. ¿Qué haces si tu pareja no está interesada en invertir y tú sí? ¿Cómo obtienes su apoyo? ¿Y cómo llegas a un acuerdo acerca del dinero que se invertirá? No se trata sólo de inversiones sino de la relación… y ésa es por completo otra área de psicosis." Varios pensamientos giraban en mi cabeza.

Miré hacia arriba y tanto Leslie como Tracey me observaban como diciendo: "¿Qué le dices? Dile algo. ¿Qué debería hacer Pat?"

Yo no sabía qué decir. No tenía experiencia personal con este tipo de situaciones. La mía era justo lo opuesto. Tenía un socio que constantemente me impulsaba a aprender y a invertir cada vez más. Pero, mirando en retrospectiva, me había topado con muchas, muchas mujeres que habían hecho la misma pregunta. Así que sabía que Pat no estaba sola.

Las primeras palabras que salieron de mi boca fueron: "Pat, no tengo la respuesta para ti. Desearía tener la solución mágica, pero pienso que tu pregunta es una de las más engañosas que hay. No sólo se trata de dinero. A todas luces se trata también de su relación. Así que déjame pensarlo y hablar con algunas personas, y te devolveré la llamada con lo que descubra. ¿Está bien?"

"Eso sería genial", contestó Pat. "Gracias."

Las cuatro continuamos hablando. Decidimos terminar justo antes de que empezara la hora pico. Nos abrazamos, incluyendo a Pat vía telefónica, y no sabíamos cuándo nos veríamos otra vez, pero sí que seguiríamos en contacto.

Un problema no poco común

La pregunta de Pat se quedó conmigo. ¿Qué haces si tú quieres empezar a invertir pero tu pareja no está interesada?

Un rasgo que encuentro en las mujeres sobre este tema es que la mayoría tomará en consideración de manera plena y cuidadosa a todos los que la rodean al hacer cambios o tomar decisiones importantes en sus vidas. Mucho más que los hombres. Creo que ésa es la razón por la que esta pregunta surge de manera tan inmediata para muchas mujeres cuando empiezan a invertir. Las mujeres, en general, tienden a incluir en sus decisiones a quienes las rodean mientras los hombres asumen una actitud más competitiva, más individual. Una amiga hizo una excelente analogía en torno a este tema. Preguntó: "¿Alguna vez has visto niños en una fiesta en la alberca? Si pides a un grupo que se alinee al lado de la alberca y salten juntos, esto es lo que verás: todos se alinearán y luego cada niño irá por su lado tratando de superar al otro. Jack opta por el mayor chapuzón. Charlie salta más lejos. Pete se echa el mejor panzazo. Y Danny es el que permanece en el agua por más tiempo.

"Pídele lo mismo a un grupo de niñas, ¿qué es lo que hacen? Se alinean amablemente, se toman de la mano y saltan a la alberca juntas a la cuenta de tres."

Ahora, yo no tengo nada en contra de la competencia. Me encanta. Mi punto es que, como mujeres, en general tendemos a considerar los sentimientos y pensamientos de quienes nos rodean, al igual que el impacto que tendrán en ellos, mucho más que los hombres. Así que es natural que la pregunta: "¿Qué pasa si mi pareja no está interesada en invertir?", surja a menudo en el caso de las mujeres.

He escuchado esta pregunta una y otra vez. (Sólo para que lo sepas, los hombres también la hacen.) Simplemente nunca he tenido la respuesta. Tengo la suerte de tener una pareja como Robert, quien no sólo me apoya con mi inversión sino también con entereza (y quiero decir con entereza); me anima a seguir aprendiendo y a tomar desafíos cada vez más grandes. Él continuamente me incita a ir más allá de donde pienso que puedo ir. Así que personalmente no tengo experiencia de primera mano en esto; no obstante, sé que muchas mujeres, al igual que hombres, se enfrentan a esta situación.

Cuatro opciones

Como mejor lo veo, hay cuatro opciones para una mujer respecto a este dilema. Puede:

1) Invertir con su pareja como equipo.
2) Invertir por su cuenta… con el apoyo de su pareja.
3) Invertir por su cuenta… sin el apoyo de su pareja.
4) No invertir.

Opción número 1: Sería mi ideal. Como dice el dicho, dos cabezas piensan mejor que una. Invertir involucra un conjunto de talentos, desde buscar el trato y negociar los términos hasta entregar la oferta final. A menudo las parejas que trabajan como equipo descubren habilidades que nunca supieron que tenían y las incluyen en su estrategia de inversión. Como ambos están aprendiendo sobre la marcha, encuentran que ahora tienen mucho de qué hablar. Toman decisiones compartidas, estudian y aprenden en equipo y pasan mucho más tiempo juntos. En la mayoría de los casos, eso es excelente para el éxito de la relación así como para el de la inversión.

Como me escribió Jasmine:

Mi marido y yo sentíamos que tenía que haber una mejor forma de vivir la vida que ser esclavos de nuestros empleos corporativos, con mucho estrés. Comenzamos leyendo libros juntos, lo cual marcó una gran diferencia porque los contextos (el panorama amplio) de los dos se estaban expandiendo al mismo tiempo. Leer, comentar los libros y explorar nuevas ideas se convirtió en una actividad divertida que podíamos compartir, al igual que decidir cómo dividiríamos las tareas principales de nuestra inversión en bienes raíces. Como mujer, me gusta saber que tengo una estructura de apoyo; no imprescindible, pero simplemente me gusta saber que está disponible para mí.

Opción número 2: Es la siguiente mejor opción. Si tienes el apoyo de tu pareja, entonces no libras una ardua batalla. Él está de tu lado y, asumo, quiere que ganes. De hecho he hablado con muchas inversionistas que empiezan en ese punto. El marido dijo: "Adelante. Te apoyo pero no estaré involucrado de manera activa."

Lo que sucede a menudo es que, una vez que comienzas el proceso, y especialmente una vez que él ve que entra dinero, es difícil de ignorar. En vez de ser un apoyo pasivo, su nivel de interés aumenta y se vuelve cada vez más participativo. Como gritó una mujer en una plática que daba cuando pregunte qué hacen las mujeres para que sus maridos o parejas que no están interesados en invertir lo estén: "¡Muéstrale el dinero!"

A continuación hay un ejemplo maravilloso de un caballero cuya esposa no estaba interesada. Lo incluyo porque pienso que a veces las mujeres no nos damos cuenta del deseo tan grande que tienen los hombres de nuestra vida de que nos volvamos una mayor parte de la suya:

Comencé por mi cuenta y ella observaba al margen. Yo solía trabajar todo el día, a veces incluso en dos empleos; luego llegaba a casa, comía un bocadillo y salía en busca de mi primera propiedad que me diera flujo de dinero.

Después de recibir muchos "no", finalmente obtuve un "sí" de un vendedor y rápidamente cerré el trato por una propiedad que generaba 350 dólares mensuales de flujo de dinero. Créeme que quise rendirme mil veces durante ese primer intento, pero mi deseo y determinación me llevaron a continuar. Que mi esposa se me uniera algún día en esta emocionante empresa era uno de mis mayores factores de motivación.

Esto continuó durante un año. Yo llegaba a casa después de trabajar todo el día y luego trabajaba la mitad de la noche en mantener mis propiedades. Que ella me ayudara en una forma más directa a todas luces habría ayudado, pero no la molestaba al respecto.

En algún punto del camino, ella empezó a sentirse emocionada. Vio mi compromiso, mi sacrificio y mi fe en ese vehículo de inversión… ¡y vio el dinero!

Es un poco loco criar a dos hijos, administrar más de 40 unidades y lidiar con todo lo que esto conlleva. Mi esposa es la mejor. Estoy muy orgulloso de lo que ha logrado. Ha sido un camino de desarrollo personal para ambos. Vemos la necesidad de crecer y aprender constantemente. Nunca habría imaginado que nuestra relación pudiera ser tan sorprendente. No hay nada comparable a cuando obtenemos algo juntos… juntos.

Opción número 3: Es una posición difícil. No sólo estás entrando en un mundo completamente nuevo, sino que lo estás haciendo sin el apoyo de la persona número uno en tu vida. Así que no pretendo y no diré que es pan comido; no lo es. No obstante, con el tiempo, como en el caso del caballero anterior, una vez que tengas un poco de éxito y resultados visibles, tu pareja puede cambiar y convertirse en tu mayor apoyo. Las mujeres que están en esta situación, y hay muchas, dependen más que nunca del apoyo de otras personas, idealmente otros inversionistas.

Aquí es donde un grupo de inversión de mujeres podría resultar invaluable, al igual que clubes y organizaciones afines. Si estás en esta situación, rodéate de personas con metas y ambiciones similares a las tuyas.

Opción número 4: Odio incluirla como opción, pero en realidad es lo que muchas mujeres optan por hacer: no invertir. Como me dijo una mujer: "Si mi marido no está detrás, entonces temo que será demasiado difícil para nuestro matrimonio. Espero que al final termine por participar." Por desgracia, no hay un arreglo rápido ni una respuesta fácil para hacer que un cónyuge o pareja que no está interesado suba a bordo. Sin embargo, hay mujeres haciéndolo en todo el mundo.

Cómo hacer que tu cónyuge
o pareja suba a bordo

Al hacer la pregunta a inversionistas: "¿Cómo hacer que tu cónyuge se interese en la inversión?", escuché algunas soluciones muy creativas y prácticas que ha llevado a cabo la gente. A continuación menciono algunas:

Megan

Estaba convencida de que quería entrar en el juego de las inversiones. Había estado coqueteando con la idea durante dos años y llegó el tiempo de actuar. Se sentó con su marido, Jeff, y le explicó lo que quería hacer y que deseaba que fuera parte de ello.

Su respuesta fue: "No tengo tiempo para esto. Mi trabajo consume todo mi tiempo. Parece ser importante para ti así que adelante. Manténme informado sobre lo que haces."

Se sintió decepcionada de que él no compartiera su entusiasmo, pero el hecho de que por lo menos quisiera escuchar lo que ella estaba haciendo era una especie de consuelo.

El interés de Megan eran las propiedades para alquilar. Después de aproximadamente cuatro meses de investigar diferentes áreas y de aprender sobre el mercado, encontró exactamente el tipo de casa que buscaba. Mientras lo analizaba, le vino una idea sobre cómo involucrar a su marido en su primera propiedad.

El domingo siguiente sugirió que fueran a desayunar a "un restaurante que sé que es muy bueno". Se ubicaba a unas seis cuadras de la propiedad que había encontrado.

Jeff es diseñador gráfico, muy creativo y artístico. Así que Megan lentamente lo condujo hacia su casa, se detuvo enfrente y preguntó: "Jeff, si ésta fuera tu propiedad, ¿qué harías para arreglarla?"

Jeff dijo: "Primero hay que limpiar el jardín. El camino de entrada podría tener adoquines con pasto en medio. Toldos contemporáneos y pintura de un color más cálido darían a la casa una mayor sensación de bienvenida. Y definitivamente remplazaría la puerta."

Creo que los dos temas más odiados del mundo son relaciones y dinero. Así que, cuando los juntas, cualquier cosa puede suceder.

•

No es de sorprender que el tema número uno por el que pelean las parejas hoy en día es… ¿puedes adivinar? Dinero.

"¿Quieres hacer eso conmigo?", sonrió.

"¿De qué estás hablando?", preguntó y luego comprendió. "Ésta es la propiedad que quieres comprar, ¿verdad?"

Ese día, Megan y Jeff se convirtieron en verdaderos socios de inversión en bienes raíces. De manera inteligente, Megan descubrió cómo encender el interés poniendo en juego sus verdaderos talentos. Mientras hablaba le explicó los números y cómo lidiar con corredores, pero a Jeff no pudo importarle menos. Pero cuando vio la propiedad a través de su mirada artística, tuvo un interés personal en el proyecto.

Cuando mencioné esta historia a otra mujer con una pareja desinteresada, dijo: "¡Eso es perfecto! Mi pareja ama la jardinería. Respecto a cada jardín de nuestro vecindario comenta cómo él podría hacerlo mejor. ¡Ahora puede!"

Edwin

Edwin escribió:

> La forma en que logré que mi esposa y mis hijos se interesaran fue simplemente involucrándolos. Jugábamos *Cashflow 101* con regularidad como familia, de modo que los niños aprendieran al mismo tiempo que nosotros. Los fines de semana hacíamos nuestros recorridos en busca de propiedades en nuestra minivan. Jugábamos "El precio es correcto" (adivinando los metros cuadrados, el número de habitaciones y baños, y el precio) luego tomábamos el folleto para ver quién estaba más cerca. En otras palabras, creamos juegos e hicimos que fuera divertido para todos los involucrados.

Leia

Fue algo astuta en su forma de abordar el asunto:

> Cuando mi padre me dio un ejemplar de *Retírate joven y rico*, lo devoré. Eso era lo que quería... ser libre a nivel financiero. Traté de dar a mi esposo todas las noches la versión de las notas de Cliff (puesto que no es un lector ávido), pero no significaban nada para él.
>
> Mencioné este problema a un amigo. Sabiendo que ese fin de semana haríamos un viaje de seis horas en auto, me prestó su ejemplar de *Padre rico, padre pobre* en disco compacto. Mi marido, al estar atrapado conmigo durante seis horas y al tener un aprendizaje más auditivo, no tuvo otra opción que escuchar.

Y sucedió algo sorprendente... ¡epifanía! De repente todo hizo clic. Tuvimos excelentes conversaciones durante el resto del viaje sobre esas ideas y sobre cómo podíamos cambiar nuestra vida. Ahora hemos empezado nuestro negocio de inversión y acabamos de comprar una propiedad.

Andrea

Se tiró el clavado final:

Mi marido era corredor de bolsa de altos vuelos en Kuala Lumpur, Malasia. En 1998, después de la crisis financiera asiática, quebró su negocio y perdimos más de la mitad del valor de nuestro patrimonio en la bolsa.

Nos mudamos a Estados Unidos. Mi marido regresó a la industria de servicios financieros e invirtió en la bolsa lo que nos quedaba (¡de nuevo!). Yo empecé un pequeño negocio desde la casa. En 2000, nuestro portafolio se había incrementado en 60% y lo incité para que vendiera. Por supuesto, no escuchó a la esposa. Dijo que mantendríamos la inversión para el "largo plazo". Como la típica esposa buena que deja que el marido sea el capitán del barco, no insistí. Dos semanas después, la bolsa cayó. Nuestros ahorros de toda la vida habían desaparecido casi por completo.

Luego vino el 11 de septiembre de 2001 y nuestros dos negocios se salieron de carril. Teníamos una enorme hipoteca, no nos quedaban ahorros y no teníamos opciones. Puedes imaginarte la tensión y el resentimiento en nuestro hogar. No era saludable para nuestros niños ni para nosotros.

Finalmente, me enfrenté a mis propios sentimientos de miedo, enojo y resentimiento. Como muchas mujeres, cedí mi poder a mi marido porque él era el principal proveedor. Le pedí que me escuchara por una vez y que me tratara como una socia en todos los aspectos de nuestra vida, incluyendo el financiero. Le pedí que dejara de ponerse a la defensiva y de enojarse cada vez que habláramos sobre dinero. Le pedí que trabajáramos juntos como equipo y que dejara de combatir y ridiculizar mis ideas. Le di un ultimátum… o se sentaba a la mesa como mi socio y trabajábamos juntos para salir de nuestro desastre financiero o tomábamos caminos separados. Corrí un riesgo enorme, sabiendo las consecuencias que tendría en nuestra vida, en especial las consecuencias para nuestros hijos.

Por fortuna, mi apuesta dio resultado. Finalmente éramos un equipo, trabajando juntos por el beneficio de nuestra familia. Yo ya no era la "esposita", sino una socia de trabajo con voz y voto en este matrimonio. Hoy le hemos dado la vuelta. Tenemos ocho condominios de alquiler en Waikiki y completamos dos proyectos de desarrollo de propiedades. En dos años estaremos fuera de la carrera de la rata y por fin libres a nivel financiero.

Sé que no es fácil alcanzar la libertad financiera si tu pareja no está de tu lado, y espero que no se necesite una amenaza de divorcio para que tu pareja despierte.

Un pensamiento más

Al escuchar a numerosas personas hablando sobre este tema, hubo dos sugerencias consistentes que surgieron una y otra vez. La primera fue: cuando sea posible, incluye a tu cónyuge o pareja en el proceso. Sea cual sea el vehículo de inversión tras el cual decidas ir, involucra amablemente a tu pareja en lo que haces y aprendes. Al principio puede ser simplemente señalar un artículo pertinente en el periódico o hablar sobre un orador a quien escuchaste discutiendo las tendencias en tu mercado local de bienes raíces. Muchas personas afirmaron que tuvieron éxito en interesar a sus parejas al incluirlas a lo largo del proceso. Más comunicación, no menos, fue la clave para muchas de ellas.

La segunda recomendación fue que las mujeres dieran el primer paso, que tomaran la iniciativa. Una mujer dijo: "Sabía que dependía de mí que las cosas empezaran. Confiaba en que mi marido entraría en el juego. Al final lo hizo. Vio lo dedicada y entusiasta que era, lo cual atrajo su atención. ¡Y cuando vio el dinero quedó enganchado!"

Tu relación respecto al dinero

Todas esas historias traen a cuento una pregunta que la mayoría de las parejas debería atender: "¿Cuál es la calidad de su relación respecto al dinero?"

En otras palabras, ¿hablan abiertamente sobre su situación económica? En su relación, ¿uno de ustedes es quien toma las decisiones financieras? ¿Discuten y toman esas decisiones juntos? ¿El dinero es un tema que los dos discuten muy poco, si es que lo hacen?

La razón de estas preguntas es que creo que los dos temas más odiados del mundo son relaciones y dinero. Así que, cuando los juntas, cualquier cosa puede suceder. No es de sorprender que el tema número uno por el que pelean las parejas hoy en día es… ¿puedes adivinar? Dinero.

"¿Quieres ser rico?"

Al principio de nuestra relación, Robert me hizo la siguiente pregunta: "¿Te gustaría ser muy rica?" Pensé para mis adentros: "Qué extraña pregunta. ¿A quién le disgustaría?"

Dije a Robert: "Definitivamente, sí. ¿Por qué lo preguntas?"

Dijo: "Te sorprendería la cantidad de mujeres con las que me he topado a las que les parece ofensivo enfocarse en hacer mucho dinero. O piensan que es superficial tener como meta ser rico. Hay muchas personas en el mundo que piensan que el dinero no es un tema que se deba discutir abiertamente. Es sorprendente que hablar de dinero, algo que usamos todos los días del año, sea un tabú. Nunca lo entendí. Como decía mi padre rico: 'Puede que el dinero no sea lo más importante en tu vida, pero afecta todo lo importante.' Afecta el nivel de cuidados de salud que recibes, tu educación y la de tus hijos, alimentación, abrigo, etcétera. La razón por la que la gente no habla de ello va más allá de mi entendimiento. Yo tengo planes para ser muy rico, así que quiero saber cómo te sientes al respecto. Ésa es la razón por la que te hice esa pregunta."

Después, hablamos mucho más sobre el tema. Explicamos cuál era el estilo de vida de cada uno. Discutimos si en nuestras familias se habló de dinero o no mientras crecíamos. ¿Qué nos decían a cada uno sobre el dinero cuando éramos niños? A menudo, el comportamiento que tiene tu familia respecto al dinero se reflejará en tus relaciones adultas. ¿Qué representaba el dinero para cada uno?

Fue una conversación fascinante, que no había tenido nunca antes con nadie. Muchos de los puntos que discutimos ni siquiera los había pensado previamente. Fue muy refrescante y, por supuesto, hizo que surgieran muchas preguntas en mi mente.

El asunto es que cada uno advirtió en dónde estaba parado el otro en el tema del dinero. También nos dio permiso de hablar abiertamente entre nosotros sobre todo lo relacionado con el dinero. El velo misterioso que a menudo nubla el tema había sido levantado.

Cómo hablar de dinero

Si el dinero no es algo de lo que puedas hablar de manera abierta, quizá desees hacer una cita especial con tu pareja y comenzar la conversación. A continuación hay algunas preguntas que los dos podrían responder para empezar:

- ¿Qué les decían sus padres respecto al tema del dinero?
- ¿Sus propias ideas difieren de las de sus padres?
- ¿Qué representa el dinero para ustedes?
- ¿Cuál es su idea general respecto a las personas muy ricas?
- ¿Qué tan rico es "muy rico"?

Muchas personas no se sienten cómodas hablando sobre dinero por una u otra razón, así que, si recibes un poco de resistencia inmediata de tu pareja al lanzar el tema, simplemente tómalo con tranquilidad y amabilidad. No es distinto a traer a cuento cualquier tema que pueda ser incómodo. Simplemente lo abordas desde varios ángulos hasta que encuentras el que obtiene respuesta. He descubierto que, una vez que pongo el pie inicial en la puerta, el resto fluye de manera bastante natural.

De regreso a Pat

Llamé a Pat para retomar la conversación que habíamos dejado pendiente en nuestra última llamada telefónica. Hablamos sobre la forma en que ella y su marido manejan el dinero en su matrimonio. No fue una gran sorpresa descubrir que rara vez se habla del tema. Él gana el dinero y ella paga las cuentas. Hasta ahí llega el asunto. Hablan sobre gastos financieros importantes como casa, coches y vacaciones. Toda la inversión la hace su marido, lo que se reduce a la compra de algunos fondos de inversión y, en ocasiones, una acción que su corredor les recomienda. Aparte de eso, el tema del dinero no se toca en casa de Pat.

"Éste puede ser mi mejor momento como periodista, hacer que mi esposo en realidad se abra y hable sobre dinero", declaró Pat. "Esto necesitará pinzas, pero es un excelente punto de inicio."

Compartí con Pat algunas de las historias de inversionistas que empezaron justo como ella. Permaneció en silencio mientras se las leí. Podía escuchar cómo giraban los engranes de su cabeza.

"Gracias por compartirlas conmigo. Las piezas ya están empezando a tomar su lugar. Debo decir que es realmente bueno saber que hay otras mujeres en mi misma situación y que entraron en acción e hicieron algo al respecto. Estaba empezando a sentirme atrapada. Ahora puedo ver algunas opciones. Mi mayor preocupación era que esta situación fuera a causar una ruptura grave en mi matrimonio. Escuchar sobre otras mujeres me dice que es posible hacerlo, que hay soluciones, puedo tomar el control ahora y no esperar y desear que mi marido entre al juego. Mi escenario ideal será que mi marido participe en esto conmigo, puesto que pienso que eso nos dará una meta común y fortalecerá nuestro matrimonio. Y si elige no hacerlo, no puedo dejar que eso me detenga. ¡Te informaré cómo salen las cosas!", dijo Pat, con entusiasmo.

El tono en la voz de Pat era vivo. "¡Te deseo todo lo mejor!", dije. "Te conozco, Pat, y una vez que pones la mente en algo, obtienes lo que deseas. ¡Adiós!"

Cuando colgamos, me pasó por la mente este pensamiento pasajero: ya no estaba preocupada por Pat. Ella estaría bien. Era su marido quien me estaba poniendo un poco nerviosa. Su vida estaba a punto de cambiar.

Capítulo 15

Por qué las mujeres somos excelentes inversionistas

*A nosotras las mujeres no nos importa poner
nuestra fotografía en el dinero, siempre y cuando
podamos poner nuestras manos en él.*
Ivy Baker Priest,
Tesorera de Estados Unidos, 1954

Es tiempo de que de una vez por todas se rompan esos viejos estereotipos femeninos con los que hemos sido educadas muchas de nosotras. Podemos creernos el mito de que las mujeres y la inversión no se mezclan. (O como contestó un hombre ignorante cuando le dije que estaba escribiendo un libro sobre mujeres e inversiones: "Mujeres e inversiones, ¡eso es un oxímoron! Mujeres y *gastar*, sí. Pero no mujeres e inversiones." ¿Puedes creerlo? Yo elegí no responder. Me enseñaron a elegir sabiamente mis batallas. Este tipo era todo, menos sabio.)

Podemos fingir que no somos inteligentes, que somos tontas y nos confunde el tema de las finanzas. Podemos desempeñar el papel de la mujer detrás del hombre (sea tu jefe, marido, incluso socio de negocios). Es un estereotipo con el que hemos vivido y combatido por milenios.

La conclusión es que somos inteligentes. La verdad, sabemos más de lo que parece. Además, tenemos un sentido común extraordinario. Por no mencionar una intuición invaluable. El hecho de que dinero, inversión y finanzas no hayan sido el fuerte de las mujeres en el pasado... ¿qué importa?

Los tiempos han cambiado y continúan en constante transformación.

Ya no es una excusa válida decir: "No soy buena con el dinero" o "No sé nada sobre inversiones." El pasado no importa en este punto. Lo que importa es tu elección actual.

Es tu elección

En mi opinión, hay dos opciones: 1) Aceptar que no tienes lugar en el mundo del dinero y las inversiones, contentarte con llevar una chequera y pagar las cuentas de la familia; o 2) tomar el control de tu vida financiera. Debes saber que tu futuro financiero depende de ti y de nadie más. Sé inteligente con tu dinero. Prepárate. Entra en acción. Y haz que las cosas sucedan.

Verdaderamente es tiempo de decisiones. (Y muchas de ustedes ya han tomado la suya.) Puedes hablar de ello si quieres. Pensarlo por siempre. Investigar el tema hasta quedar morada. Pero llega un momento en que necesitas tomar una decisión consciente en uno u otro sentido. Sugiero que ese momento sea ahora.

Ésta es la decisión: ¿me voy a comprometer a hacer lo que sea necesario para mi éxito financiero personal... o no? Si dices no, entiendo que aceptas que alguien más sea responsable de tu bienestar financiero... y aceptas las consecuencias. Si, por otro lado, estás dispuesta a comprometerte, entonces es tiempo de dejar de lado todas las excusas y ponerte a trabajar. Muy simple, ésa es la decisión que te espera.

La elección es tuya.

Avanzar hacia tu futuro

Hasta aquí hemos hablado sobre las objeciones, los pensamientos y la desinformación que nos han paralizado en lo que respecta a mojar la punta de los pies en las aguas de la inversión. Ahora es tiempo de avanzar hacia el futuro. ¿Cómo te conviertes en una inversionista increíblemente exitosa? Si estás empezando, ¿por dónde comenzar? Si ya eres inversionista, ¿cómo te vuelves más exitosa? De eso trata el resto del libro.

La buena noticia

Comencemos con la buena noticia: las mujeres son excelentes inversionistas. Las estadísticas y las mujeres inversionistas que he conocido en todo el mundo lo demuestran. Y cada vez más y más mujeres lo confirman día con día.

Las estadísticas han mostrado una y otra vez que las mujeres son inversionistas natas. A continuación hay algunos hechos:

- La Corporación de la Asociación Nacional de Inversionistas (NAIC, por sus siglas en inglés) encontró en el año 2000 que los clubes de mujeres lograron ganancias anuales en un promedio de 32% desde 1951, *versus* 23% en clubes de hombres.
- Un estudio de comportamiento de inversión realizado por Terrance Odean, profesor de la Universidad de California-Davis, descubrió que las mujeres obtienen mejores ganancias que los hombres: 1.4 puntos porcentuales arriba.
- Un estudio realizado por la NAIC en 1995 reveló que los clubes de inversión de mujeres superaron en des-

empeño a los de hombres en nueve de los quince años pasados.

- Un estudio de los administradores de inversiones Merrill Lynch encontró los siguientes comportamientos de inversión entre hombres y mujeres:

Comportamiento de inversión	Mujeres	Hombres
Conservan durante demasiado tiempo una inversión que está perdiendo.	35%	47%
Esperan demasiado para vender una inversión fuerte.	28%	43%
Compran una inversión de moda sin investigar primero al respecto.	13%	24%
Cometen el mismo error de inversión más de una vez.	47%	63%

El veredicto es: las mujeres saben cómo manejar dinero.

Mujeres versus hombres

Hay incontables artículos sobre quién es mejor en la inversión, los hombres o las mujeres. Yo no suscribo la idea de que, como un todo, un género es mejor que el otro. No es cuestión de género. Si hay excelentes cantantes y otros no tan buenos, chefs brillantes y malos, personas de negocios sumamente exitosas y completos fracasos, asimismo, hay inversionistas ganadores y perdedores. Es cuestión del individuo. Son sus habilidades, su conocimiento y su experiencia lo que marca la diferencia entre ganancias y pérdidas en el mundo de las inversiones.

Una vez dicho esto, parecen existir algunas ventajas definitivas que nosotras tenemos, como mujeres, al acercarnos al mundo de las inversiones. Hay muchas cosas que hacemos muy bien, algunas incluso de manera natural, que son particularmente aplicables a ser una excelente inversionista. Ahora bien, me doy cuenta de que no todas las mujeres tendrán estas características; no obstante, pienso que muchas de nosotras nos veremos reflejadas en la mayoría de ellas.

Las ocho ventajas que hacen de las mujeres grandes inversionistas

1) No tenemos miedo de decir: "No sé."

Yo diría que, por mucho, la ventaja número uno que tenemos la mayoría de las mujeres en cuanto a invertir es que no tenemos miedo de pronunciar las palabras: "No sé." Estamos más dispuestas a hacer preguntas y admitir que no entendemos algo. La persona que piensa que debe saber todas las respuestas y tiene miedo a lucir estúpida, nunca aprende ni crece. Si quieres aparentar que sabes todo y nunca admites que no sabes algo, nunca preguntarás para descubrir más. Dejarás de aprender. Son quienes tienen miedo a lucir estúpidos quienes en realidad lo son.

Mi amigo Frank tiene 85 años. Es uno de los inversionistas y hombres de negocios más brillantes que conozco. Una cosa que me encanta de él es que tiene la curiosidad de un niño de siete años. Está interesado en todo y siempre está haciendo preguntas. Un día estaba con Frank y nos presentaron a un hombre de unos 35 años. Frank preguntó: "¿En qué tipo de negocio estás?" El hombre contestó: "Trabajo en Wall Street con compañías que quieren hacerse públicas."

Frank dijo: "¡Eso debe ser fascinante! Cuéntame más." Y ese caballero habló con Frank durante los siguientes veinte minutos sobre hacer públicas a las compañías. Frank no dijo una sola palabra. Sólo escuchó con curiosidad. Cuando nos alejamos, Frank se volvió hacia mí y dijo: "Fue muy interesante."

Ahora, la belleza de esta historia es que Frank comenzó en Wall Street cuando tenía veintitantos años. Ha hecho públicas muchas compañías. Lo sigue haciendo actualmente. Tiene una enorme cantidad de conocimientos en este terreno y, no obstante, se toma tiempo para escuchar lo que un novato tiene que decir porque puede aprender algo nuevo. Frank es un maravilloso modelo a seguir. Nunca se comporta como un sabelotodo y por eso sabe mucho.

La ventaja que tenemos las mujeres al decir "no sé" es que nos abre las puertas para obtener respuestas. Puedes preguntar en una conversación: "¿Me lo explicarías? No estoy familiarizada con eso." O quizá leas un artículo o escuches algo en TV que suena intrigante, pero no lo comprendes por completo y entonces puedes consultar en internet o ir a la biblioteca para investigarlo.

Realmente creo que tener la confianza de decir "no sé" es una de las herramientas de aprendizaje más poderosas que tenemos como mujeres. Y sí, se necesita confianza. Fingir conocer todas las respuestas porque no quieres lucir estúpida viene de baja autoestima o poca seguridad en ti misma. Así que pronúnciate y siéntete orgullosa de admitir: "¡No sé!" Te sorprenderá lo mucho que sabrás.

2) *Estamos dispuestas a pedir ayuda*

Retomando el número 1, la segunda ventaja que tenemos muchas de nosotras es que estamos más dispuestas a pedir ayuda que los hombres. Una tarde estaba de visita en casa de mis amigos Marie y Carl, que son esposos. Carl estaba ocupado en el baño de visitas con herramientas esparcidas por todos lados, luchando por arreglar el excusado. Marie entró y preguntó inocentemente: "Carl, ¿por qué no llamo al plomero y le preguntamos cuál es el problema?"

Hazte la siguiente pregunta: ¿Me comprometeré a hacer lo necesario para mi éxito personal... o no? Ésa es la decisión.

"No hay necesidad de hacer eso", contestó Carl. "Lo tendré listo en un minuto."

Una hora después, Carl salió del baño. Cansado y frustrado dijo a Marie: "Creo que deberías llamar al plomero. El problema es más grande de lo que pensé."

Llegó el plomero y terminó cambiando el excusado. El comentario de Carl, por supuesto, fue: "¿Ves?, te dije que era un problema grande." Más tarde, tras bambalinas, el plomero, amigo de la pareja, dijo a Marie que la verdadera causa del problema era una pequeña pieza que se hubiera podido remplazar fácilmente, pero, por todos los arreglos de Carl, el baño ya no tenía arreglo.

La primera intuición de Marie había sido llamar al plomero y pedir ayuda. Esto no es diferente al escenario común de la pareja perdida en los caminos de una ciudad desconocida, donde la mujer sugiere detenerse y pedir instrucciones. El hombre se niega, diciendo: "Descubriré dónde estamos. Estoy seguro de que estamos en el camino correcto." En lo que respecta a las inversiones, las mujeres pedirán instrucciones, ayuda. En eso hay dos ventajas: primero, aprenderán algo nuevo; segundo, no perderán tiempo averiguándolo por su cuenta.

3) Las mujeres somos excelentes compradoras

La mayoría de las mujeres somos excelentes compradoras. ¿Por qué importa eso? Porque sabemos cómo encontrar una oferta. La fórmula para comprar en oferta es la misma para las inversiones: busca algo que tenga menor precio a su valor actual y cómpralo. Ruth Hayden, educadora financiera y autora, lo dijo mejor: "Si las mujeres compráramos (inversiones) en la forma en que compramos en centros comerciales, estaríamos nadando en dinero. Cuando las acciones son bajas, es como una oferta de pantimedias a tres por uno."

Las mujeres compradoras saben el valor de un bolso Louis Vuitton o de unos pantalones de mezclilla Donna Karan. Están muy familiarizadas con el producto, así que saben cuándo ven un buen trato. No es distinto en lo que respecta a la inversión. Si estás familiarizada y prestas atención a ciertas acciones o a un vecindario en particular con propiedades para alquilar, entonces verás los buenos tratos cuando aparezcan. Si no estás familiarizada con los "productos" y no has invertido nada de tiempo verificando precios, entonces no sabrás ni del valor real del producto ni de la inversión. La fórmula es la misma. Encuentra un artículo de calidad a la venta y cómpralo. Simple.

4) Las mujeres hacemos nuestra tarea

Las mujeres, por regla general, hacemos nuestra tarea, no nos creemos un "súper consejo del momento". De acuerdo con el National Center for Women and Retirement Research, NCWRR (Centro Nacional para Mujeres e Investigación sobre la Jubilación), las mujeres pasan más tiempo investigando sus opciones de inversión que los hombres. Esto impide que cedan ante caprichos y vayan tras los "súper consejos del momento", comportamiento que tiende a debilitar los portafolios de los hombres.

Las mujeres tienden a no ser grandes compradoras de punto de venta. En cambio, compran porque el trato tiene sentido.

5) Las mujeres tenemos aversión por el riesgo

Siguiendo la tónica de la ventaja 4, algunos estudios han demostrado que las mujeres tenemos más aversión por el riesgo en comparación con los hombres. He escuchado argumentos de que la razón por la cual las mujeres no serán inversionistas exitosas es que somos menos propensas a correr riesgos. Si es cierto, ¿eso es malo?

Sé que, en mi caso, cuando entro en una inversión que siento un poco más arriesgada o me resulta poco familiar, tiendo a estudiar un poco más de lo habitual y hago mi tarea con un poco más de esfuerzo antes de dar mucho dinero. Si las mujeres en verdad son adversas al riesgo, entonces eso puede llevarlas a investigar más sobre las inversiones que persiguen, lo cual las lleva a tener inversiones más exitosas, como lo demuestran las estadísticas.

La trampa de la que tenemos que cuidarnos es cuando nuestra aversión al riesgo nos mantiene en constante análisis e investigación. Eso se llama comúnmente parálisis por análisis. Si eso sucede, entonces puede que terminemos sin hacer nada. Usa el riesgo en tu beneficio. No permitas que te paralice.

6) Las mujeres tenemos mucho menos ego

Estoy segura de que obtendré algo de retroalimentación de los hombres en este punto.

Las mujeres tenemos mucho menos ego en lo que respecta a inversiones. Mis amigas tienden a ser muy prácticas, van al grano y son muy conscientes de la ganancia que obtienen por sus inversiones. No es un secreto que los hombres tienden a mostrar un poco (¿o será un mucho?) de ego o alarde al jactarse de sus inversiones. Lo único que mis amigas quieren mostrar es el dinero. ¡Enséñame el dinero! O, como dijo Ivy Baker Priest, Tesorera de Estados Unidos en 1954: "A nosotras las mujeres no nos importa poner nuestra fotografía en el dinero, siempre y cuando podamos poner nuestras manos en él."

Mika Hamilton, de Global Investment Institute, escribe:

> Al estar involucrada en una compañía que entrena a las personas para participar activamente en la bolsa, he visto a miles de hombres y mujeres empezar en el camino hacia la prosperidad mediante varios tipos de inversiones. Aproximadamente 80% de nuestros clientes son hombres. Pero yo apostaría a que 80% de nuestros inversionistas más exitosos son mujeres.
>
> Con base en esta experiencia, comienzo a entender por qué las mujeres tienden a ser mejores inversionistas que los hombres. Lo pensé una y otra vez y no pude ignorar los hechos. Las mujeres son inversionistas mucho más exitosas que los hombres.
>
> Pero, ¿por qué? Pienso que se reduce a tres palabras: ego, ego, ego. Lo que tienen en común la mayoría de los hombres es un ego grande.
>
> Los hombres tienden a permitir que su ego tome decisiones por ellos. Retienen cuando deberían vender. Compran por miedo a quedar fuera de esa gran oportunidad. Se niegan a hacer preguntas o pedir ayuda por miedo a lucir tontos.

En otras palabras, los hombres están más interesados en parecer fuertes, conocedores o exitosos. Invierten no para obtener el mejor trato del mercado, sino para verse bien (o no verse mal).

Por otro lado, las mujeres son mucho más propensas a hacer preguntas hasta que entienden por completo, aprenden y, en general, están más interesadas en la meta (en este caso, hacer dinero) y no impresionar a la gente que las rodea.

Por lo regular, cuando la gente decide invertir, piensa en aventurarse y correr riesgos. Pero la verdad es que la inversión tiene mucho más que ver con inteligencia emocional de lo que la mayoría de las personas podría pensar. La inteligencia emocional es la habilidad de pensar de manera objetiva respecto a una situación y no involucrarse demasiado en ella a nivel emocional. Las mujeres, en general, poseen una inteligencia emocional alta.

Esta cualidad hace que sean excelentes inversionistas. En lugar de invertir de acuerdo con lo que las hará quedar bien, invertirán de acuerdo con un plan… no de acuerdo con el humor en el que estén o si estarán "bien" o "mal."

7) Las mujeres nos dedicamos a alimentar

En lo que respecta a inversiones, las mujeres tendemos a alimentarlas. El otro día hablaba con una inversionista sobre uno de sus edificios de apartamentos. Orgullosamente habló sobre cómo había arreglado y mejorado la apariencia y ambiente de la propiedad. Mencionó lo maravillosos que eran sus inquilinos y cómo se había fijado la meta de conocer a cada uno. Cuidaba de su propiedad y de sus inquilinos. Alimentaba su relación con ellos. A cambio, sus inquilinos recomendaban los apartamentos a sus amigos. Su propiedad estaba ocupada por completo, tenía lista de espera y, debido a eso, podía mantener sus rentas altas en comparación con otros edificios. Por su alto nivel de ocupación y sus fuertes rentas, el valor de su propiedad continúa en aumento.

Parte del proceso de alimentación es establecer buenas relaciones con su red de inversión. Esto puede incluir agentes de bienes raíces/acciones/negocios, prestamistas financieros, inversionistas, miembros de clubes y organizaciones, inquilinos, individuos al tanto de información sobre futuros progresos en su ciudad, profesionales en materia de impuestos y mentores, sólo por nombrar algunos. Cuanto más fuerte es su relación, mejor es la información que recibe, lo que puede ser invaluable al construir un portafolio de inversión.

8) Las mujeres aprendemos bien de otras mujeres

Es la razón por la que cada vez tienen más popularidad los clubes de mujeres inversionistas. Surgen en todo el mundo y son una excelente forma de introducirse o aprender más sobre el mundo de las inversiones.

Las mujeres compartimos entre nosotras. Si descubrimos algo que funciona, queremos transmitirlo a nuestras amigas. Ésta puede ser la razón por la cual los clubes de mujeres superan en desempeño a los de hombres. Las mujeres por lo general queremos que nuestras amigas tengan éxito.

La desventaja es que las mujeres a veces tomamos información de quienes no tienen experiencia. Escucharemos el consejo porque "es mi amiga." Por favor asegúrate de que las mujeres con quienes hables sobre inversiones piensen como tú y tengan metas de inversión similares. De otro modo, quizá estés desperdiciando mucho tiempo.

Por ejemplo, mi amiga Michelle acudió a mí y dijo que quería comprar una propiedad para alquilar en Phoenix. Durante varios días vimos muchas. Encontramos una casa de campo en una comunidad de descanso, rodeada de árboles y con vista a la alberca. Era una de las mejores ubicaciones en todo el complejo. Después de cobrar la renta y pagar los gastos y la hipoteca, pondría en su bolsillo 250 dólares al mes. Era una casa perfecta para su primera propiedad de inversión. Ella y el vendedor llegaron a un acuerdo y comenzó la inspección y el periodo de trámites. Luego yo partí a un viaje en el extranjero durante un mes.

Cuando regresé, llamé a Michelle y le pregunté: "¿Cuándo cierras el trato de tu primera propiedad de inversión?"

Hubo un momento de silencio y luego dijo: "Decidí no seguir adelante con eso."

Tomé aire y, un poco frustrada, pregunté: "¿Por qué no seguiste adelante? Parecía una excelente propiedad para ti."

Ella explicó: "Después de que te fuiste hablé con mi amiga Candace. Le conté sobre la propiedad y ella me dijo que era una inversión muy arriesgada."

"¿Por qué dijo que era arriesgada?", pregunté.

"Me dijo que una amiga suya tiene una propiedad para alquilar, que no puede conseguir inquilino y ha perdido dinero. Así que dijo que, si fuera su decisión, no la compraría", explicó Michelle.

Después de un lapso de silencio, tuve que preguntarle: "¿Tu amiga Candace alguna vez ha tenido una propiedad de alquiler?"

"No", contestó Michelle.

"Entonces, ¿por qué tomas el consejo sobre una inversión de la que ella no sabe absolutamente nada?", pregunté, elevando la voz. "Es como pedirle a un vegetariano que te recomiende un restaurante de cortes de carne. Si vas a pedir consejo a alguien, asegúrate de preguntar a quien sepa de qué está hablando. ¡Alguien que de hecho haya hecho lo mismo que tú!"

Sí, las mujeres aprendemos de otras mujeres. Sólo asegúrate de que las mujeres de quienes aprendes hayan hecho, o estén haciendo, lo que tú quieres lograr.

Es la razón por la cual me gustan los clubes de inversión de mujeres. La mayoría de quienes están en esos clubes piensan igual y tienen una misma meta: hacer dinero con sus inversiones. Los clubes de inversión por lo general entran en dos categorías: 1) educativos y 2) de unión de recursos. Como dije antes, apoyo firmemente los clubes que son educación pura, donde las mujeres estudian y aprenden juntas. Comparten entre sí las inversiones que tienen y las que buscan, así como lo que han aprendido en el camino.

Soy un poco recelosa respecto a los clubes en los que los miembros unen su dinero y compran una inversión como grupo. La razón es que, a menos de que cada miembro sea transparente respecto del acuerdo y todos los acuerdos estén por escrito, puede haber mucho lugar para la desilusión y el enojo. Prefiero separar la educación de la inversión real.

Podemos hacerlo... ya lo estamos haciendo

No hay gran secreto respecto a cómo invertir. Ésa es la parte sencilla. La clave para la mayoría de las mujeres es hacer el cambio de mentalidad de "no puedo" o "no sé cómo" a "no sólo puedo ser inversionista, sino que… ¡puedo ser una excelente inversionista!"

Hay un pequeño secreto que compartiré contigo: una vez que entres al mundo de las inversiones… es divertido. Los comentarios inspiradores y llenos de emoción que escucho una y otra vez de mujeres inversionistas son: "No sé de qué tenía tanto miedo. ¡Me encanta esto!" "¡No sé por qué no lo hice antes!" "¡Es tan divertido hacer dinero!" "¡No puedo esperar hasta mi siguiente trato!" "¡Estoy aprendiendo tanto!"

¿Te está quedando claro? ¡Las mujeres somos inversionistas fabulosas! Estamos hechas para esto. Cada vez más mujeres se convierten en inversionistas… y están demostrando que somos más que buenas en esto. Y que es divertido hacer dinero. Es divertido aprender y crecer, tener una mejor autoestima. Lo más importante: es divertido saber que tenemos el control de nuestra vida… y por eso, más opciones y oportunidades están disponibles para nosotras. Es una posición poderosa y liberadora.

Capítulo 16

"¡Estoy lista para empezar!"

Los pensamientos son energía y puedes construir
tu mundo o destruirlo con tu forma de pensar.
Susan Taylor

La única persona con quien no me había puesto en contacto de nuestro grupo original de Hawai era Martha. Quería hablar con ella y saber cómo le estaba yendo.

"Hola, habla Martha", respondió cuando llamé.

"Hola, Martha. Habla Kim. Una voz de tu pasado en Hawai."

"Qué bueno es saber de ti. Realmente siento no haber podido llegar a la reunión. Hablé con Pat y con Leslie. He estado tan ocupada. Quise llamar cuando tuvieron su almuerzo en el parque, pero surgió algo", se disculpó.

"No hay problema", dije. "¿Tienes unos minutos para conversar de lo que ha pasado en nuestras vidas?"

Martha dudó por un momento y dijo: "Claro. Ahora es un buen momento."

"Como tú y yo no hemos hablado, sólo quería saludarte y saber cómo iba todo. Ha pasado mucho tiempo", comencé.

Hubo un silencio. "¿Martha? ¿Estás ahí?", pregunté.

"Está bien. Lo que pasa es esto", dijo con determinación. "He estado muy renuente a reunirme con ustedes porque las cosas no van muy bien para mí en este momento. Para ser honesta, mi vida no se parece en nada a lo que imaginé que sería cuando estábamos en Hawai. Pat compartió conmigo algunas de sus historias y, para ser sincera, me dio vergüenza mi situación en este momento", admitió. "¿Recuerdas cuánto quería ser una oceanógrafa reconocida a nivel mundial?"

No hay ninguna fórmula mágica para invertir… ninguna píldora secreta que prometa que en dos días se convertirán en inversionistas exitosas al instante. Invertir es un proceso y se necesita "hacer la tarea" y mucho esfuerzo para ser inversionistas inteligentes.

"Lo recuerdo bien", respondí.

"Bueno, luego de dos años de trabajar en eso, llamó mi padre y dijo que necesitaba ayuda en el negocio de la familia. Su empleado más importante se había ido y él estaba perdido. Dijo que sería sólo por un par de meses hasta que contratara a una nueva persona. Crecí en el negocio, así que lo conocía bien, pero los negocios, en general, no eran algo en lo que estuviera interesada. Así que, por obligación, dejé mi trabajo en Hawai y regresé a casa para ayudar por unos meses. No sé qué pasó pero esos meses se convirtieron en un año y luego en tres y aquí sigo. Mi padre vendió el negocio hace alrededor de siete años, pero no obtuvo mucho dinero. Era una vida cómoda para mi mamá y mi papá pero, poco tiempo después de vender el negocio, mi padre enfermó y una gran cantidad de sus ahorros se gastaron en cuidados médicos. Luego murió. Estoy trabajando en dos empleos, sólo para mantener mi cabeza por encima del agua."

"Pat dijo que tu mamá estaba enferma. ¿Está bien?"

"Sí, ahora está bien. Pero como no le quedaba mucho dinero después de la muerte de mi padre, se mudó conmigo pues soy su única hija. Por eso estoy trabajando en dos empleos, para mantenernos a ambas. Conforme ha ido envejeciendo, su salud se ha convertido en un problema. Tenemos seguro, pero nunca parece cubrir todas las necesidades. Así que han sido años difíciles.

"Lo que más me sorprende es que al principio estaba muy satisfecha con mi vida. Tras mudarme de regreso a San Francisco todo fue fácil. No tenía que luchar por pagar la renta. Tenía dinero del negocio. Tenía coche y mi apartamento estaba a dos cuadras de la playa. Podía surfear cuando quería. Todo era muy cómodo. Supongo que por eso me quedé. Era fácil."

Continuó: "Pero he descubierto dos problemas importantes con la 'vida fácil.' Primero, siempre me pregunto qué habría pasado de seguir en la oceanografía. Me arrepiento un poco al respecto. Y, segundo, parece que la vida fácil ahora se ha convertido en difícil. Siempre viví al día, surfeaba cuando quería, me gastaba cada centavo que ganaba en entretenimiento y fiestas. Ahora esos momentos quedaron atrás y debo enfrentar el futuro, que veo como una gran batalla.

"Así que me disculpo. Por eso no he querido reunirme con ustedes. Realmente tengo dificultades y no soy una persona muy divertida con quien estar."

"Puedo entender cómo te sientes y confío en que nuestra amistad es más profunda que eso", la tranquilicé.

"Gracias", dijo. "Simplemente no estoy segura de a dónde ir a partir de aquí."

Martha sonaba muy desesperada, así que corrí el riesgo. "Déjame preguntarte esto: ¿Estás dispuesta a hacer algunos cambios para empezar a salir del problema?"

"Por supuesto. Algo tiene que cambiar. No puedo continuar así. Simplemente no veo nada de luz al final del túnel", contestó.

"Si te enviara un libro, ¿lo leerías?", pregunté.

"Por supuesto que sí."

"Entonces te lo enviaré y, tras leerlo, llámame y hablaremos al respecto. Sigue adelante. No estoy diciendo que ésta es la respuesta para ti, pero si la información enciende la chispa de algún interés, por lo menos es un comienzo."

"Lo leeré", dijo de manera enfática. "Empezaré en cuanto lo reciba."

Con esas palabras colgamos. Envié a Martha una copia de *Padre rico, padre pobre* y esperé a recibir noticias suyas.

"Estoy lista"

Como un mes después, caí en la cuenta de que nunca había recibido noticias de Martha. Pensé en llamarla pero decidí que, si realmente quería cambiar su vida, debía dar ella sola el primer paso. Yo no podía hacerlo por ella.

Justo en ese momento sonó mi celular. Era Leslie. Estaba muy emocionada: "¡Está bien, estoy lista!", exclamó.

"¿Lista para qué?", pregunté.

"Lista para aprender lo que necesito y hacer lo que debo para prepararme a nivel financiero", declaró. "Estoy harta de irla pasando. Ya he tenido suficiente. Estoy lista para entrar en acción. Y no son sólo palabras. Lo digo en serio."

"Puedo verlo", contesté. "¿Qué ocasiona este deseo repentino y urgente?"

"Hace meses", comenzó Leslie, "me inscribí en una clase de arte de dos días en Vermont. Era una clase de paisaje en la que estábamos en el exterior con nuestros caballetes en el hermoso campo de Vermont, lo cual es mi actividad preferida en todo el mundo. Hice todos los arreglos y elegí una fecha en otoño cuando las hojas tienen un color brillante. Estaba muy emocionada por ese viaje. El día anterior, mi jefe en la galería llamó y dijo que tenían la oportunidad de albergar la muestra de un artista muy conocido y que yo tenía que asistir. Nunca lo dijo, pero pude escuchar en la voz de mi jefe que era, o ir a trabajar al día siguiente o no volver nunca."

"¿Y qué hiciste?", pregunté.

Continuó: "Sentí que no tenía opción. Debía asistir a la muestra. Así que cancelé mis planes de Vermont y estuve en la galería al día siguiente. Ahora bien, me doy cuenta de que surgen emergencias y los planes se tienen que cambiar, pero en ese momento me asombró qué poco control tengo sobre mi vida. Y todo por dinero. Fue uno de esos momentos de claridad. Se encendieron las luces para mí y no quiero retroceder. Es tiempo de avanzar."

"Vaya. Estoy emocionada por ti", dije. "Suena como si el haber tenido que cancelar tu viaje artístico fuera lo mejor que te hubiera pasado. Te sacó de la inercia."

"Sí, creo que así fue", dijo, reflexionándolo.

"¿Y qué harás?", pregunté.

Respondió emocionada. "Ésta es mi idea. Escúchame. Mantén la mente abierta y dime si estás dispuesta."

"¿Estar segura de que quiero escuchar tu idea?", pregunté con vacilación.

"Eso espero. El asunto es éste", continuó. "Apartamos dos días completos. Invitamos a las chicas del grupo de Hawai. Volamos a Phoenix. Y pasamos dos días contigo y tú compartes con nosotras los pasos que diste para empezar… y para mantener creciendo tus inversiones. ¿Qué opinas?"

Esta vez casi me quedé callada. "Mira, yo sigo aprendiendo sobre la marcha. Es seguro que no tengo todas las respuestas. Y no sigo las estrategias de inversión tradicionales que predica la mayoría de los 'expertos' en finanzas. He aprendido de algunas personas brillantes y hoy tengo personas muy inteligentes a mi alrededor de quienes aprendo todos los días en lo que respecta a mis inversiones."

Leslie interrumpió: "Eso lo entiendo. Quiero entender tu estrategia y luego continuar mi aprendizaje. Lo que he escuchado hasta ahora tiene mucho sentido para mí. Y en cuanto a la gente que te rodea hoy, esas personas no estaban ahí cuando empezaste. Dijiste que empezaste sin nada. Y ahí es donde estoy yo hoy. No tengo nada… salvo un fuerte deseo de aprender y de hacer que las cosas sucedan. Así que, mirando en retrospectiva, ¿qué hiciste? ¿Cómo diste tus primeros pasos? Dijiste que las mujeres aprenden bien de otras mujeres, así que imagino que si reunimos al grupo aprenderemos mucho. Y es un ambiente en el que no nos sentiremos intimidadas para hacer preguntas. No como en algunas reuniones de inversión a las que he asistido, donde las únicas personas que hacen preguntas son quienes quieren mostrar lo inteligentes que son. De esta forma, todas aprenderíamos de las demás."

Reí: "Y tú una vez me dijiste que no eras una buena vendedora. Ésa fue una charla de ventas persuasiva."

"¿Estás diciendo que sí?", preguntó.

"Sí, pero con dos condiciones", expliqué. "Las primera es que los dos días están abiertos sólo para las mujeres que en verdad quieran aprender. Si sólo vienen para estar con sus amigas, es mejor que no vengan y organicen con ellas una tarde de café. El deseo de aprender, y más importante, de entrar en acción, debe venir de su interior. No puedes convencer a nadie de ello."

"Ése es un buen punto. Yo sólo haré las invitaciones y veré quién aparece", aceptó. "¿Y la segunda?"

"Mi segunda condición es que las asistentes deben tener clarísimo que no existe una fórmula mágica. Todo el mundo debe entender perfectamente que invertir es un proceso, necesitarán hacer la tarea y esforzarse para convertirse en inversionistas inteligentes. No quiero que vengan con expectativas poco realistas. ¿Podrías asegurarte de que estén conscientes de eso?"

"Hecho. ¿Podemos fijar una fecha?", presionó Leslie.

Sonreí. "Sí podemos, señorita 'no sé cómo vender'. ¡Sí, cómo no!"

Le conté a Leslie sobre mi conversación con Martha. Le pedí que también la invitara. "Es gracioso", dije. "Justo estaba pensando en ella cuando llamaste. Le envié el libro hace un mes y no he sabido nada de ella."

Capítulo 17

¡Noventa por ciento del éxito consiste en asistir!

*El simple hecho de intentar algo (sólo estar ahí, asistir),
es hacernos más valientes. La autoestima consiste en hacer.*
Joy Browne

Woody Allen dijo una vez: "Noventa por ciento del éxito consiste en asistir." Creo que hay mucha verdad en esa afirmación. Muchas personas dicen que quieren bajar de peso pero, ¿en realidad asisten al gimnasio? Algunas dicen que quieren hacer más por su comunidad pero, ¿quién asiste a las juntas del consejo municipal? Muchos decimos que pretendemos hacer cosas para mejorar nuestra vida pero, ¿realmente asistimos?

Dicho esto, estaba ansiosa por ver quién asistiría a nuestra sesión de inversión de dos días. Leslie estaba organizando todo y preguntó a cada una si deseaba asistir a una reunión en mi casa el viernes a las nueve de la mañana. "Todas dijeron que querían estar ahí", me dijo.

"Ya veremos quién va", le dije.

Viernes, nueve de la mañana

El café estaba listo. Leslie llegó media hora antes con fruta y una variedad de panecillos. "No presioné a nadie", me juró. "Simplemente les dije lo que haríamos. Envié a todas

227

la explicación de cómo llegar. Y dije que no había necesidad de llamarme, sólo de asistir si era importante para ellas."

"¿Y obtuviste una respuesta positiva de todas?", pregunté.

"¡Sí! De todas. Incluso de Martha. Todas dijeron que tenían ganas de ser parte de esto."

Serví dos tazas de café y ella y yo hablamos. Unos minutos antes de las nueve sonó el timbre. Ambas nos miramos emocionadas, como dos niñas que están a punto de sentarse en el primer vagón de una montaña rusa, sabiendo que sería un gran paseo y preguntándose quién más se subiría. Nos apresuramos hacia la puerta y abrimos.

"¡Hola! ¡Excelentes indicaciones, Leslie! El taxista supo exactamente a dónde dirigirse. ¡Me alegra estar aquí!", dijo Tracey, un poco sin aliento.

"Tracey, ¡es maravilloso tenerte aquí!", dije con entusiasmo.

"Actúas como si estuvieras sorprendida de verme", dijo. "¿No pensaste que vendría? No tenía duda, en especial después de lo que pasó la semana pasada."

Caminamos hacia la cocina. "¿Qué pasó?", pregunté.

"¿Recuerdan que les conté que nos preocupaba que despidieran a mi marido cuando vendieran su compañía?", nos refrescó la memoria.

Ambas asentimos con la cabeza.

"El viernes pasado, la compañía donde trabajo hizo un anuncio importante", comenzó.

"Durante aproximadamente un año hubo un rumor de que nuestra compañía iba a unirse a otra, pero lo último que supimos fue que todo había fracasado. Entonces, el viernes por la tarde el director ejecutivo nos reunió a todos y anunció que la unión de hecho no sucedió, pero, en cambio, ¡la compañía había sido vendida a nuestro mayor competidor! El director ejecutivo fue honesto con nosotros respecto de que habría cambios e hizo su mejor esfuerzo por asegurarnos que no se habían anunciado recortes de puestos. ¿Pero cómo podemos no estar nerviosos por todo eso?"

"¿Qué piensas que pasará?", preguntó Leslie.

"No sé, pero la semana pasada fue como trabajar en la morgue. Por supuesto, recortarán puestos. ¡Así funcionan las cosas cuando una compañía es comprada por otra!

Muchas personas dicen que quieren bajar de peso pero, ¿en realidad asisten al gimnasio?

•

Algunas dicen que quieren hacer más por su comunidad pero, ¿quién asiste a las juntas del consejo municipal?

•

Muchos decimos que queremos hacer cosas para mejorar nuestra vida pero, ¿realmente lo hacemos?

"Todo el mundo anda con miedo de perder su empleo. Es horrible. Y, para colmo, desde los puestos superiores hasta abajo, nadie sabe qué depara el futuro y no se toman decisiones. Es como si la vida de todos estuviera en pausa. Es muy deprimente. Así que no estoy segura todavía de qué voy a hacer, pero el momento que eligieron para estos dos días es perfecto. Es lo único sobre lo que siento que tengo algo de control. Dios sabe que no tengo ninguno en mi trabajo."

"¡Uf! ¡Nada como una llamada a despertar!", proclamó Leslie.

"¿Alguien está tocando la puerta?", preguntó Tracey.

Estábamos tan ocupadas hablando que no escuchamos a quien tocaba la puerta de enfrente.

"Veamos quién está detrás de la puerta número dos", bromeé.

Las tres cruzamos el pasillo para ver quién era. Todas estábamos tratando de adivinar quién sería. Abrí la puerta.

"¡No puedo creer que tengo diez minutos de retraso! Tenía todo planeado minuto a minuto. Nunca llego tarde", dijo Pat, disculpándose.

"¡Vamos, Pat!", dije. Todas nos abrazamos y regresamos a la cocina.

Hablamos mientras tomábamos café, fruta y panecillos hasta aproximadamente quince minutos antes de las diez, y llegamos a la conclusión de que ése era el grupo. Nadie más iba a asistir.

¿Qué pasó con Martha?

Más tarde descubrí qué pasó con mi amiga Martha, quien estaba desesperada por hacer *cualquier cosa que fuera necesaria* por cambiar su situación, quien prometió leer el libro que le envié. Ella fue la única, admitió Leslie, que dijo que *definitivamente* estaría en nuestra reunión de dos días. Resultó que nunca había llegado a la página uno de *Padre rico, padre pobre* ni dio un paso por hacer algo diferente de lo que estaba haciendo. Estoy segura de que no tenía ninguna intención de estar con nosotras durante esos dos días. Martha era mucha palabrería pero cero acción. Quería que su vida cambiara, pero no estaba dispuesta a hacer nada diferente. No estaba dispuesta a cambiar. Punto. Por eso me parece tan importante trabajar sólo con personas que en verdad quieren lo que yo puedo ofrecer, que de verdad quieren aprender. De otro modo, es como uno de mis dichos favoritos: "No enseñes a los cerdos a cantar. Es un desperdicio de tu tiempo... y molesta a los cerdos."

Hay muchas personas que dicen desear algo, como Martha, pero no hacen nada al respecto. La pregunta real es: ¿Estás *dispuesta* a hacer lo que sea necesario para llegar adonde quieres? Yo misma lo he hecho... muchas veces. Por ejemplo, en cuanto a escribir este libro. Durante tres años antes de empezarlo estuve diciendo que escribiría un libro sobre inversiones para mujeres. Lo decía y no hacía nada. Lo volvía a decir y no escribía una sola palabra. De nuevo, pero estaba demasiado ocupada. Al final, una pareja de amigos muy queridos me lo hicieron ver con amabilidad: "¡Vas a actuar y lo vas a escribir o no!" fueron las palabras cariñosas de un amigo. "Palabras, palabras y más palabras. Pero, ¿dónde está?"

Carol

Otro ejemplo de deseo y nada de acción es Carol. En una época, manejó gran parte de mi contabilidad y la de Robert y se hizo muy buena amiga mía. Solíamos reunirnos dos veces al mes para analizar nuestras finanzas. Repasábamos *todos* los números. Ella veía las diferentes inversiones y propiedades para alquilar que estábamos adquiriendo y en cada reunión me hacía preguntas sobre inversiones. Esto continuó durante aproximadamente dos años.

Finalmente, en una reunión dijo: "Tengo una pregunta sobre inversiones." La detuve en mitad de una oración y dije: "¡No más preguntas!" Me has estado haciendo preguntas durante años, ¿y qué has hecho? ¿Qué inversiones tienes?"

"Ninguna", respondió.

"Entonces, no más preguntas", declaré. "No voy a responder una más sobre inversiones, ni a hablarte sobre ello, nunca más, hasta que salgas y hagas algo. Cuando tengas tu primera inversión hablaremos de nuevo."

En nuestra siguiente reunión, dos semanas después, Carol entró orgullosa con una hoja de papel con la lista de sus primeras compras de acciones. Dijo: "Las acciones son sólo para que podamos volver a hablar. En realidad quiero empezar a comprar propiedades para alquilar. Prometo que no te haré más preguntas de bienes raíces hasta que tenga la primera."

Cumplió su palabra. Ese mes, Carol encontró una pequeña casa de alquiler, hizo una oferta y se la aceptaron. Como no tenía mucho dinero propio, pidió a un inversionista conocido que se hiciera su socio. Él dijo que sí y Carol se puso en marcha. Desde entonces ha comprado varias más, incluyendo casas para una sola familia y condominios, así como varios edificios de apartamentos. Hoy ella es una inversionista muy activa… y hablamos mucho.

Carol admitió que su mente entró en acción al hacer muchas preguntas. La luz se encendió para ella cuando se dio cuenta de que habían pasado dos años y no tenía ninguna prueba. Al hacer preguntas una y otra vez, se convencía de que estaba "en el juego." Pero en realidad era una excusa para no entrar en acción.

Así que la moraleja de la historia es que hay *charla* y hay *acción*. Y asistir es entrar en acción.

Qué hay de Janice

Acabábamos de salir de la cocina hacia el área de estudio cuando sonó el teléfono de mi casa. Era Janice. La puse en altavoz para que todas pudiéramos escuchar.

"¡Sólo quería que supieran que estaba pensando en ustedes!", dijo en voz alta. "¡Sé que debería estar ahí pero tengo una excelente noticia!"

"¿Cuál es la excelente noticia?", preguntó Leslie.

"¿Ven que he dicho una y otra vez que no me considero del tipo para tener una relación a largo plazo? Bueno, puede que eso esté cambiando. ¡Conocí a un hombre! Se llama Greg. No lo conozco desde hace mucho. Todo ha sido una especie de torbellino. Y no puedo creer que esté diciendo esto, pero… ¡creo que estoy enamorada!", soltó.

Pat casi se cayó del taburete. "¿Tú? ¿La señorita 'las cosas se hacen a mi manera o te vas'? ¿Enamorada? Nunca pensé que escucharía esas palabras de ti. Esto podría ser emocionante. Cuéntanos de él. ¿Desde cuándo lo conoces?"

"Tres semanas", contestó. "Sé que no es mucho tiempo, pero pienso que es el destino. Nos conocimos en la cafetería cerca de mi oficina. Yo entré por un capuchino, estaba en la fila para ordenar y él entró. No dejábamos de mirarnos y finalmente se me acercó y empezamos a hablar."

"¿Cuál es su formación? ¿En qué tipo de trabajo está involucrado?", preguntó Tracey con curiosidad.

Janice divagó. "Todavía no hemos hablado mucho sobre eso. Creo que ha pasado por algunas malas experiencias de negocios y aún no se siente cómodo para hablar al respecto. Sé que ha trabajado para varias compañías, sobre todo en ventas. En este momento está en transición, descubriendo qué quiere hacer. Es muy inteligente. Tiene muchas buenas ideas de negocios. Su mente siempre parece ir a mil por hora. Está muy emocionado con mi negocio. Incluso ha hablado de trabajar conmigo. Cuanto más lo pienso, más me gusta la idea. A veces es cansado ser quien hace todo. Sería excelente tener un socio que trajera ideas y tomara un poco de la carga. La razón por la que no puedo estar con ustedes este fin de semana es que volaremos a San Francisco para tener un fin de semana romántico", explicó.

"Todo fue idea suya. Reservó el hotel. Reservó una mesa en un maravilloso restaurante italiano, muy íntimo, en el cual es casi imposible entrar. Tiene una lista de espera como de tres meses. Él arregló todo."

Tracey no pudo evitar preguntar: "Dijiste que estaba en transición, ¿exactamente qué significa eso?"

Janice explicó: "Lo único que sé es que tuvo un problema con su último negocio de consultoría y después de aproximadamente un año tuvo problemas con su socio. Lo dejó hace dos meses y por eso está buscando qué hacer a continuación. Como tengo mi propio negocio, sé lo difícil que puede ser a veces. Al parecer, después de un año de haber empezado, sólo recibió muy poco dinero. Apenas comenzaba a despegar. Se sentiría avergonzado si supiera que les estoy contando esto, pero no tiene mucho dinero en este momento. Todos tenemos dificultades. Y no me importa ayudarlo a nivel financiero por algún tiempo."

Leslie preguntó con ingenuidad: "¿Entonces quién va a pagar el fin de semana en San Francisco?"

"Yo", admitió. "Como dije, no me importa hacerlo por un tiempo mientras se recupera. Y en verdad es listo, por lo que pienso que el momento puede ser ideal. Me pregunto si Greg, al dejar su negocio y estar disponible, podría ser la oportunidad perfecta para que yo tuviera un socio de negocios. Todo parece alinearse.

"Y sé que esto va a sonar loco", dijo. "Sé que todo está sucediendo muy rápido. Pero, ¡de hecho, estamos hablando de que Greg se mude conmigo! Nunca había considerado siquiera la posibilidad de vivir con alguien. Díganme si no estoy loca."

"¡Estás loca!", gritamos al unísono por el teléfono.

"Lo sé. Lo sé. ¡Estoy emocionada y nerviosa al mismo tiempo!", dijo Janice, animada. "¡Debo irme! Estoy camino al aeropuerto. ¡Pasen dos días maravillosos juntas! ¡Adiós!"

Colgué el teléfono y las cuatro nos quedamos en un silencio estupefacto.

Tracey habló primero: "¿Escuché lo que creo? ¿Acaso Janice dijo que este tipo, al que conoce hace tres semanas, no tiene ingresos? ¿Que ella está pagando todo? ¿Que quizá se mude a su casa? Y aunque ella sabe muy poco sobre sus antecedentes de negocios, ¿dijo que lo hará socio? Díganme que no es lo que escuché."

"Eso es lo que escuché", confirmó Leslie.

"¿Pero qué demonios está pensando esta chica? ¿Está ciega?", preguntó Tracey con total incredulidad.

"Dicen que el amor es ciego. Éste es el ejemplo perfecto", dije.

"Supongo que el tiempo lo dirá", dijo Pat.

"A mí me aprece un gorrón", dijo Tracey.

Todas estábamos un poco incrédulas.

"Y para colmo, ¡nos plantaron por un tipo!", Tracey estaba agitada. "Odio cuando las mujeres hacen eso. ¡Qué estupidez!"

En un susurro, Pat dijo: "A lo mejor es realmente atractivo."

"A lo mejor es atractivo y joven", añadió Leslie.

"A lo mejor es atractivo, joven y heredero de una fortuna", agregué.

"Ahora finalmente está empezando a tener sentido", bromeó Tracey.

Reímos mientras imaginábamos al hombre perfecto para Janice. Pero bajo las apariencias, todas estábamos preocupadas por ella.

Capítulo 18

¡Que comience el proceso!

Puedes aprender cosas nuevas en cualquier momento
de tu vida si estás dispuesta a ser una ganadora.
Si de hecho aprendes a disfrutar ser una ganadora,
el mundo entero se te abrirá.
Barbara Sher

Las cuatro cruzamos la puerta trasera hacia la casa de huéspedes que convertimos en nuestra oficina matriz. Ahí pasaríamos los siguientes dos días. Cada una se sentó en la pesada mesa de conferencias de madera. En medio había un montón de cuadernos y plumas. "Esto se siente bastante oficial", comentó Leslie. "¿Por dónde empezamos?"

1. Tu motivo

"Empecemos por hablar de las razones por las cuales cada una de ustedes está aquí y por qué han decidido hacer lo necesario para conseguir la libertad financiera."

"Bueno, ustedes escucharon el mío cuando entré", empezó Tracey. "Tal vez el hecho de que hayan vendido mi compañía es lo mejor que me pudo pasar, porque en definitiva me di cuenta de que, hasta ahora, yo no tenía el control de mi vida en muchos frentes, pero en especial en lo relacionado con trabajo y dinero. Lo que realmente me hizo decidirme fue descubrir que, una vez que se hiciera el anuncio, estaría esperando a que gente que nunca me había visto decidiera mi futuro. Soy un nombre en una lista, el cual pueden tachar en cualquier momento. Así que mi porqué es que nunca más quiero volver a estar en esa posición. Es mi vida y, a partir de ahora, yo decidiré mi futuro. Y mi primera decisión es tomar el control de mi dinero. Ahora veo cómo, al trabajar por un sueldo, he sido controlada por el dinero y no tengo el control sobre él."

Leslie fue la siguiente. "Dije a Kim mi porqué durante una de nuestras charlas. Es muy simple. Lo único que quiero es pintar. Me hace feliz. Me siento feliz, segura y llena de vida cuando estoy frente a mi caballete con un pincel en la mano. Y como paso tanto tiempo en mi empleo, cada vez me queda menos para hacer lo que me gusta. Ése es, en términos muy simples, mi porqué."

Todas nos volvimos hacia Pat a continuación. Yo tenía curiosidad de escuchar qué diría porque, para ser honesta, estaba muy sorprendida de que hubiera asistido ese día.

Pat comenzó tranquilamente: "He estado reflexionando mucho desde nuestro primer almuerzo. Descubrí que por mucho tiempo fui parte de los sueños y metas de alguien más. Impulsaba la vida de mi marido y de mis hijos, y dejé en segundo plano la mía. Después de nuestro almuerzo en Nueva York decidí pasar mi vida al primer plano y comencé a preguntarme lo que realmente quería. Y la respuesta me sorprendió.

"Nuestras conversaciones sobre inversiones encendieron una chispa de interés en mí y, como saben, me encanta investigar los hechos, así que eso hice. Entré a internet y comencé a aprender sobre el mundo de las inversiones. Me fascinó. Entré a varios sitios y aprendí sobre acciones, opciones de compra y venta, bienes raíces, inversión en negocios privados, metales preciosos y mucho más. Pasé horas frente a la computadora absorbiendo toda esta información. Pero lo hacía en privado. No quería compartirlo con nadie, incluyendo a mi marido. Luego vino la parte difícil. Como les mencioné, mi marido toma todas las decisiones financieras importantes y mi preocupación era que, si lo mencionaba, no me tomaría en serio y habría una gran discusión sobre dinero."

Continuó: "Así que decidí que de todas formas le diría la verdad. Y lo hice. Le dije cómo me sentía sobre apoyar a todos los demás y que quería algo para mí. Por primera vez en mucho tiempo, quería ponerme a mí en primer lugar y cambiar. Le dije que había dudado en hablar con él sobre nuestras finanzas porque el dinero siempre había sido su dominio. Expliqué lo que había aprendido en la red y quería hacer esto no como pasatiempo, sino como tarea seria de tiempo completo. Dije que tenía mucho por aprender y que me encantaría tener su apoyo. Y luego contuve la respiración y esperé su respuesta."

"¿Estuvo de acuerdo con ello?", pregunté.

"Desearía que fuera así de simple", respondió Pat. "No, todavía no me apoya por completo en esto. Pero estoy decidida y al final lo hará. Creo en esto lo suficiente para avanzar sin su bendición. Él es de los que necesita ver pruebas y, cuando lo haga, estoy segura de que estaremos juntos en esto. Se siente tan atado a su trabajo en este momento que es todo lo que puede ver. Yo ni siquiera diría que está feliz ahí, pero es lo que conoce. Cuanto más tiempo trabaja en ese empleo, menos parece disfrutarlo. Quiero mostrarle otra opción, la que yo considero mucho mejor. Así que de hecho estoy haciendo esto por él. En verdad creo que esto a la larga fortalecerá nuestro matrimonio, lo cual será el mayor regalo de todos."

"¡Vaya! Bien por ti", aplaudió Leslie. "Felicidades."

"Todos parecen por qués muy fuertes", reconoció Tracey.

"Lo son", estuve de acuerdo. "Y deben ser fuertes porque su porqué las mantendrá firmes en los tiempos en que las cosas no vayan conforme a lo planeado o cuando empiecen a dudar de ustedes y otros cuestionen lo que hacen. Siempre es fácil renunciar. Todas tienen motivos poderosos para querer esto. ¡Bien hecho!"

2. Dónde estás hoy

"Antes de llegar a donde quieren ir, deben saber dónde están", dije. "¿Podrían imaginarse abordando un taxi sin un destino en mente? No irían a ningún lado o bien pasarían el día dando vueltas. Así que lo que necesitan hacer a continuación es descubrir dónde están hoy a nivel financiero. ¿Cuál es su estado financiero actual? Y hay una sencilla forma de averiguarlo", las tranquilicé.

"Tuve esta discusión con Janice cuando nos vimos por última vez. Primero tienen que determinar qué tan ricas son", dije.

"Está bien. Haz una pausa justo aquí. Estoy realmente deprimida", se lamentó Leslie. "Rica no es una palabra que usaría para describirme."

Reí. "Aquí está la definición de riqueza que uso yo: si dejaras de trabajar hoy, ¿cuántos días podrías sobrevivir a nivel financiero? En otras palabras, ¿cuántos días, meses, años tienes de *riqueza*?"

Pasamos por el mismo proceso por el que pasé con Janice para calcular la *riqueza* de cada una (capítulo 11). A continuación están los pasos que siguieron:

1) Pat, Tracey y Leslie hicieron cada una la lista de sus gastos mensuales.

2) Luego sumaron el dinero que tienen en ahorros, bonos y acciones que podrían vender o liquidar de inmediato, y flujo de dinero de sus inversiones.

3) A continuación hicieron los cálculos: ingreso (paso 2) dividido entre gastos mensuales (paso 1) = tu riqueza

Aquí comenzó el disgusto. "No estoy segura de lo que significan estos números, pero no pienso que sea bueno", lamentó Leslie.

"Mi número es 7.2", dijo Tracey. "¿Qué significa?"

"Significa que tienes 7.2 meses de riqueza. Si dejaras de trabajar hoy, podrías sobrevivir a nivel financiero durante 7.2 meses. Después tendrías que generar más ingresos."

"¡Eso no es más que unas vacaciones extendidas!", gritó.

"Yo no me quejaría si fuera tú", replicó Leslie. "Mi número es 0.6. ¡Eso significa que ni siquiera podría sobrevivir un mes! Creo que reprobé este examen."

Reí. "Aquí no hay respuesta correcta o incorrecta. Su respuesta es simplemente su respuesta. El objetivo de este ejercicio es saber dónde están hoy. Eso es todo. Y ahora ya lo saben."

Pat interrumpió. "Lo mejor que puedo calcular, puesto que no estoy segura de la cantidad de dinero que tenemos en ahorros e inversiones —lo cual revela lo poco que sé sobre nuestras finanzas— es que nuestra riqueza es de alrededor de diez meses. Y eso no es nada tranquilizador, puesto que doy por sentado que mi marido simplemente seguirá trabajando. Pero, ¿qué pasa si por alguna razón no pudiera hacerlo? De ahí que no pasaría mucho tiempo antes de que yo tuviera que buscar otras fuentes de ingreso para nuestra familia, como que yo trabajara de tiempo completo. ¡Sería casi imposible para mí mantener nuestro estilo de vida como periodista, sin haber trabajado en diecisiete años!"

3. Tu plan: dónde quieres ir y cómo quieres llegar ahí

"Ahora todas ustedes saben en dónde están. Felicidades", dije. "Su siguiente paso es determinar a dónde quieren ir. Y para hacerlo, hay dos preguntas por responder."

"¿Cuáles son?", preguntó Pat.

Primera pregunta

"La primera es: ¿están invirtiendo por ganancias de capital o por flujo de dinero?", comencé. "¿Recuerdan cuando discutimos esto? Al invertir, por lo general lo hacen por ganancias de capital o por flujo de dinero. Si son inversionistas bursátiles, su enfoque principal son las ganancias de capital. Quieren que la acción suba de precio para venderla por más de lo que la compraron. Si compran una casa, la arreglan y venden de inmediato, así están invirtiendo por ganancias de capital. Por lo general, si compran una casa, la conservan y la rentan, invierten por flujo de dinero. Las acciones que les paga un dividendo son por flujo de dinero.

"En mi caso, mis palabras favoritas son 'flujo de dinero'. Siempre que el dinero esté entrando sin que yo trabaje por él, soy libre. Sólo quiero comprar o crear activos que al final de cada mes generen un flujo de dinero positivo que me respalde. Es mi fórmula."

Tracey hizo una buena observación: "Sé que no quiero

trabajar por el resto de mi vida. Por lo menos, no haciendo lo que hago ahora. Y puedo ver que, si compro y conservo las inversiones que me dan flujo de dinero cada mes, y lo sigo haciendo, acumularé cada vez más flujo de dinero. Al final puedo dejar de trabajar porque, mientras sea dueña de la inversión, el flujo de dinero seguirá entrando cada mes.

"Por otro lado, si lo único que compro son inversiones que me den ganancias de capital, debo venderlas para conseguir dinero. Así que debo comprar y vender continuamente para incrementar el ingreso. Además, todo indica que terminaré con una cantidad finita de dinero para vivir. Tendré que acumular mucho dinero para mantenerme hasta el día en que muera. Realmente son dos estrategias diferentes."

"Exactamente", contesté. "Y por favor entiende que no estoy diciendo que una estrategia es mejor que otra. El flujo de dinero es la fórmula que uso. Comencé a invertir por flujo de dinero en 1989. Para 1994, Robert y yo alcanzamos la libertad financiera debido al flujo de dinero de nuestras inversiones. No estoy hablando de amasar enormes cantidades de riqueza. Estoy hablando de ser libre de modo que puedas hacer lo que verdaderamente deseas.

"Déjenme decir una cosa más. Mi inversión principal es en bienes raíces. ¿Por qué? Porque me encantan. Me encanta ver propiedades y analizarlas. Me encanta buscar sus ventajas y ver cómo hacer el mejor uso de ellas. Y me encanta el flujo de dinero. Deben encontrar el vehículo de inversión que les gusta; de otro modo, probablemente no tengan éxito.

"Tengo una amiga a quien he estado animando por más de un año para que entre en los bienes raíces. Nunca empezó. Luego asistió a una plática sobre cómo manejar acciones en la bolsa. Se enganchó de inmediato. Hoy maneja acciones con éxito. Le encanta y, como le encanta, es buena en eso. Así que es importante elegir la inversión que mejor se adapta a ti… la inversión que amas."

Segunda pregunta

Recapitulé: "Así que ésa es la primera pregunta que necesitan responder: ¿Es flujo de dinero o ganancias de capital? La segunda pregunta entonces es: ¿cuál es su meta?"

"¡Mi meta es que quiero ser 100% libre!", dejó escapar Leslie. "Estoy absolutamente segura de ello. No necesito una gran mansión ni autos elegantes. Lo único que quiero es pintar. Odio preocuparme por dinero. Odio que me digan cuándo ir a trabajar. Quiero saber que estoy lista a nivel financiero para la vida y no tener que trabajar si no quiero. Ya he decidido ir tras las inversiones de flujo de dinero. Quiero que entre suficiente para manejar mis gastos, que son de 5 200 dólares al mes. Eso significa que necesito 5 200 de flujo de dinero. Es mi meta."

"Eso es muy claro", dijo Pat. "Sé que no va conmigo, pero no vine aquí con una meta en mente. Mi idea era empezar a invertir y seguir creciendo. Pero ahora, después de haber hecho el ejercicio y descubrir que con el salario de mi marido y nuestros ahorros tenemos dinero suficiente para un año, necesito repensarlo. ¿Quién sabe lo que depara el futuro? Yo, sin duda alguna, no estoy preparada si algo inesperado llega a suceder. Sí, necesito verlo con mucha más seriedad."

Cómo llegar ahí

"Ahora que tengo mi meta, ¿cómo llego ahí?", preguntó Leslie con impaciencia.

"Aquí comienza su tarea", respondí. "Ahora deben crear el plan que las llevará a su meta. ¿Cómo quieren llegar ahí? Hay tantos vehículos de inversión disponibles, que su primera tarea es encontrar la inversión principal que les emociona. No hay nada peor que estudiar algo que no les interesa. Eso me remonta a mis días en la preparatoria cuando me obligaban a estudiar trigonometría. No podía ver cómo usar eso alguna vez fuera del salón de clases."

"Imagino que por eso reprobé biología", confesó Tracey. "Diseccionar ranas simplemente no era para mí."

Pat interrumpió: "Todas se van a reír porque esto es muy típico en mí. En mi investigación durante los meses pasados, de hecho encontré una lista con algunas de las diferentes inversiones disponibles. Se la envié a Kim por correo electrónico y ella agregó algunas más. Traje copias para todas."

Leslie dijo: "No nos reímos, Pat. Es excelente. ¡Gracias!"

A continuación está la lista de inversiones de Pat. (Hay más inversiones, pero éstas son un buen ejemplo de lo que hay disponible).

Tipos de inversiones:

Bienes raíces	• Casas para una sola familia. • Propiedades de múltiples unidades (desde dúplex hasta grandes edificios de apartamentos). • Edificios de oficinas. • Centros comerciales / tiendas al menudeo. • Almacenes. • Unidades de auto almacenamiento. • Terrenos.

Activos en papel	• Acciones. • Acciones con opción de compra y venta. • Bonos. • Fondos de inversión. • Certificados de tesorería. • Fondos de protección. • Fondos privados de acciones ordinarias.
Negocios	• Negocios privados (puedes estar activamente involucrada en las operaciones del negocio o ser inversionista pasiva, que no participa). • Franquicias. • Mercadeo en red (estás construyendo un negocio así como un ingreso pasivo mediante distribuidores que están abajo de ti).
Materias primas	• Metales preciosos. • Gasolina. • Petróleo. • Trigo. • Azúcar. • Carne de puerco. • Maíz. • Otros.

	• Moneda extranjera
	• Certificados fiscales
	• Inventos
	• Propiedad intelectual
	• Derechos de mares y aires

(Nota: La definición de esas inversiones se puede encontrar en el glosario, en la última parte de este libro.)

"Pat señaló los tres tipos principales de inversiones: bienes raíces, activos en papel y negocios", expliqué. "Y luego, como pueden suponer, hay muchos más. Pueden invertir en futuras estrellas del deporte. Muchos atletas no tienen medios financieros para llegar a las grandes ligas, así que un inversionista puede proporcionar los fondos necesarios para entrenamiento, viajes y competencias. Si el atleta alcanza la categoría profesional, entonces el inversionista obtiene un porcentaje de las ganancias del atleta."

"Parece que puedes invertir en casi cualquier cosa", comentó Tracey. "Así que una vez que sabes qué tipo de inversión quieres, ¿cómo se ve el plan? ¿De qué manera calculas 'cómo llegar ahí' como dices tú?"

"Es una buena pregunta, porque a menudo, cuando la gente escucha las palabras 'haz un plan', tiende a hacerlo mucho más complicado de lo necesario", y expliqué que 'la forma en que quieres llegar ahí' significa decidir lo siguiente:

1. ¿Cuál será mi principal vehículo de inversión? Pueden hacerlo en más de un tipo de inversión, pero he aprendido que tengo más éxito si concentro la mayor parte de mi tiempo y energía en uno solo.

2. Dentro de la categoría de inversiones, ¿en qué tipo de producto me concentraré? Por ejemplo, si inviertes en acciones, ¿en qué tipos de acciones te enfocarás? ¿En qué área te volverás experta? En mi caso, si entrara en el terreno de las acciones de alta tecnología, fracasaría terriblemente porque no tengo ningún interés en ellas y no sé casi nada de tecnología. Si elijo el terreno de las acciones, debería enfocar la mayor parte de mi atención en empresas de bienes raíces. Si eligen bienes raíces como inversión, hay casas para una sola familia, edificios de apartamentos, de oficinas, centros comerciales, etcétera. En especial cuando estás empezando, elige una cosa en la que puedas volverte experta y concéntrate en ella. Cuando estés cómoda con esa inversión, puedes pasar a la siguiente.

3. ¿Cuál es mi marco de tiempo para lograr mi meta? ¿Y cuáles son mis marcos de tiempo para lograr metas más pequeñas en el camino hacia mi meta principal?

"Eso es realmente lo que hay que saber respecto a 'cómo quieren llegar ahí'", concluí. "Pueden hacerlo más complicado si desean, pero les aconsejo que no elaboren un plan detallado, muy preciso y largo que tarda tanto en armarse que nunca logran poner manos a la obra."

"¿Cómo era tu plan cuando empezaste?", preguntó Leslie.

Sonreí. "Robert y yo hicimos nuestro extenso y profundo plan para alcanzar libertad financiera. Era el siguiente: comprar dos propiedades para alquilar al año durante diez. Ése fue nuestro plan. Nos concentraríamos en casas para una sola familia. Tras diez años, determinamos que tendríamos un total de veinte unidades para alquilar y el flujo de dinero sería mayor que nuestros gastos. Era el plan completo."

"¿Lo lograron?", preguntó Tracey.

"Así es", dije. "Pero no en el tiempo que fijamos originalmente."

Las tres mujeres se veían un poco decepcionadas.

Continué: "Una vez que compré mi primera casita para alquilar de dos recámaras y un baño, compramos una segunda y una tercera. En el proceso descubrimos que era tan fácil comprar un edificio de múltiples unidades como una casa para una sola familia. Así que, en lugar de que nos tomara diez años adquirir veinte unidades, logramos las veinte en dieciocho meses. Una vez que supimos dónde estábamos y a dónde queríamos ir, nos mantuvimos concentrados en ello y todo el plan se realizó mucho más rápido de lo que suponíamos."

Pasamos el resto del día estudiando, hablando, escribiendo, dibujando, haciendo llamadas telefónicas e investigando en internet conforme cada una realizaba su plan de inversión.

Al final del día, Leslie, Pat y Tracey tenían sus metas por escrito y un gran comienzo para sus planes. Cada una estaba complacida con lo que había logrado. Leslie vio el reloj de pared y rió: "¡No puedo creerlo! ¡Son casi las siete! ¡Estábamos tan concentradas en el trabajo que olvidamos nuestro tradicional almuerzo de chicas!"

"¿Qué tal una cena de chicas?", preguntó Pat.

Al crear tu plan

1. Determina tu meta.
2. Responde las siguientes preguntas:
   - ¿Cuál será mi principal vehículo de inversión?
   - ¿Dentro de esa categoría de inversión, en qué producto me concentraré?
   - ¿Cuál es mi marco de tiempo para lograr mi meta?

Capítulo 19

Tres tipos de hombres, tres tipos de inversiones

Soy extraordinariamente paciente, siempre
y cuando, al final, me salga con la mía.
Margaret Thatcher

Durante la cena en un restauante se hizo claro que todas habíamos tenido un día largo. La conversación volvió hacia los hombres y luego tuvo un giro loco.

Yo comencé la discusión: "Mi amiga Cherie y yo manteníamos una maravillosa discusión sobre hombres. Así como los hombres evalúan a las mujeres del uno al diez, Cherie y yo señalábamos a nuestro hombre específico en la calle y especulábamos qué *tipo* de hombre era."

"'Ya sabes', dijo Cherie, 'en realidad hay sólo tres tipos de hombres en este mundo.'

"'¿Tres?', contesté. 'Definitivamente hay más de tres.'

"'Te describiré los tres tipos y tú me dices si hay más', me desafió.

"'Trato hecho', dije."

Cherie explicó: "Los tres tipos de hombres que hay en el mundo son los chicos malos, los chicos buenos y los chicos tibios."

"Te escucho", dije.

"Los chicos malos son con los que tu papá no quiere que salgas", rió. "Son emocionantes, incitantes... las mujeres no pueden resistirse. Son el reto. Son impredecibles y siempre les echas un ojo. No son aburridos, mantendrán tu interés. Nunca los olvidas. Y que no te sorprenda si te rompen el corazón. Si existe una relación de amor/odio, las probabilidades indican que hay un chico malo involucrado.

"Luego están los chicos buenos. Todas conocemos algunos. Son tus amigos. A todo el mundo le gusta su compañía. Puedes hablar con ellos. Es cómoda su presencia y te escucharán si tienes un problema. Rara vez peleas con los chicos buenos, porque arreglarán la discusión antes de que se salga de control. Son seguros y por lo general no te causan muchos dolores de cabeza. Son predecibles. Un chico bueno casi nunca te besa en la primera cita, porque es amable y respetuoso."

"¿Y los tibios?", pregunté.

"Son los chicos a los que simplemente quisieras infundirles un poco de vida", declaró. "¡Son aburridos! Hay poca emoción en su vida. Una cita con un chico tibio a menudo termina temprano después de una película. No esperes con ellos una noche espontánea con una cena en la azotea a la luz de las velas bajo las estrellas. Los tibios no te sorprenderán. No logran nada genial, porque nunca quieren cambiar las cosas. Nunca se arriesgarán. Quieren todo bien y estable. Casi todo es demasiado riesgoso para ellos. Para resumirlo, simplemente existen."

"Ésas son tres descripciones claras", reconocí. "¿Y dices que cada chico de este planeta entra en una de esas tres categorías?"

"Tú dime", instó. "Piensa en un chico. ¿Entra en una de esas tres categorías?"

"Sí", admití.

"¿Cuál?", preguntó.

"Chico malo", dije.

"Así es", rió. "Ahora piensa en todos los chicos que puedas. Te apuesto a que son chicos malos, buenos o tibios."

Repasé la lista de la mayor cantidad posible de hombres en aproximadamente tres minutos y con bastante seguridad pude identificarlos como uno de esos tres tipos.

"Tú ganas", concedí. "No hay necesidad de un cuarto o quinto tipo. Lo has acotado muy bien. Mis amigas se divertirán con esto."

Los chicos malos, los buenos y los tibios

Pat, Leslie y Tracey reían. Podía ver cómo giraba su mente, catalogando a los hombres de su vida.

"Mi novio de la universidad… ¡definitivamente era un chico malo!", exclamó Leslie. "Pero lo divertido es que me casé con un chico bueno. Tal vez por eso no duró; yo quería en realidad un chico malo."

Tracey sonrió. "Los chicos malos envían flores después de la primera cita y tú te emocionas. Pero si un tibio te manda flores, te preocupas. ¿Acaso quiere más de la relación que tú?"

"Los chicos buenos te llevan a pasear en carruajes pero no se atreven a dar un paso contigo. ¡Los malos quién sabe qué hacen bajo la sábana!", dijo Pat, con una risita.

Leslie añadió: "Cuando no tuve una cita para mi baile de graduación de la preparatoria, fui con un tibio, porque siempre estaba disponible. Era muy agradable, pero parecía que todas las chicas populares salían con los chicos malos. Y luego noté que con un chico malo me volví más popular."

"Parece ser cuestión de actitud", dijo Pat. "Piensen en The Fonz del programa de televisión *Happy Days*. No era alto, moreno, ni guapo, pero definitivamente era un chico malo."

"Me pregunto por qué las mujeres a menudo se sienten tan atraídas hacia los chicos malos", dije.

"Tengo una amiga que sigue saliendo con chicos buenos y nunca dura. Pero al que nunca olvida es al malo con el que salió durante cinco años."

"Los chicos malos son un poco peligrosos. Tienen algo de misterio", dijo Tracey. "Corren riesgos, así que hay probabilidades de que tengan un gran potencial. Mi marido es un buen chico. Supe cuando nos casamos que nuestra vida sería del tipo de vida de familia promedio con dos ingresos y casa en los suburbios. Y cuando me veo en retrospectiva y pienso en mi carrera y en mi familia, eso era finalmente lo que quería: estabilidad y un sentimiento de seguridad."

Leslie comentó: "Para mí, los momentos bajos son con los chicos malos, pero los altos pueden ser muy altos. Hay una sensación de lo desconocido, las posibilidades son ilimitadas."

"Entonces, ¿a quiénes clasificarían como chicos malos?", nos preguntó Pat.

Yo comencé: "Mick Jagger: chico malo."

"John McEnroe, Eminem, Charlie Sheen: todos chicos malos", agregó Tracey.

"Y, por supuesto, Rambo."

"¿Y qué hay de los chicos buenos?", pregunté.

"Si The Fonz es un chico malo, entonces Richie Cunningham de *Happy Days* es uno bueno", agregó Leslie. "Definitivamente es un chico bueno. ¿Y qué hay de Pablo Mármol de *Los picapiedra*?"

Reímos.

Pat sonrió. "En cuanto a los tibios, Al Bundy del programa *Married With Children* es un ejemplo perfecto. Homero Simpson también encaja bien."

Tres tipos de inversiones

Pudimos continuar toda la noche enlistando a cada hombre del planeta. Pero la conversación se fue en otra dirección.

Dije: "¿Saben?, así como hay tres tipos de hombres, les apuesto a que también podrían clasificar las inversiones en tres tipos. Así como podríamos encasillar a todos los chicos que hemos conocido dentro de esas categorías limpias y claras, podríamos hacer lo mismo con las inversiones."

"No estoy segura de seguirte", contestó Leslie.

"Si toda inversión se clasificara como chico malo, bueno o tibio, ¿qué es una inversión chico malo, bueno y tibio?", pregunté.

"Entiendo lo que dices", respondió Pat. "Por ejemplo, la inversión chico malo es un desafío."

Hay dos tipos de inversionistas: activos y pasivos.

•

Si quieres ser libre a nivel financiero mediante tus inversiones, debes ser una inversionista activa.

"Exactamente", dije. "Los chicos malos son un desafío. Debes prestarles atención y ser precavida. No te separes de los chicos malos, porque puede que no estén ahí cuando regreses. Debes estar muy involucrada con ellos. Pueden ser impredecibles. Los chicos malos dan un poco más de trabajo, pero ofrecen las mayores recompensas... si sabes manejarlos."

"Y los chicos buenos nunca te lastimarán... ¡demasiado!", anunció Tracey.

"Sí, no necesitan tanta atención como los malos, pero tampoco puedes dejarlos solos para siempre. Necesitan estar en comunicación contigo y hacerles saber que te importan. Tienden más al perdón que los chicos malos. Las recompensas nunca serán tan grandes como con los chicos malos, pero tampoco hay tanto riesgo de que acaben contigo", afirmé.

"¿Y los tibios?", pregunté.

Leslie afirmó: "¡Los tibios son aburridos! ¡No hacen nada!"

Yo reí: "Perfecto. Pueden ignorar para siempre a los tibios y nada cambiará mucho. No tienen que prestarles atención. De hecho, ellos no esperan que les presten atención; por eso son tibios. Casi no hay riesgo asociado con los tibios y por tanto, la recompensa es casi nula."

"¡Es maravilloso!", exclamó Leslie. "¡Las inversiones son justo como los hombres! Aún mejores, porque una inversión no te dejará por otra más joven."

"¡Una inversión no te llevará la contraria!", bromeó Tracey.

"¡Y nunca tendrás que preocuparte por dónde está tu inversión a media noche!", agregó Pat a la diversión.

Estábamos riendo tanto que no notamos el número de comensales que nos miraban.

¿Cuál es cuál?

Tracey nos regresó a la senda y preguntó: "Entonces, ¿cuáles inversiones son cuáles? ¿Cuáles son chicos malos, buenos y tibios?"

Yo tomé un pedazo de papel y escribí las tres categorías:

Chicos malos	Chicos buenos	Chicos tibios

"Repasemos algunas de las diferentes inversiones y veamos dónde encajan", sugerí. "¿Qué hay de las acciones?"

"Si voy a comprar una acción y conservarla a largo plazo, entonces es un chico bueno", respondió Pat. "Porque la podré observar con regularidad para ver qué hace y le pondré atención a lo que sucede en la compañía."

"Pero, ¿qué pasa si operan acciones en la bolsa?", pregunté. "¿Qué sucede si compran y venden acciones diariamente? Pueden conservar participación por unas horas antes de venderlas. A menudo, quienes comercian acciones en la bolsa venden todo lo que tienen antes de que ésta cierre su día de actividades."

Tracey respondió: "Supongo que se trata de un chico malo, porque debes observarlo todo el día. Debes estar muy involucrada si quieres hacer transacciones durante un día de actividades en la bolsa."

"Buen punto", reconocí. "Escribiré 'acciones: compra a largo plazo' en la columna de chicos buenos y 'acciones: transacciones durante un día de actividad bursátil' en la de chicos malos. ¿Qué hay de las acciones con opción de compra y venta?"

Pat interrumpió: "De hecho, he estado investigando sobre las acciones con opción de compra y venta, porque atrajeron mi interés. Creo que hay dos respuestas. Si es una opción que expira en seis meses, lo cual significa que en seis meses se determina si ganaste dinero o no, entonces es un chico bueno. Estás verificándolo pero no estás muy activa al respecto. Si, por otro lado, comercias con acciones con opción de compra y venta diariamente, entonces es un chico malo, porque observas los precios de las acciones a cada minuto. Debo admitir que esos chicos malos me ponen un poco nerviosa."

"Entonces, los bienes raíces pueden entrar también en diferentes categorías, dependiendo del tipo de inversión que tengas", razonó Tracey.

"Correcto. Si simplemente presto dinero a una inversionista amiga mía para el enganche de una propiedad, y ella a cambio hace una nota o pagaré que establece la tasa de interés con la que me pagará, y cada mes mi amiga me paga intereses por ese pagaré hasta que queda cubierto el préstamo con intereses, yo diría que se trata de un buen chico. Hay un poco de riesgo en que la propiedad no sea manejada adecuadamente y de que mi amiga no pueda hacer los pagos, pero si es una inversionista prudente y sabe lo que está haciendo, entonces el riesgo y mi involucramiento son bajos."

"Si deja de dar dinero por el pagaré, ¡entonces tu chico bueno se convierte en un malo que no deja de gritar!", rió Leslie. "Ahora tienes un desafío y requerirá tu atención."

"¿Qué hay de un edificio de 50 unidades, mal conservado, con malos inquilinos y tiene 20 apartamentos vacantes?", pregunté.

"¡Chico malo!", gritaron todas.

"¿Por qué?", pregunté.

"Si está mal conservado y muchas unidades vacías, esa propiedad necesitará mucha atención y esfuerzo para que alcance un buen nivel", dijo Pat. "¡Exacto! Ahora entiendo por qué mi vecina tiene un matrimonio tan lleno de altibajos. ¡Está casada con un chico malo!"

Leslie continuó: "Una vez que tu propiedad esté operando bien, puede pasar de chico malo a bueno. Aún debes prestarle mucha atención, pero no tanta como antes de arreglarla."

"¡Buen punto!", dije, impresionada por la valoración de Leslie.

"¿Los fondos de inversión?", preguntó Pat.

Tracey sonrió: "Mi experiencia personal dice 'tibio'. Invierto mi dinero y espero que algo bueno suceda. Nada pasa, salvo que he pagado mucho de honorarios."

"Estoy de acuerdo", contesté. "Lo mismo pasa con el plan de retiro 401(k). No dejas de poner dinero y sucede muy poco con el tiempo."

Pat interrumpió. "Salvo cuando cayó la bolsa y tantos de nuestros amigos perdieron enormes porcentajes de sus planes 401(k). Los tibios se convirtieron entonces en perdedores sin dónde caerse muertos."

"Yo diría que comprar terrenos es un chico bueno", interpuso Tracey. "Compras y simplemente está ahí. No necesitas prestarle mucha atención, aunque querrás hacerlo con respecto de cualquier progreso que tenga lugar a su alrededor, como en otros desarrollos. Y si eliges construir un complejo de oficinas o de tiendas al menudeo, entonces toma tiempo, esfuerzo y educación, y fácilmente podría convertirse en chico malo."

"¿Y cuáles son otros tibios?", preguntó Pat.

"¿Cuáles dirían que lo son?", agregué.

"¿Las cuentas de ahorros califican como una inversión?", preguntó. "Porque una cuenta de ahorros no hace nada. Le metes dinero y eso es todo. El riesgo es nulo, pero la recompensa, en especial en estos días, también."

"Perfecto ejemplo", contesté.

"Los bonos serían tibios. Justo como mi ex cuñado: se sienta por ahí, gana poco o nada y nadie espera mucho de él.", bromeó Leslie.

"¿Qué hay del oro y la plata?", preguntó Tracey.

"Si compro oro y plata, entonces puedo decir que tengo un chico bueno", respondí. "Me mantendré al tanto de las fluctuaciones de precios, pero sé que estará ahí en la mañana. No como un chico malo."

Pat dedujo: "Las inversiones chico malo realmente podrían lastimarte si no sabes lo que estás haciendo. Y es la razón por la que estamos aquí estos dos días, para aprender qué hacer sin salir lastimadas."

"Excelente. Y de cualquier forma pueden salir lastimadas algunas veces. No hay garantías", expliqué. "Pero mientras más aprendan y conozcan, las heridas que experimenten no serán tan graves."

"Una pregunta más", dijo Leslie. "¿Qué hay de invertir en un negocio?"

"¿Vas a invertir en el negocio de alguien más o vas a operar tu negocio?", sondeé.

"Digamos que pienso invertir en un negocio ya existente y convertirme en socia, de modo que también lo operaría", aclaró Leslie.

"No lo había pensado así", dijo Tracey. "Supongo que hay varias formas en las que puedes invertir en un negocio. De hecho, mi hermano invirtió algo de dinero en un nuevo negocio que había iniciado un amigo suyo. No tiene un papel activo en la compañía; simplemente invirtió una pequeña cantidad esperando obtener ganancias por su dinero. Yo consideraría que ese tipo de inversión en negocios es un chico bueno. Aunque me gustaría asegurarme de que, quienquiera que dirija la compañía, sabe lo qué está haciendo."

"Si no tiene experiencia y no sabe lo que hace, entonces yo llamaría apuesta a esa inversión", agregué.

"Y si yo fuera a iniciar un negocio…", aventuró Leslie.

"Chico malo", terminó la frase Tracey. "Se trata de mucho tiempo, esfuerzo y atención. ¡Este caso debe estar cerca del primer lugar en la lista de chicos malos!"

Inversionistas pasivos *versus* activos

"Esto trae a cuento un tema muy bueno", comencé. "Hay dos tipos de inversionistas: los activos y los pasivos. Si quieren ser libres a nivel financiero por medio de sus inversiones, deben ser inversionistas activas. Dudo de que alguna vez lo consiguieran sólo poniendo dinero en inversiones pasivas. Los fondos de inversión y los planes 401(k) están bien, pero necesitarán más si quieren ser independientes en lo financiero."

"¿Cómo determinas si una inversión es activa o pasiva?", preguntó Pat.

Expliqué: "Cada vez que entregan su dinero a otra persona para que invierta por ustedes y no tienen interacción o control sobre la inversión, es una inversión pasiva. Entregan su dinero y parten después. Por otro lado, ser una inversionista activa es justo eso. Estar involucrada activamente en la inversión."

"Entonces, comprar y administrar una propiedad de alquiler sería una inversión activa", agregó Tracey.

"Así es", estuve de acuerdo.

"Parece como si todas las inversiones chico malo fueran en definitiva activas", comentó Tracey. "Lo que tiene sentido, puesto que todos los chicos malos que he conocido son muy activos."

"Y muchas inversiones chico bueno también son activas, pero el nivel de involucramiento es menor", dijo Tracey.

"Los tibios son pasivos al 100 por ciento", dijo Pat.

"Como mi ex cuñado", dijo Leslie.

"Un fondo de inversión sería una inversión pasiva, al igual que un 401(k). Pongo dinero pero no hago nada."

Tracey añadió: "Y me parece que muchos inversionistas en acciones son en realidad pasivos. La mayoría de las personas que conozco que invierten en acciones entregan su dinero a un corredor de bolsa y él recomienda qué comprar y vender. El inversionista no está involucrado activamente. Puede verificar el precio de su acción, pero no la estudia ni sigue de cerca lo que hace la compañía detrás de la acción."

"Yo estaría de acuerdo con eso", respondí. "Si compras una acción simplemente porque el cajero del mostrador te dio un súper consejo, entonces yo te calificaría como inversionista pasivo."

"Hace años nos vendieron un seguro de vida y el agente se refirió a él como una inversión. Eso en definitiva es una inversión pasiva, porque lo único que hacemos es pagarla. No tengo idea de cuáles son las especificaciones de nuestra póliza", admitió Tracey.

Pat resumió: "Entonces, si compro una inversión, la meto en el clóset y nunca le presto atención hasta venderla, se definiría como una inversión pasiva. Cuando mi corredor de bolsa llama a mi marido y dice que recomienda pasar algo de dinero a una acción XY, de la cual no sabemos nada, es ser un inversionista pasivo. O si invierto dinero en el negocio nuevo de alguien y me olvido de ello, otra vez sería una inversión pasiva."

"Eso me resulta claro", dijo Leslie.

Agregó: "La inversión en bienes raíces es un buen ejemplo de inversión activa. Si compro una casa, la arreglo y la rento, soy muy activa respecto de esa inversión. Si soy dueña de un centro comercial de tiendas al menudeo y rento locales a los dueños de tiendas, es una inversión activa."

"Pero si compras acciones de un fondo de inversión en bienes raíces (REIT, por sus siglas en inglés), que es como invertir en bienes raíces, y lo ignoras hasta que vendes las acciones, resulta una inversión pasiva", dije.

Pat preguntó: "¿Qué pasa si compro y vendo acciones y no participo en las transacciones bursátiles en un día de actividad, pero investigo sobre las compañías y la industria, rastreo su historia y aprendo lo más posible sobre cada acción en la que invierto?, ¿eso se consideraría inversión pasiva o activa?"

Tracey respondió: "Pienso que se reduce a la palabra activa. Si estás involucrada activamente, y eso sería investigar y aprender, yo diría que eres una inversionista activa, *versus* una persona demasiado floja para aprender que sólo desea que alguien más haga las cosas por ella."

"Bien dicho", respondí. "Personalmente no recomendaría invertir en nada que no conozcas. Razón por la cual deben ser inversionistas activas, para que su dinero trabaje lo más duro posible por ustedes."

"Tengo las ideas más claras ahora respecto a mi pregunta sobre invertir en un negocio", empezó Leslie. "Puedo ser dueña y operar el negocio, lo que es activo. Puedo invertir mi dinero en el negocio de alguien más y estar involucrada hasta cierto punto en su manejo, lo que de nuevo es ser activa, pero en menor grado. Esto podría implicar un trabajo físico dentro o fuera de la compañía o mantenerme muy al tanto de lo que ocurre en ella y dentro de la industria. Tercero, puedo invertir dinero en una compañía y simplemente irme. Eso sería pasivo."

"Has respondido tu propia pregunta", dije.

Para resumir

"Esto es lo que entiendo", resumió Tracey. "Hay tres tipos de hombres y hay tres tipos de inversiones: chicos malos, buenos y tibios. Cada inversión encaja en estas tres categorías. Puedes tener inversiones pasivas en las que no te involucras o inversiones activas que exigen tu esfuerzo y atención. Y lo que más me impresionó es que en sí la inversión no es activa o pasiva, ¡sino el inversionista!"

"¡Buena síntesis!", aplaudí. "Además, no digo que una inversión es mejor o peor que otra. Para ser una inversionista exitosa, es importante saber pros y contras de cada tipo de inversión. Pregúntate: '¿Cuáles son los riesgos y recompensas de cada inversión que tengo?' No esperes que un solo fondo de inversión cubra todas tus necesidades financieras en el retiro. No está diseñado para hacer eso, así como las propiedades para alquilar no están diseñadas para que no las atiendas. Debes saber cuál es cuál y elegir las que encajen en tu plan. Y recuerda, si tu meta es ser independiente a nivel financiero, no sólo puedes ser una inversionista; debes ser una inversionista activa."

Capítulo 20

Las primeras cuatro claves para ser una inversionista exitosa

Si educas a un hombre, educas a una persona;
si educas a una mujer, educas a una familia.
Ruby Manikan

A la mañana siguiente, seguíamos bromeando sobre los tres tipos de hombres cuando entramos a nuestra sala de juntas.

Cuando todas tomaron sus asientos en la mesa de conferencias, dije: "Antes de que regresen a la elaboración de sus planes, quiero compartir con ustedes algunas de las claves de inversión aprendidas con los años. La mayoría las he aprendido de la manera difícil, cometiendo muchos errores."

"Si puedo aprender de tus errores en lugar de cometerlos yo misma, ¡soy toda oídos!", afirmó Leslie. "Estoy segura de que esos errores fueron costosos."

"Sí lo fueron", contesté. "Pero no sólo en términos de dinero, también en cuanto a oportunidades desaprovechadas y tiempo desperdiciado."

"Escuchemos", dijo Pat con firmeza.

Clave número 1

Comencé: "Con la primera clave ya están familiarizadas. El primer paso para buscar cualquier inversión es: ármate con un poco de educación. Todo se trata de educación. Cuanto más sabes, mejor te irá. Haz la tarea antes de comenzar a invertir. Hay muchos recursos excelentes para ti. Tener un poco de conocimiento de antemano puede marcar la diferencia entre hacer o perder dinero.

"No saltarías al fondo de una alberca sin aprender primero por lo menos cómo flotar en el agua te ahogarías. Saltar a una inversión de la que no sabes nada no es diferente; las probabilidades indican que te ahogarás.

"Una de las razones por las que apoyo la industria del mercadeo en red es que compañías realmente buenas educan a sus distribuidores. Los educan en todo, desde ventas hasta finanzas y desarrollo personal. Las buenas compañías no están buscando sólo vendedores, quieren apoyar a la gente para tener éxito en todas las áreas de su vida.

"The Rich Dad Company es una compañía de educación financiera. No vendemos ni recomendamos inversiones. Lo único que ofrecemos es educación. Entonces, depende de nuestros clientes encontrar las que se adapten a ellos.

"Tenemos un producto, junto con la serie de libros de *Padre Rico*, que considero obligatorio para cualquiera que piense en invertir seriamente: el juego de mesa *Cashflow 101*.

"Cuando Robert y yo nos retiramos en 1994, la gente constantemente nos preguntaba: '¿Cómo lo hicieron? ¿Cómo te retiraste a los 37 años?' (Robert tenía 47). Una cosa que Robert y yo tenemos en común es que nos encantan los juegos.

"La mayoría participamos en juegos cuando éramos jóvenes, juegos de mesa, escondidillas, atrapados y, por supuesto, 'inventar fantasías.' Recuerdo que a los doce andaba en bicicleta por la calle en las mañanas de domingo sintiéndome completamente libre y feliz. Iba a jugar futbol. Crecí con deportes y hasta la fecha me encanta participar en todo tipo de juegos.

"En 1995, Robert tuvo la idea de crear un juego de mesa que mostrara paso a paso el proceso por el que pasamos para alcanzar la libertad financiera. La educación debe ser divertida (así como hacer dinero e invertir es divertido). Así creamos el juego de mesa *Cashflow 101* para que la gente pudiera divertirse al aprender a invertir. El juego es un vistazo a la vida real, a la forma de pensar de Robert y mía y a lo que hacemos como inversionistas. Lo que hemos descubierto, mediante todos los testimonios que recibimos, es que aproximadamente 85 a 90% de las personas que nos escriben contándonos sobre su éxito en la inversión dicen que juegan *Cashflow* con regularidad. El juego hace que la gente entre en acción.

"A continuación veremos el diagrama del Cono del Aprendizaje. Es resultado de un estudio que llevó a cabo Dale en 1969, en el cual se propuso mostrar cómo aprendían mejor los individuos. Lo que causa impacto es que la parte inferior del cono muestra las formas menos efectivas en que aprende la gente. ¿Cuáles son? Leer y tomar clases: las dos formas principales de enseñanza de nuestros sistemas escolares. (Sin embargo, aprecio que leas este libro.) ¿Cuáles son las técnicas de aprendizaje más efectivas? Experiencia de la vida real y simulación. Las personas aprenden mejor actuando. Por eso creamos un juego de mesa, una simulación, para enseñar el tema de las inversiones."

Cono de Aprendizaje

Después de dos semanas tendemos a recordar:		Naturaleza del involucramiento:
90% de lo que hacemos y decimos	Hacer realidad algo Simular la experiencia real Hacer una presentación dramatizada	Activa
70% de lo que decimos	Dar una plática Participar en una discusión	
50% de lo que escuchamos y vemos	Verlo hecho en su ámbito y momento Observar una demostración Ver una muestra, observar una demostración Ver una película	Pasiva
30% de lo que vemos	Ver imágenes	
20% de lo que escuchamos	Escuchar palabras	
10% de lo que leemos	Leer	

Fuente: Adaptación del Cono de Aprendizaje (Dale, 1969)

"Así que recomiendo que parte de su educación en inversión incluya jugar *Cashflow*. Puede comprarlo y jugarlo con tus amigos o entrar a nuestro sitio de internet y ubicar un club *Cashflow* en tu localidad; estos clubes son educativos, sus miembros se reúnen y juegan, además de realizar otras actividades educativas en materia de inversión."

"¡Vamos a jugarlo esta noche!", insistió Tracey.

"Es una forma excelente de terminar nuestras actividades de dos días", estuvo de acuerdo Leslie.

"Además del juego *Cashflow* y los otros productos de *Padre Rico* hay muchos recursos disponibles: libros, discos compactos, DVD, seminarios, periódicos, notas de prensa, sitios de internet y organizaciones de inversión. La lista es prácticamente interminable. Sólo deben revisar los recursos y buscar la información que quieren.

"Por supuesto, no hay mejor maestra que la experiencia de la vida real, así que no piensen que van a pasar años estudiando antes de hacer un movimiento. Obtengan un poco de educación como respaldo y luego entren en el juego."

Clave número 2

"La segunda clave, que elimina bastante el miedo a invertir, es la siguiente:

> Empieza en pequeña escala

Sea cual sea la inversión que elijas, empieza en pequeña escala y espera cometer errores. Lo harás. Yo respondo a las mujeres que me dicen que tienen miedo a invertir: 'No debes tener miedo a cometer errores; los cometerás, te lo garantizo. Si sabes eso, no tienes nada que temer.'

"Nunca olvidaré el primer error que cometí con mi primera propiedad para alquilar. Después de tenerla durante cerca de seis meses, el inquilino se mudó. Pensé: '¡Claro! Excelente oportunidad. ¡Subiré la renta 25 dólares al mes!' Como sólo estaba obteniendo un flujo de dinero positivo de 50 dólares, eso incrementaría mi flujo en 50 por ciento. Me estaba felicitando por haber tenido esa idea.

"El error que cometí es no verificar cuáles eran las rentas comparables en el vecindario. Si hubiera hecho mi tarea, habría descubierto que lo que pedía estaba en lo más alto de la escala. Como resultado, la casa permaneció vacía durante meses, de modo que en lugar de ganar 75 dólares adicionales, perdí más de 1500. Fue una buena lección.

"Así que comete tus errores con pequeñas cantidades de dinero. Aprende las bases. Si compras acciones, no apuestes todo a una sola. Compra algunas participaciones. Si compras bienes raíces, empieza con un edificio de una a cuatro unidades, no con uno de 150. No esperes hacer tu agosto a la primera. Éste es un proceso en el que aprendes conforme avanzas. Mete la punta del pie en el agua, aprende y sigue adelante. No es un billete de lotería.

"Hace años, un amigo me recomendó un libro sobre certificados fiscales. Se crean cuando el dueño de una propiedad no paga sus impuestos (predial) y, si nunca lo hace, puedes quedarte con la propiedad sólo pagando los impuestos. O, si paga, entonces la penalización que el estado impone por pago tardío pasa directamente a ti junto con la cantidad completa de impuestos que pagaste.

"Salí y compré dos copias de *The 16% Solution*, una para mí y otra para Robert. Así que primero nos armamos con un poco de educación. Luego fuimos a la cabecera de distrito, que es donde se compran esos certificados, y seguimos el proceso esbozado en el libro paso a paso. Compramos alrededor de 500 dólares en certificados fiscales. Con esa pequeña cantidad, estábamos en el juego y aprendiendo el proceso de primera mano.

"A menudo he descubierto que la gente queda atrapada al buscar la mejor inversión, la que pagará la mayor ganancia. Eso puede paralizar a una persona porque ignora cuál es la mejor inversión. Puedes buscar para siempre. Al empezar en pequeña escala, obtienes experiencia de la vida real en varias inversiones y decides cuál es la mejor para ti."

Clave número 3

Justo como hicimos Robert y yo con los certificados fiscales:

> Por un poco de dinero

Hay tres razones por las que esto es importante para tu éxito. La primera es bastante obvia. Hasta que tengas algo de dinero no estás en el juego. Para ser inversionista debes entrar en él. Llamo juego a las inversiones, porque a veces ganas y otras pierdes. La definición de inversionista es: una persona, compañía u organización con dinero invertido en algo. Si tu dinero no está invertido, entonces no eres inversionista.

Esto me lleva a la segunda razón. Un poco de dinero significa un poco de riesgo. Mucho dinero podría significar mucho riesgo. Cuando me embarco en una nueva inversión, tomo en cuenta mi falta de conocimiento y experiencia. Espero cometer errores, que me pueden costar dinero. Puedo aprender, tanto con poco dinero, como con mucho.

La tercera razón es la más valiosa. ¿Alguna vez has notado lo interesada que te vuelves cuando tu dinero está en juego? Hace poco, mi vecina compró un Lexus convertible. Antes de comprarlo, no tenía ningún interés en los autos. Cuando decidió comprar uno nuevo, de repente se volvió la experta en autos del vecindario. Investigó tanto antes de tomar su decisión, que era increíble. Pero lo hizo porque ahora tenía un interés creado: su propio dinero.

Otro ejemplo es el hijo de mi amigo, un chico de diez años. Un día escuchó que su padre hablaba sobre comprar plata. Le preguntó sobre ello, por qué la estaba comprando. Recibí una llamada telefónica una tarde y era el padre. Dijo: "Mi hijo, Ben, quiere hablar contigo."

Ben tomó el teléfono: "Kim, ¡compré diez monedas de plata con mi mesada! Pagué 7.60 dólares por moneda, ¡son 76 dólares! ¿Crees que debería guardarlas en mi casa o conseguir una caja fuerte? Me gusta traerlas conmigo, pero papá dice que debería ponerlas en un lugar seguro. ¡Tengo diez monedas de plata!"

Ben observaba el precio de la plata todos los días. Le contó a su maestra al respecto. Ella hizo que Ben ofreciera una plática a su grupo sobre su inversión. El precio de la plata ese día estaba en 8.50 dólares por onza. ¡De hecho, Ben hizo que los demás estudiantes calcularan cuánto dinero había ganado desde que compró las monedas de plata! Está muy interesado ahora en la plata y aprende sobre otros metales preciosos. ¡Tiene diez años!

Una nota al margen: Ben no es un estudiante sobresaliente en la escuela. Como lo muestra el Cono de Aprendizaje, adquiere experiencia al actuar. Algunos estudios han encontrado que sólo cerca de 20 por ciento de los estudiantes aprenden mediante las técnicas del sistema escolar. Ochenta por ciento, en cambio, no están hechos para aprender de esa manera. A través de su interés en la plata, Ben entra a internet, lee sobre la plata y sus habilidades matemáticas mejoran mucho porque las aplica a la vida real.

La moraleja de la historia es que si quieres aprender sobre una nueva inversión, cómprala... pero con medida.

Clave número 4

El refrán dice: "El pasto siempre es más verde al otro lado de la barda." Las personas siempre están buscando ese nuevo mercado maravilloso. Ya sea que se trate del mercado de condominios recién descubierto en Las Vegas, el próximo furor de acciones de alta tecnología o la última oportunidad de negocios en la que todo el mundo está participando. Ese pasto siempre es más verde que el de tu propio jardín.

La cuarta clave es:

> Manténte cerca de tu casa

Sin importar si sólo atestiguas o eres una inversionista experimentada, te recomiendo mantenerte cerca de casa. ¿Qué significa esto? Exactamente lo opuesto a actuar siguiendo un súper consejo del momento.

La burbuja de acciones de tecnología, para la mayoría de las personas, fue un ejemplo de gente que se aventuraba lejos de casa. Aunque las bases se habían ido por la ventana, todo el mundo arrojaba dinero a las acciones en tecnología. Personas que nunca habían invertido en la bolsa apostaban a que esas acciones serían su salvación. Como todos sabemos, la burbuja se reventó y la gente perdió millones.

Peter Lynch, exgerente del fondo de inversión Magellan y autor de *Learn to Learn* lo dijo mejor respecto a las acciones:

Cada vez que compras en una tienda, comes una hamburguesa o adquieres nuevos lentes para el sol, obtienes información valiosa. Al mirar por ahí, puedes ver qué se vende y qué no. Al observar a tus amigos, sabes qué computadoras compran, qué marca de refresco beben, qué películas prefieren, si los tenis Reebok están de moda o no. Todas son claves importantes que te pueden conducir a las acciones adecuadas.

Te sorprendería ver cuántos adultos no logran seguir esas claves. Millones de personas trabajan en ciertas industrias y nunca aprovechan su asiento en primera fila. Los médicos saben qué compañías de medicamentos hacen los mejores, pero no siempre compran acciones en ese ramo. Los banqueros saben qué bancos son los más fuertes, tienen los gastos más bajos y hacen los préstamos más inteligentes, pero no necesariamente invierten en ello. Los gerentes de tiendas y la gente que dirige centros comerciales tienen acceso a cifras de ventas mensuales, de modo que saben con seguridad qué tiendas al menudeo venden más mercancía. Pero, ¿cuántos gerentes de centros comerciales se han enriquecido invirtiendo en acciones de tiendas específicas que venden al menudeo?

Esas oportunidades no sólo están cerca de casa, sino justo frente a la gente. En un viaje a Singapur una mujer se me acercó y dijo: "Vivo en Singapur, pero he escuchado que el mercado de bienes raíces es muy bueno en Orlando, Florida. ¿Debería yo comprar bienes raíces ahí?"

Primero, yo no sabía si Orlando era buen mercado o no. En segundo lugar, eso no importaba. Ella nunca antes había invertido en bienes raíces. Le pregunté: "¿Ha estado en Orlando o planea ir pronto?" "Oh, no", respondió. "Pensé que podría comprar la propiedad por internet."

Por lo general no doy consejos específicos, pero ésta era una emergencia. Le dije: "No compre propiedades por internet. Si apenas está empezando, no las compre en ciudades donde nunca ha estado y con las que no está familiarizada. Busque propiedades cerca de casa. Y, lo más importante, obtenga un poco de educación en materia de inversión en bienes raíces." No tengo problema con que la gente cometa errores, pero no hay necesidad de hacer estupideces. Esta mujer estaba programándose para un enorme y costoso fracaso.

Tres razones para permanecer cerca de casa

En lo que respecta a bienes raíces, me gusta mantenerme cerca de casa por varias razones.

Primero, deseas mantener la vista en el área en que inviertes. Quieres saber si las rentas suben o bajan, si hay negocios o tiendas instalándose en esa área, cómo están los valores de las propiedades, si la tendencia general del área se incrementa o disminuye. Estos son sólo algunos factores sobre los que debes estar muy al tanto, de modo que, cuando una propiedad esté a la venta, seas experta en esa área y sepas rápidamente si es una propiedad que te conviene.

En segundo lugar, si surge un problema en tu propiedad, no querrás tener que tomar un avión, rentar un auto, ir a arreglar el problema, regresar al aeropuerto y tomar otro avión de regreso a casa. Eso te costará tiempo y dinero.

La tercera razón por la que recomiendo mantenerse cerca de casa es que, si piensas que siempre hay mejores tratos en otras ciudades, pasarás todo tu tiempo persiguiendo cientos de propiedades potenciales por el mundo. En lugar de eso, enfócate en unas cuantas áreas clave y te sorprenderá el número de buenos tratos que aparecen.

Mi mayor error de inversión

¿Por qué soy tan firme respecto a esto? Porque el mayor error de inversión que he cometido… hasta ahora… sucedió porque no seguí mi propio consejo.

Robert y yo estábamos en Miami y nos topamos con lo que parecía una excelente inversión. Era una propiedad comercial para un solo inquilino alquilada a un gimnasio importante. Eran aproximadamente 4185 metros cuadrados. Acordamos el precio y comenzamos a ultimar detalles.

Como nunca antes había comprado ese tipo de propiedad y no estaba familiarizada con Florida, llevé a un abogado en bienes raíces para revisar el acuerdo que me presentaron. El primer problema fue que mi abogado era de Arizona y no entendía las minucias de la ley de Florida. El segundo problema fue que al abogado del vendedor, cuyo nivel de experiencia era dudoso, no le gustó el nuestro y viceversa. Así que, en lugar de que fuera la negociación de una propiedad, se convirtió en un combate de abogados y mi propiedad era el extintor. Para colmo, como parecía una inversión más complicada a las que estaba acostumbrada, en una ciudad que no conocía, permití que mi abogado negociara por mí. Gran error. Aprendí que el papel de un abogado de bienes raíces no es negociar, sino hacer que surjan preguntas y problemas potenciales. Lo demás depende de mí.

Para abreviar la historia, el proceso continuó durante cinco meses. Se complicó también porque yo no tenía experiencia en el área en la que estaba invirtiendo. Entiendan que seguíamos trabajando en el acuerdo inicial. El periodo de inspección aún no había comenzado.

En algún momento, volé con Robert a Miami para asistir a una reunión con el vendedor. En minutos acordamos los últimos puntos y regresamos a casa. Al día siguiente, el acuerdo llegó a mi escritorio... ¡y el abogado del vendedor había cambiado lo acordado! Y el vendedor se había ido al extranjero.

Finalmente, luego de meses, recibí una llamada telefónica una noche, cerca de las diez, de nuestro agente. Dijo: "El vendedor está sacando del mercado la propiedad. Se acabó." Más adelante descubrí que había otros problemas. Pero en ese punto sentí un nudo en el estómago. Todo ese tiempo, esfuerzo, honorarios legales... para nada. Llamé al vendedor y él verificó que el trato estaba cancelado.

Era cerca de medianoche. Estaba sorprendida y enojada. Pero no con el vendedor ni con los abogados. Estaba furiosa conmigo misma. El trato se complicó porque estaba en un área de la que no sabía absolutamente nada. Y no estaba familiarizada con ese tipo de propiedad. Pero, muy en el fondo, sabía que sólo había una causa para todo ese desastre. La causa era: *no confiaba en mí*. Tenía miedo de arruinarlo. Dejé que mi miedo tomara lo mejor de mí, al punto de que arruinó el trato. Viendo en retrospectiva, simplemente fue otra transacción de bienes raíces con algunas cosas que aprender. Fue una gran lección personal.

Entonces, aproximadamente a la una de la madrugada, me estaba torturando más. Lo único en lo que podía pensar era: "Después de todo ese tiempo y esfuerzo, ¡debo encontrar un trato que reemplace éste!"

Entré a mi oficina en casa y junto a mi computadora había una pila de pro-formas de bienes raíces enviadas por nuestros corredores. (Una pro-forma es un volante o folleto que te da información sobre una propiedad en venta, incluyendo lo que se calcula como ingreso, gastos y términos financieros.) Así que de inmediato comencé a revisar esa alta pila que había ignorado mientras me consumía la propiedad de Miami.

Transcurrió una hora. Vi la información de una propiedad que me habían presentado varios meses atrás. Cuanto más la veía, más me gustaba. "Me pregunto si hay alguna posibilidad de que siga disponible", pensé.

A las siete de la mañana siguiente llamé al corredor, a quien conocía muy bien y le tenía confianza. "Craig, ¿te acuerdas de esa propiedad de la que hablamos hace meses, justo en la calle frente a tu oficina? ¿Todavía está disponible?" "De hecho nunca la enlistaron", dijo. "Sólo la estaban presentando a inversionistas serios. Llamaré al agente y averiguaré."

Me llamó media hora después. "El corredor dijo que, si estás interesada, la venden." "¿Qué quieren por la propiedad?", pregunté. "Precio completo, ésa es su oferta", dijo Craig. "¿Cuánto vale?", pregunté. Respondió la cifra. "La tomo", le dije.

La ironía es que esa propiedad era casi idéntica a la de Miami. Y como yo conocía muy bien el área y ahora sabía mucho sobre ese tipo de propiedades, cerramos el trato en mes y medio. Además, en el proceso conocí a uno de los mejores abogados de bienes raíces de todos los tiempos, quien renovó mi fe en el gremio.

Y resulta que hoy esa propiedad es la mejor de todas las que tengo en términos de flujo de dinero, valor y ubicación. Así que mi mayor error se convirtió en mi mayor activo, tanto en términos de conocimiento como en términos de flujo de dinero.

¿Quieren oír la mayor ironía de todas? Esa propiedad está a dos cuadras de mi casa. Como dije antes: me gusta mantenerme cerca de casa.

Capítulo 21

Las siguientes cinco claves para ser una inversionista exitosa

*Desde hace mucho he considerado la independencia
como la mayor bendición de la vida,
la base de todas las virtudes.*
Mary Wollstonecraft

"Vaya lección… aprender a confiar en ti misma", dijo Tracey.

Pat señaló: "Pienso que es un gran problema para las mujeres, en especial en lo que respecta al dinero y la inversión, porque es algo nuevo para muchas de nosotras. ¿Cuál fue el mayor efecto para ti a partir de esa lección?"

Respondí: "Diría que gran parte de mi miedo en torno a la inversión desapareció esa noche. Mis inversiones simplemente se convirtieron en eso. Gran parte de la emoción, la reacción y la ansiedad se desvanecieron. Aprendí que mis dudas y mis preocupaciones no tenían nada que ver con la inversión en sí, sino mucho más conmigo. Supongo que finalmente pude separarme de la inversión. Ahora, cuando considero una inversión, aunque no todo el tiempo, soy capaz de analizarla por lo que es, sin dejar que mis emociones confundan los hechos."

"Para mí, esos lineamientos quitan mucha confusión", dijo Tracey. "¿Hay otras lecciones aprendidas en el camino?"

"Hay cinco puntos más que pienso que podrían ser útiles", contesté.

"Bien, sigue adelante", instó Tracey.

Clave número 5

Las cuatro claves anteriores llevan a ésta:

> ## Disponte a ganar

A todos nos encanta el éxito. Nos encanta ganar. Como dijo Vince Lombardi, entrenador de futbol de los Empacadores de Green Bay: "Muéstrenme un buen perdedor y les mostraré un perdedor." Todos estamos en el juego de la inversión para ganar.

Si apenas empiezas, es importante experimentar algo de éxito desde el inicio. Al seguir las claves uno a cuatro (armarse con un poco de educación, empezar en pequeña escala, poner un poco de dinero y mantenerse cerca de casa) creo que tus posibilidades de éxito con cualquier inversión aumentan en gran medida.

Haz que esa primera inversión sea un éxito. ¿Por qué es tan importante? A continuación tres razones:

Número uno: Un poco de éxito al principio construye tu confianza como inversionista. Cuando pierdes, en especial en tus primeras inversiones, empiezan a surgir dudas. En tu mente aparecen pensamientos como: "Tal vez no estoy hecha para esto" o "No quiero perder más dinero" o "A quién estoy engañando, ¡no puedo hacerlo!" Es mucho más fácil y más divertido pasar a tu segunda inversión cuando has tenido éxito en la primera.

Con frecuencia veo personas que deciden no entrar en los tratos pequeños y pasar directo al grande. En vez de comprar el dúplex, se van por el edificio de apartamentos de 100 unidades. No tienen experiencia y no saben cómo operar una propiedad grande, así que cometen muchos errores. Los inquilinos se van porque no les responden. Los gastos se reducen al punto en que la curva de atractivo pierde interés, así que cada vez menos inquilinos potenciales tocan a la puerta. Las vacantes aumentan. Antes de que lo sepan, esas personas que quisieron saltarse las bases pierden dinero todos los meses, hasta que finalmente dicen: "¿Lo ves? Lo sabía. ¡Invertir en bienes raíces no funciona!"

El inversionista que compra 200 acciones con opción a venta a 5 dólares cada una e invierte 1000 dólares, puede ser mucho más prudente que el que empieza y compra 200 acciones del mismo tipo a 30 dólares cada una e invierte 6000 dólares.

La confianza en una misma es una ganancia secundaria del éxito de invertir. También es un ingrediente crucial para alcanzar la independencia financiera. Cuanta más confianza construyas con esos primeros éxitos, más dispuesta estarás a confiar en tu juicio al invertir. Y cuanto más confíes en ti, menor será el miedo. Esos primeros éxitos preparan la escena para tus éxitos más allá de todo límite.

Número dos: probablemente habrá gente a tu alrededor que insista en que invertir es arriesgado. Son quienes recortan los artículos sobre la pareja que perdió los ahorros de toda su vida en la bolsa o sobre el inminente colapso de los bienes raíces. Te envían directamente esos artículos. A esas personas les encanta tener razón y viven para decir: "¡Te lo dije!" Apuesto que conoces una o dos personas así. Están esperando a que tu primera inversión sea un fracaso para llamar por teléfono y "consolarte" diciendo: "Ya, ya, querida, te dije que invertir era arriesgado, pero tenías que descubrirlo por ti misma." ¡Les has hecho el día! Así que no hagamos que su vida sea maravillosa, haz maravillosa la tuya. ¡Demuestra que están equivocados! El éxito es la mejor venganza.

Número tres: quieres hacer dinero. Es el nombre de este juego. Te garantizo que, en cuanto veas la primera ganancia de tus esfuerzos, todo se vuelve más divertido. Recuerda, es un juego porque a veces ganas y otras pierdes. Pero los juegos también están hechos para ser divertidos... ¡y hacer dinero definitivamente lo es!

Un inversionista arriesgado

Mencioné el riesgo como punto número dos. Las personas a menudo piensan que la inversión es arriesgada. No es cierto. Mis inversiones incluyen un riesgo mínimo. La gente que piensa que invertir es arriesgado no invierte, o invierte con muy poca educación y conocimiento.

Por ejemplo, la mujer de Singapur que quería comprar una propiedad en Florida por internet... eso es arriesgado. Es más que arriesgado; es estúpido. No tenía conocimiento de inversiones en bienes raíces ni del mercado de Florida; tampoco tenía experiencia en administración de propiedades y estaba a kilómetros de distancia de su propiedad. Se estaba disponiendo a perder. Si hubiera seguido adelante, comprado una propiedad en Florida y perdido dinero, se habría convertido en una de esas personas negativas que dicen: "Sabía que invertir en bienes raíces era arriesgado."

La verdad es que la inversión no lo era. Ella era arriesgada. No tenía educación ni experiencia. Quería tomar atajos. Buscaba la respuesta rápida y fácil en lugar de invertir primero tiempo y esfuerzo para ser una inversionista exitosa. Como dije, la arriesgada era ella, no la inversión.

¿Alguna vez has actuado siguiendo el súper consejo del momento? La gente lo hace todo el tiempo. Yo lo he hecho. Alguien te dice que tiene la información secreta de una acción que se irá por las nubes. "¡Va directo a la luna!", te dice. "Más vale que te apresures." Y sin saber nada de la compañía o de sus productos, participas. Eso es arriesgado.

Una amiga tenía lo que consideraba la mejor estrategia de inversión del mundo. Todas las mañanas, lo primero que hacía era sintonizar en la televisión uno de sus programas financieros favoritos. Luego compraba cualquier acción de las que estuvieran hablando los que participaban en el programa. Su razonamiento era que, si las personas del noticiario promovían la acción, entonces eso haría que otros la compraran también y elevaría su precio. Antes de que terminara el día, vendía. En un inicio ganó dinero con su estrategia. Era un mercado alcista; la bolsa en general subía. No tenía que prestar demasiada atención. Pero luego la bolsa bajó. Ella estaba segura de que su plan seguiría funcionando y, obstinada, se apegó a él. "Sé que puedo recuperar el dinero que he perdido", se convenció. Al final terminó por renunciar. Había perdido cerca de 10000 dólares. Su estrategia no se basaba en hechos ni fundamentos, sino en los pregoneros y promotores de la televisión… una vez más, nada de educación ni experiencia. Eso es arriesgado.

Si vas a invertir, primero aprende sobre la inversión y empieza a escala pequeña; pon un poco de dinero y mantente cerca de casa. Disponte a ganar, en especial en tus primeras inversiones. Crea confianza. Por supuesto, cometerás errores, pero cuantos más cometas, más aprenderás; cuanto más aprendas, menor será tu riesgo e incrementarás las posibilidades de éxito. Así que disponte a ganar desde el principio.

Clave número 6

La siguiente clave se aplica muy bien a las mujeres:

> Elige tu círculo con prudencia

Tu "círculo" está compuesto por quienes te rodean. Probablemente tengas varios círculos en tu vida: tu círculo familiar, de trabajo o negocios y tu círculo de amigas. Si tienes un pasatiempo o juegas un deporte, entonces tienes un círculo con esos intereses.

Y en lo que respecta a la inversión, tienes un círculo de inversión. Son las personas que están involucradas o te apoyan en tus metas. Hablemos de amigos, mentores y grupos de mujeres.

Número uno: elige a tus amigas. Hace años, mi amiga Jayne me dio un consejo muy bien pensado. Estaba conversando con ella sobre una meta que tenía para nuestra empresa, Rich Dad Company. Era una meta grande y clara. Le dije que quería contarle a la gente sobre esta gran visión para hacerla más real en mi mente. Imaginaba que mientras más compartiera mi meta, mayores probabilidades habría de hacerla realidad.

Las palabras de Jayne fueron: "Está bien compartir tu meta con otras personas, sólo ten cuidado con quién lo haces. No todo el mundo apoya que obtengas lo que quieres."

¿Qué? No podía creerlo. Yo soy optimista. Tiendo a pensar lo mejor para todos en cada situación. Por lo general doy el beneficio de la duda a la gente. Y ahí estaba ella diciéndome que fuera cuidadosa y me fijara a quién le contaba mi meta.

Pronto logré entender por experiencia de primera mano lo que estaba diciendo Jayne, y descubrí que estaba por completo en lo cierto.

Estaba en una fiesta hablando con un grupo de cuatro personas sobre nuestros propósitos de Año Nuevo. Una amiga en común se unió y, muy emocionada, reveló su meta para el año siguiente. Dijo: "No le conté a nadie, pero este año tuve un susto de salud y terminé en el hospital por tres días. Fue porque siempre he puesto mi salud al final en mi lista de prioridades. Así que mi nueva meta es bajar quince kilos. Ya tengo un entrenador personal con quien voy a hacer ejercicio tres veces por semana. ¡Sé que puedo lograrlo!"

Las cinco aplaudimos y la animamos a lograr su objetivo. En cuanto se alejó, una de las mujeres se volvió hacia mí y murmuró: "Nunca lo logrará. Lo ha intentado antes, ya sabes, y no funcionó. No creo que tenga la disciplina."

Y a eso se refería Jayne cuando dijo que hay que tener cuidado con respecto a quién le contamos nuestras metas. No sé por qué esa mujer hizo un comentario tan negativo sobre su "amiga". Tal vez por celos, resentimiento, competencia o algo más, pero era claro que esa mujer no estaba 100% del lado de mi amiga. Y cuando estás luchando por conseguir tu meta, lo último que necesitas es que interfieran los pensamientos y comentarios negativos de otras personas. Dios sabe que ya nuestra propia mente conjura suficientes pensamientos saboteadores. ¿Quién necesita que los amigos se sumen a ese ruido?

A veces tu éxito, o incluso tan sólo una nueva meta que podría incrementar tu éxito, amenazan a alguien o señalan sus carencias. Alguien que no está avanzando en la vida puede sentir resentimiento de quienes sí avanzan o quieren hacerlo. Así que su manera de sentirse mejor es desencantando a la persona que lo está buscando. A las personas no les gusta que les recuerden sus limitaciones.

Mi amiga Margaret, que ha estado en televisión gran parte de su carrera, hizo una buena observación: "La razón por la que las telenovelas tienen tanto éxito es que a las personas les gusta ver gente con vidas más arruinadas que las suyas. Luego pueden decirse: 'Ves, mi vida no es tan mala'. Ver que alguien está en una peor situación que la suya justifica su vida nada exitosa y otra vez pueden sentirse bien consigo mismas."

Puedes sentir cuando alguien está contento genuinamente por tu éxito *versus* alguien que dice la palabra "felicidades", pero no lo hace de corazón.

Admito que soy muy competitiva; me encanta ganar y a veces tengo atisbos de celos. Lo sé porque el éxito de alguien más me recuerda lo que necesito hacer en mi vida y no he logrado. Pienso que es la naturaleza humana. Ahora, cuando siento esos atisbos, tomo una decisión consciente: en lugar de sentir resentimiento, hago mi mayor esfuerzo para inspirarme y conducirme hacia mi principal objetivo: ser mejor.

La verdad es que la inversión no era arriesgada. La inversionista lo era. No tenía educación ni experiencia. Quería tomar atajos. Buscaba la respuesta rápida y fácil en lugar de invertir tiempo y esfuerzo para ser una inversionista exitosa.

•

La inversionista, no la inversión, era arriesgada.

Así que, el secreto es rodearte de personas que sinceramente te apoyen y animen para alcanzar tus metas. Hace años tomé la decisión de hacer negocios y sólo mantener amistad con personas con quienes realmente disfrutara estar. La vida es demasiado corta.

Por ello, cuando te aventures en el terreno de la inversión, ten cuidado respecto de quiénes tienes a tu alrededor. Comparte tus metas con personas que tengan una mentalidad similar y que idealmente tengan tus mismas metas, que te animarán y no te desencantarán. Busca a quienes quieran aprender y crecer y te apoyen para alcanzar tus sueños más locos. Puede que te encuentres nuevos amigos.

Número dos: busca mentores. Son personas que hacen lo que tú quieres hacer y son exitosos en sus campos. Tal vez tengas mentores para diferentes áreas de tu vida: mentores de inversión, de negocios, de ejercicio, de vida personal. Mi buen amigo y socio, Ken, es uno de mis mentores. Dueño de una de las compañías de administración de propiedades más grande del suroeste del país e inversionista. Ve todos los lados de una propiedad. Lo que me encanta de trabajar con él es que nos reunimos para discutir el trato potencial de una propiedad. Invertimos algo de tiempo en analizar pros y contras. Después de cada reunión, salgo con el ánimo por las nubes porque aprendo mucho más de lo que sabía al llegar.

La pregunta que muchos hacen es: "¿Cómo encuentras un mentor?" No tengo la fórmula mágica. La mayoría de los mentores de mi vida parece que los conocí por azar. Hay un refrán que dice: "Cuando el estudiante está listo, el maestro aparecerá." Me parece cierto. Cuando estás comprometida y lista para aprender, el asesor clave puede estar justo a la vuelta de la esquina.

Número tres: busca un grupo de mujeres inversionistas. Como dije antes, las mujeres aprenden muy bien de otras mujeres. Por eso las animo a formar grupos de estudio estables en materia de inversiones. Para repetir lo que ya dije, apoyo los grupos enfocados en la educación *versus* los que juntan su dinero para comprar inversiones conjuntas. Debes elegir con prudencia a tus socios.

Si formas un grupo, fija estándares altos. Invita mujeres al grupo que piensen en serio en su futuro financiero y estén dispuestas a aprender y entrar en acción. Invita al grupo a mujeres con una mentalidad similar y abierta, dispuestas a explorar nuevas ideas y oportunidades.

Lleva las reuniones de manera profesional. Administrar tu dinero es una profesión. Comienza a tiempo. Termina a tiempo. Tengan una orden del día para cada reunión. He visto a una buena cantidad de grupos de mujeres y los más exitosos y efectivos son los que desde el principio exigen estándares altos a sus miembros.

Los clubes de inversión también son una buena plataforma para invitar a expertos como ponentes para mejorar tu conocimiento. Hay muchas personas inteligentes en el mundo de las inversiones y he descubierto que las más exitosas y brillantes, por lo general desean compartir lo que saben. Quizá no tengan tiempo de ser el mentor de cada una, pero con frecuencia están dispuestas a hablar frente al grupo interesado durante una hora.

El punto principal es: rodéate de personas (y esto se aplica a todas las áreas de tu vida) que te animen, sean honestas contigo y te alienten a seguir adelante durante los altibajos para alcanzar tus metas, en especial las financieras.

Clave número 7

En cuanto a invertir, la mayoría de las personas quieren el "súper consejo del momento". "Dime qué hacer." "Sólo dame la respuesta." "Tengo 5 000 dólares, ¿dónde debería invertirlos?"

Quieren el camino rápido. Para ser una inversionista exitosa, recuerda que:

> Invertir es un proceso

Ir tras tu independencia financiera es un proceso. No sucederá de la noche a la mañana. No hay un esquema de "hazte rico rápido" que dure. Es como aprender un nuevo idioma; no lo hablas con fluidez en un día. Primero aprendes algunas palabras y frases y sigues expandiendo tu vocabulario. Practicas, practicas, practicas y aprendes cómo mantener una conversación decente. Al final, si sigues en ello, hablarás con propiedad el idioma.

Cada error que cometes simplemente te hace más inteligente. Vi un video de R. Buckminster Fuller en el que construía un domo geodésico, uno de sus inventos más conocidos. Un grupo de estudiantes universitarios erigían el domo que él trató de construir muchas veces, pero que nunca se sostenía; siempre se colapsaba. Esta vez, los estudiantes estaban seguros de contar con las especificaciones correctas y de que el domo se mantendría en pie. Mientras estaban cerca de terminar y Fuller observaba desde arriba, el domo se colapsó una vez más. Fuller, por otro lado, estaba en éxtasis. Saltaba de emoción. Dijo algo como: "¡Puedo ver qué hicimos mal!" No estaba molesto porque el domo no se había sostenido. Sabía que estaba en mitad de un proceso y cada paso lo hacía más listo y lo acercaba más a su meta.

El proceso para mí nunca termina. Estoy aprendiendo todos los días. Sé que los errores son parte del aprendizaje. ¿Me gusta cometer errores? No, en ese momento uno se siente miserable, pero sé que debo cometerlos para aprender y al final conseguir lo que deseo. De optar por el edificio de oficinas multimillonario como mi primera inversión en 1989 y que hubiera funcionado, probablemente dos cosas habrían sucedido. Primero, hubiera pensado que era inteligente y sabía algo sobre inversiones cuando sólo había tenido suerte. Segundo, quizá lo haría otra vez, porque pensaría que soy lista y tal vez terminaría como la gran perdedora, porque no tendría idea de lo que ocasionó mi éxito en primer lugar y, por tanto, no tendría forma de duplicarlo. Al pasar por el proceso y aprender en cada paso del camino, serás capaz de duplicar el éxito una y otra vez.

Elizabeth Taylor entendió el proceso. Dijo: "No es el tener. Es el conseguirlo."

Clave número 8

Para seguir creciendo a nivel personal y hacer crecer tus inversiones no hay sustituto para:

> Siempre continúa aprendiendo

Ésa es verdaderamente la clave para el éxito. Nada permanece estático. Los mercados siempre cambian, al igual que las reglas. Para ser una inversionista ganadora debes cambiar conforme lo hace el mercado. Y eso significa que siempre debes aprender. Hay tres posiciones que puedes elegir: mantenerte al ritmo de los cambios, mantenerte adelantada respecto a los cambios o dejar que los cambios te rebasen.

Karen, una inversionista en bienes raíces muy exitosa, le contó a una amiga mía que iba a asistir a una clase con duración de dos días ofrecida por una compañía privada. Karen le preguntó si quería ir con ella. "¿Por qué estás tomando una clase sobre bienes raíces? Es lo que tú haces todos los días. ¿Qué te pueden enseñar?", preguntó mi amiga. Karen respondió: "Tal vez por eso me va mejor que al inversionista promedio en bienes raíces. Siempre estoy buscando, hay tanta nueva información. Nunca dejo de aprender."

Mi amiga no fue con Karen, aunque también es inversionista en bienes raíces. El problema es que no ha comprado ni vendido una propiedad en más de tres años porque su vieja fórmula ya no funciona y no está dispuesta a buscar nuevas respuestas. Decidió dejar de aprender.

Y luego está mi amigo Frank, de ochenta y tantos años. Pienso que vivirá para siempre porque nunca deja de aprender. Todas las semanas recibo artículos de Frank relacionados con la economía mundial y las inversiones. Una semana está en China revisando la mina de oro que hizo pública en la bolsa. A la semana siguiente, en Vancouver, Canadá, tomando una clase de arte. Frank nos invitó a Robert y a mí a la inauguración privada en Scottsdale, Arizona, de un nuevo concepto en condominios. A menudo asiste a nuestros seminarios de *Padre Rico*. Entiende y usa la tecnología de computación más reciente para que sus negocios funcionen de manera más eficiente. Nunca deja de aprender. Y tengo suerte de seguir aprendiendo de él.

Continuar aprendiendo requiere esfuerzo. No aprenderás cómo correr medio maratón investigando en internet. Debes salir y poner los pies en el pavimento. Quizá signifique buscar un entrenador, comenzar con distancias cortas y poco a poco ir aumentando hasta correr los veinte kilómetros sin colapsarte de agotamiento. No sólo se necesita vigor físico, también mental. Debes ejercitar tu mente. Así que, por tu salud y por tu éxito financiero, sigue aprendiendo.

Clave número 9

"Ahora, debo insistir en que nunca olviden la clave número nueve. Puede ser la más importante de todas. Prométanse a ustedes mismas recordar por siempre esta regla personal esencial. ¿Prometido?", pregunté.

"¡Prometido!", respondieron.

La clave número nueve es la siguiente:

> Diviértete

Recomiendo que celebres cada éxito en el camino. Reconócete cuando tengas éxitos. Tus éxitos pueden ser: ganar a nivel financiero, superar un obstáculo, dejar de lado tu miedo y darte cuenta de que no te has preocupado por dinero en meses, o sentirte completamente segura y en control de tu vida. Habrá muchos éxitos en el camino. Son divertidos y vale la pena celebrarlos.

Algo más que es divertido es buscar la siguiente inversión, seguir el progreso de cada una de ellas, calcular cómo incrementar el flujo de dinero de tus inversiones, aprender algo nuevo que haga mejor la siguiente y, en especial, ver cómo entra el dinero. Todo es divertido.

En síntesis

"Ésas son mis nueve claves principales para convertirse en una inversionista victoriosa", terminé. "¿Alguna pregunta?"

"Cientos. Estoy segura", dijo Leslie. "Divertirme va conmigo."

"Recuerden que lo prometieron", bromeé.

"El panorama se me sigue aclarando", dijo Tracey. "Realmente ahora entiendo que esto es un proceso. Y mientras esté invirtiendo, el proceso nunca terminará, siempre hay más que aprender."

"Por cierto", dijo Pat, fiel a las formas. "Tomé nota de las nueve claves. ¡Estaré encantada de hacer copias para ustedes!"

Capítulo 22

"¡Muéstrenme el plan!"

Las mujeres son como bolsas de té; ponlas en agua caliente y se hacen más fuertes.
Eleanor Roosevelt

Las cuatro pasamos el resto del día compartiendo ideas, definiendo más claramente lo que cada una quería y luego analizando de manera realista lo que se necesitaría para llegar ahí.

Al final de los dos días, el nivel de energía en la habitación era alto. Era como si acabáramos de someternos a un entrenamiento físico agotador, pero nos sentíamos muy bien. Habíamos logrado lo que nos propusimos.

Cada una tenía su plan de acción y como dijo Leslie: "No puedo esperar a regresar a casa y ponerlo en marcha."

Tracey, Pat y Leslie habían descubierto que su deseo era obtener su independencia financiera. Sus planes específicos sobre cómo alcanzarla eran diferentes. Para completar nuestra sesión de dos días, cada una resumió su plan para el grupo.

El plan de Leslie

Leslie fue la primera. "Sabía antes de llegar que mi plan final era crear flujo de dinero de modo que no necesitara un empleo para mantenerme. Como les dije, odio preocuparme por dinero y, más aún, odio que me digan cuándo ir a trabajar y cuándo tomar tiempo libre. Lo que voy a hacer es seguir en mi trabajo, puesto que por el momento es mi única fuente de ingreso, pero tomaré 20%, para empezar, de todo lo que gane y lo voy a ahorrar en una cuenta para invertir. Eso me será difícil, pero quiero aumentar esa cuenta rápidamente."

Leslie continuó: "Me siento atraída por los bienes raíces. Puedo verme como dueña de propiedades para alquilar, hacer redes con gente involucrada en la inversión de bienes raíces y crear ambientes agradables para la gente. Ya sé de algunos vecindarios cerca de donde vivo que podrían ser perfectos para obtener rentas. En cuanto llegue a casa, empezaré a investigar sobre esas áreas y, como dijiste, me convertiré en experta en sólo unas cuantas áreas. Incluso he conseguido a dos personas, a quienes conozco bastante bien, que de hecho tienen un sincero interés en ser mis socias. Tendré cuidado al respecto. Ambas se han hecho solas, así que aprenderé algo al hablar con ellas. Sé que tengo un trabajo hecho a mi medida, pero estoy lista."

El plan de Tracey

Tracey tomó un acercamiento un poco diferente: "La venta de la compañía para la que trabajo realmente me abrió los ojos. Nunca me había dado cuenta del poco control que tengo sobre mi propia vida ni de lo mucho que dependo de mi empleo. Me encanta el mundo de los negocios y me gustaría trabajar para mí. El momento es perfecto. Incluso si mi compañía me conserva, nunca saldré adelante, a pesar de haber entregado mi vida a la compañía y a mi empleo. Estoy en mi oficina a las 6:30 a.m. y rara vez llego a casa antes de las 8:00 p.m. Y cuando no estoy en el trabajo, pienso en él. Así que necesito un cambio drástico. Aquí está mi plan", explicó.

"Me voy a sentar con mi marido y vamos a revisar a fondo nuestras necesidades financieras actuales. Luego quiero hacer dos cosas. Primero, trabajar para mí. ¡Podría tomar tres proyectos mañana si lo deseo! Varias personas fuera de mi compañía me han pedido que trabaje con ellas en manejo de proyectos, así que ahora es buen momento. Hay tres proyectos. Eso no consumirá todo mi tiempo, aunque no me engaño pensando que será pan comido. Probablemente ganaré lo mismo, quizá más, de lo que gano ahora. Segundo, me daré tiempo para construir nuestras inversiones. Estoy con Leslie; sólo quiero adquirir activos que den flujo de dinero. No estoy segura de qué inversiones específicas quiero tener. Me inclino hacia bienes raíces y algún negocio que no opere personalmente. Nos veo a mi marido y a mí haciéndolo juntos. Sé que se emocionará cuando le presente todo esto. Así que el segundo paso es determinar qué inversiones de flujo de dinero queremos conseguir. Prometo que les tendré la respuesta en una semana. No quiero perder ningún impulso de estos dos días. ¿Saben?, lo que más me emociona es que por primera vez, desde que me acuerdo, siento que estoy recuperando el control de mi vida."

El plan de Pat

"Parece que tengo interés nato en las acciones de compra y venta", dijo Pat. "Tal vez debido a mi gusto por investigar, me siento muy cómoda en internet y el mundo del comercio de acciones me fascina. Debo confesar que mucha de mi investigación en los últimos meses concierne al comercio de acciones."

"Así que éste es mi plan", dijo. "Voy a aprender cómo comerciar acciones. Y, por lo que entiendo, no es tema fácil, así que quiero aprender lo mejor. Ubicaré programas e instructores en el tema. Comenzaré a escala muy pequeña y sólo invertiré un poco de dinero. ¡Me siento tan llena de energía de sólo pensarlo!"

Continuó: "Nunca dejé de escribir del todo. Tengo ahorros provenientes de varios trabajos que me han surgido en estos años. Usaré algo de ese dinero para financiar mi educación. Me doy cuenta de que el dinero que gane de comerciar se considera ganancia de capitales y las inversiones de flujo de dinero es a donde quiero llegar finalmente. En consecuencia, cualquier dinero que gane de comerciar acciones irá a mi cuenta de inversión de flujo de dinero. Ese dinero al final será para comprar inversiones que den flujo de dinero.

He aprendido a confiar en mí. Y cuantos más tratos hago,
más precisa se vuelve mi intuición.

•

Los mayores errores que he cometido, no sólo en inversiones,
sino en la vida, son las veces que no he confiado en mí, cuan-
do he permitido que la gente me persuada de hacer cosas con
las que no estoy de acuerdo pero que hago de todos modos.

"Así que ganaré dinero comerciando acciones. El dinero que gane me servirá para comprar inversiones de flujo de dinero. Este plan me funciona porque me permite ganar dinero propio mediante la inversión sin depender de mi marido. Si decide unirse a mí, excelente, podremos cumplir el plan más rápido. Pero si no, yo sigo en camino hacia la libertad financiera."

"Dos cosas más", agregó Pat. "Hice llamadas telefónicas a dos mujeres que viven en mi ciudad y desean iniciar un grupo de estudio en materia de inversiones. Veré qué tanta seriedad tienen al respecto cuando me reúna con ellas. Pienso que un apoyo constante sería muy útil. Y luego tuve una idea realmente divertida, un poco descabellada. Las regalías de los libros son buena fuente de ingreso pasivo. Algo que yo, como escritora, siempre he querido: escribir una novela. De hecho tengo el inicio de un libro que ha esperado en mi computadora por años. Ahora, sé que es difícil, pero nunca he considerado un libro como fuente de flujo de dinero o de ingreso pasivo. Como escritora, sólo soñaba con que se publicara. Pero ahora veo que es posible incluir en mi plan financiero mi amor por escribir. También planeo escribir más artículos y venderlos a periódicos y revistas como una fuente de ingreso para mis inversiones. Lo principal para mí, como mencionó Tracey, es mantener el impulso obtenido en los últimos dos días. Estoy muy emocionada."

Hacer *versus* tener

Leslie agregó a eso: "Es un buen punto", dijo. "Hay mucho por hacer y no quiero perder concentración cuando me vaya. Sé que por eso es importante tener gente a mi alrededor que esté en el mismo camino. Pero, ¿cómo evito que todo lo que hay 'por hacer' no resulte tan abrumador?"

"Una buena pregunta", respondí. "Si te concentras en todo lo que debes hacer, quizá disminuya tu entusiasmo porque puede abrumarte. Hace años yo hice la misma pregunta y alguien a quien admiro mucho lo explicó de la siguiente forma:

Ser - hacer - tener

"Ser es lo que eres, lo que te hace ser tú. Hacer es actuar, lo que haces. Tener son tus posesiones, con lo que cuentas. De modo que quien eres y lo que haces determina lo que tienes. Por ejemplo, si deseas tener un bebé, debes ser una futura madre y embarazarte, ir al médico para que te revise, cuidar tu salud, hacer preparativos para el bebé y finalmente dar a luz. La clave es que tu enfoque desde el principio no está en las cosas que debes hacer, sino en lo que quieres tener: 'Quiero tener un bebé.'"

Continué. "Deben concentrarse en lo que desean tener, porque es un factor de motivación mucho más fuerte que lo que deben hacer. Pat, si quieres que la revista *Time* te publique un artículo, ¿quién debes ser?", pregunté.

"Debo ser una escritora de primera", respondió.

"¿Y qué debes hacer?", pregunté.

"Encontrar qué tipo de artículos quiere la revista *Time*. Yo, personalmente, quizá deba tomar algunos cursos de escritura para pulir mis habilidades, investigar para el artículo y luego escribirlo. Debo descubrir a quién entregárselo, enviarlo y dar seguimiento. Si mi artículo es rechazado, tal vez deba repetir el proceso hasta lograr que se publique. Es difícil saber todos los pasos del camino. De hecho, si supiera cuáles son, quizá nunca empezaría", respondió.

"Ése es el punto", dije. "Concéntrate en lo que quieres tener y lo que debes hacer se dará. En ese punto, quiénes son y qué han hecho las han llevado adonde están hoy. Si quieren cambiar lo que tienen, entonces tienen que cambiar lo que son y lo que hacen. Si no lo hacen, entonces se quedan con lo que tienen y, por lo que he oído de todas ustedes, quieren cambiar y mejorar lo que tienen. ¿Cierto?"

Todas asintieron con la cabeza.

"¿Cómo cambias lo que eres?", preguntó Tracey.

Dije: "Tomen el ejemplo de Pat. Si vende su artículo, se convertirá en una escritora de primera. Y, no es por ofender a Pat, pero hoy en día no es la gran escritora porque está fuera de práctica. Así que debe cambiar lo que es. Como ella dijo, quizá deba tomar clases de redacción para mejorar, actualizarse respecto a las publicaciones para las que está escribiendo artículos, posiblemente conocer a los editores clave y establecer relaciones con ellos, aceptar que sus artículos sean rechazados y volver a escribir y enviar. Al hacer todo eso, estará a cargo de quien es. Pasará de ser una escritora mediocre a una gran escritora. ¿Eso tiene sentido?"

"Sí", respondió Tracey. "Entonces, para que yo alcance mis metas, debo ser la exitosa dueña de un negocio, cosa que no soy hoy, así como una excelente inversionista, cosa que tampoco soy. Así que mi meta o lo que quiero tener determina en quién me convierto y lo que hago."

"Exactamente. Y la mayoría de las personas primero ven todo lo que tienen que hacer, lo cual parece demasiado trabajo y nunca obtienen lo que quieren tener", añadí.

Pat pensó en voz alta: "Es como cuando alguien dice: 'De haber sabido todo lo que necesitaría, ¡nunca habría empezado!'"

"Es muy cierto", dijo Leslie. "Simplemente me concentraré en lo que quiero tener, que es mi primera propiedad de alquiler, y en quién me convierta en el proceso y lo que tenga que hacer para alcanzar esa meta tomarán forma."

Confía en ti

"Sé que se está haciendo tarde, pero tengo una última pregunta", dijo Tracey. "En el trabajo, cuando debo tomar una decisión difícil, una vez que tengo los datos, el factor determinante a menudo depende de mí y de mi intuición. ¿Esto desempeña un papel en las inversiones? Porque yo pensaría que la 'intuición femenina' podría ser un bono."

"Sólo puedo contarles mi experiencia al respecto", respondí. "Un día antes de que fuera a cerrar el trato por mi primera propiedad para alquilar, seguía dudando. 'Sí, debería comprarla.' 'No, no debería comprarla.' Me estaba volviendo loca. Al final me dije lo siguiente: 'Reuniste la mayor cantidad posible de información. Ahora confía en ti.' Me pregunté: '¿Es vas o no vas?' La respuesta fue: 'Vas.' Al día siguiente compré la propiedad y resultó una magnífica inversión.

"Ahora bien, si hubiera comenzado con la pregunta '¿vas o no vas?' sin haber realizado mi investigación, sin tener los datos y tomado mi decisión sólo con base en la intuición, entonces habría procedido tontamente. También he descubierto que cuantos más tratos hago, más aguda se vuelve mi intuición. A veces hago preguntas y cuestiono '¿Por qué hice esa pregunta?' y resulta ser el punto clave del trato completo.

"A comienzos de mi vida como inversionista, compré acciones de Coca Cola mediante un corredor de fondos de inversión que conocí. Las compré y no les presté mucha atención hasta que un día revisé el precio y noté que había obtenido una buena ganancia. Llamé al corredor y le dije: 'Quiero vender mis acciones de Coca Cola.'

"Él respondió rápidamente: 'No, no vendas en este momento. Estoy seguro de que van a seguir subiendo. Mira, soy un profesional, sé de qué estoy hablando.' Le dije: 'Sí, pueden subir, pero estoy satisfecha con la ganancia y quiero vender.'

"Él continuó hablando sobre cuánto dinero ganaría yo y sobre lo molesta que estaría si vendía en ese momento. Al final me convenció de no vender. Una semana después, la acción comenzó a caer. Al final vendí mis acciones con pérdida. Ése fue un caso en que no confié en mí y en mi intuición.

"Debo decir que los mayores errores que he cometido, no sólo en inversiones, sino en la vida, son las veces que no he confiado en mí, cuando he permitido que la gente me persuada de hacer cosas con las que no estoy de acuerdo, pero que hago de todos modos. Las veces en que no soy fiel a mí misma, cuando voy en contra de lo que es congruente con mis pensamientos y creencias, son las que me han ocasionado más problemas.

"Estoy de acuerdo contigo, Tracey. Pienso que la intuición desempeña un papel clave en el mundo de las inversiones. Yo la escucho constantemente. Sólo que no es lo único que considero para decidir. No me dejo llevar por la intuición. Pero siempre estoy verificando lo que siento en el estómago, hago mi tarea, reúno mis datos. Y verifico conmigo misma. Si todo está alineado, avanzo."

"Mi intuición me dice que a todas nos va a ir muy bien con esto", rió Leslie.

"Tomemos un breve descanso y luego tengo una última historia antes de hacer una síntesis", anuncié.

Capítulo 23

¡A todo motor!

Un barco en un puerto está seguro,
pero los barcos no se construyen para eso.
Grace Hopper

"Quiero compartir una última historia con ustedes y luego será momento de celebrar", declaré.

Un regalo especial

En la Navidad de 2004, Robert me dio un regalo. Estaba especialmente emocionado respecto a ese regalo. Su mirada estaba fija en él. Yo no podía desenvolverlo lo suficientemente rápido. Rasgué el papel de la pequeña caja, lo abrí y… *¡voilà!* Ahí estaba: curso de manejo Grand Prix de cuatro días en la escuela de manejo de alto desempeño Bondurant, en Phoenix, Arizona.

Lo miré un poco confundida. Ese artículo no estaba en ninguna parte de mi lista de Navidad.

"¡Compré uno para ti y uno para mí!", exclamó.

"Oh, ahora tiene sentido", pensé. "Se compró un regalo y lo envolvió para que yo lo abriera."

"¿Por qué una escuela de carreras?", pregunté.

"Pensé que sería divertido", dijo. "Y nos gusta aprender juntos, ¡así que ambos podemos hacer el curso!"

Una escuela de carreras automovilísticas nunca estuvo en los primeros lugares de las cosas que deseo hacer antes de morir. Pero nos inscribimos y fijamos la fecha.

El primer día en la escuela de carreras

Estábamos en la carretera conduciendo desde nuestra casa hacia la escuela Bondurant, que se encuentra en el desierto, para nuestro primer día de clases. No sabía qué esperar. Debo admitir que ambos estábamos un poco nerviosos. Nunca había estado en una pista de carreras en mi vida. Cuando llegamos nos registramos y tomamos asiento en el salón de clases… hasta ese momento, todo iba bien. Los instructores entraron, nos dieron la bienvenida e hicieron algunas observaciones. Un instructor recomendó que contratáramos un seguro porque, según dijo: "Si dañan el auto, lo tienen que pagar."

"¿Dañar el auto?", pensé. "¿Puedo chocar mi auto? Esto es genial." Ya no estaba nerviosa. Los nervios se habían convertido en terror.

A cada estudiante del curso se le pidió que se pusiera de pie y dijera por qué estaba ahí. Éramos doce. Mientras se presentaban, Robert y yo nos miramos con expresiones de "pienso que hemos cometido un gran error." Resulta que las otras diez personas del grupo eran corredores profesionales o aficionados. Estaban ahí para pulir sus habilidades. Robert y yo éramos los únicos de Arizona. El resto era de Europa, América del Sur, Japón y de todo Estados Unidos. Cuando llegó mi turno, me puse de pie y anuncié con voz temblorosa: "Estoy aquí para divertirme." Y tomé asiento. Sentí que era tan inadecuado que quería salir corriendo de ahí. Y, para colmo, era la única mujer en la clase.

Los instructores siguieron hablando y explicaron qué íbamos a hacer la primera hora: "Se les asignará su propio Corvette. Vamos a llevarlos a varias pistas de obstáculos y de velocidad. En su última prueba conducirán su auto a máxima velocidad por la pista y, cuando les demos la señal, su tarea consistirá en pisar el freno a fondo y hacer alto total en segundos."

Sí, el terror estaba vivo y latente en mí.

Cada uno elegimos y vestimos nuestros trajes rojos de carreras de una sola pieza y nuestro casco. Con cada paso hacia mi auto, mi corazón latía más fuerte. Seguía pensando para mis adentros: "¿En qué demonios me metí?"

Con cautela me coloqué tras el volante de mi Corvette #04. Moví la posición del asiento, ajusté los espejos, descubrí cómo acomodarme el cinturón y luego di un largo suspiro. Giré la llave y encendí el motor.

Mi instructor, Les, inclinó la cabeza en mi ventana y dijo: "Todo el mundo seguirá al auto guía, un automóvil tras otro, para llegar a la pista de carreras. ¡Diviértete!" "¿Por qué dije que estaba aquí para divertirme?", me pregunté. Eso fue un error. Puse el pie en el acelerador y me di cuenta de que ya no había vuelta atrás.

Debo alabar a la escuela de carreras Bondurant por su habilidad para enseñar. Ahí estaba yo, alguien con nula experiencia en carreras de autos y, a través de su instrucción, completé ejercicio tras ejercicio, respirando con fuerza durante el proceso. A veces mi instructor se sentaba en el asiento del conductor o del pasajero de mi auto para demostrar mejor lo que quería que hiciera. Así que siempre sentí que tenía una red de seguridad si la necesitaba. Es un programa que recomiendo ampliamente. La escuela Bondurant en definitiva me llevó más allá de donde pensé que podría llegar. Debes estar preparada para esto: únicamente hubo dos emociones que experimenté durante los cuatro días completos: terror puro o franco regocijo. No hubo término medio.

El segundo día de carreras

Todos los días yo experimentaba un nuevo nivel de miedo. El segundo día nos informaron sobre la agenda. Pienso que la información fue más aterradora que manejar en sí. Escuchar lo que íbamos a hacer me sonaba impensable sentada en el salón de clases. El segundo día estaríamos en la pista de carreras real y compitiendo entre nosotros. Miré a Robert a través del salón y en silencio dije: "Ésta fue tu loca idea. ¿Qué estamos haciendo aquí? Sólo recuerda, ¡todo esto es por tu culpa!"

"¿Vas a correr a todo motor?", me preguntó el instructor de manejo.

•

"Kim", dijo, "no llegaste tan lejos para quedarte corta ahora."

•

"Ir a todo motor" se convirtió en mi nueva metáfora para la vida.

Hice todo. Mi mayor victoria ese día fue cuando estábamos practicando la salida de la carrera. Nos ordenaron colocar nuestros autos juntos en la pista. Manejamos, como un rebaño, a velocidad lenta para simular el inicio de una carrera Grand Prix.

Así que ahí estábamos, con los autos agrupados, manejando lentamente alrededor de la pista, nadie podía rebasar a otro hasta que la bandera ondeara. Yo miraba hacia la torre donde el instructor estaba parado con la bandera, esperando la señal. De repente, el instructor ondeó su bandera y ¡partimos! Todos los conductores se disputaban los lugares, cada uno quería tomar la delantera. Lo hicimos varias veces. Las primeras dos vueltas me quedé rezagada y dejé que los demás conductores me rebasaran. El miedo se apoderó de mí. En la tercera salida sabía que necesitaba ser más agresiva. Alineamos nuestros autos. Esta vez me encontraba más al frente del grupo. Manejamos a media marcha alrededor de la pista esperando la señal de la bandera. Yo observaba con insistencia y ahí estaba… el instructor ondeó la bandera y partimos. Yo me alejé del grupo que estaba a mi alrededor y sólo había un tipo frente a mí que había tenido un retraso respecto a la señal de la bandera. Lo rebasé… ¡y tomé la delantera! "Nada mal para una mujer", me dije con sarcasmo. Más tarde descubrí que el tipo que rebasé estaba tan molesto por haber sido vencido, en especial por una mujer, que hizo que mi victoria fuera aún más placentera.

El tercer día de carreras

Fue tan aterrador y emocionante como los dos anteriores. Justo cuando me relajé y sentí un momento de calma, los instructores volvían a elevar las exigencias. La cuesta se elevaba con cada ejercicio que nos ponían.

Al final del tercer día, regresamos al salón de clases para el informe del "final del día". Entonces fue cuando anunciaron la agenda para el cuarto día. Mi instructor comenzó: "Los últimos tres días han estado aprendiendo las bases. Les han enseñado cómo manejar su auto en rectas, giros, vueltas, etcétera. Mañana unirán todo. Mañana entregan sus Corvettes. Les asignarán un auto de carreras Fórmula 1 y estarán corriendo a toda velocidad uno contra otro en la pista de carreras. Y como un auto Fórmula 1 sólo tiene lugar para una persona, su instructor sólo puede orientarlos cuando se orillen al *pit*. No puede estar con ustedes en el auto. Están por su cuenta."

Para quienes no estén familiarizadas con las carreras —yo no lo estaba— un auto Fórmula 1 es realmente un auto de carreras. La cabina, donde te sientas, es tan pequeña que literalmente debes deslizarte en el asiento con las piernas estiradas frente a ti y los pies en los pedales.

Mi adrenalina estaba subiendo. Escuchar hablar a mi instructor me llevó a un nivel de miedo completamente nuevo. Robert y yo no nos dijimos mucho esa tarde mientras regresábamos. Mi mente vagaba, pensando en lo que llevaría a cabo al día siguiente: repetía una y otra vez imágenes de esos choques de autos de carreras que se encienden en ESPN. ¿Cómo iba a poder dormir?

El cuarto día de carreras

Era el momento de la verdad. Al entrar al salón, estaba más silencioso que de costumbre. Los únicos que conversaban eran los conductores más experimentados. El resto fingía en silencio que no estaba muerto de miedo.

Entré al vestidor de mujeres para ponerme el traje. Como yo era la única en el curso, siempre tenía el vestidor para mí sola. Eso me dio aún más tiempo para acumular en silencio el terror dentro de mí. "No puedo creer que haya pagado para hacer esto", pensé. "Esto es lo más loco que he hecho en mi vida. Debí haberlo sabido el primer día cuando me vendieron un seguro. Siempre puedo fingir que me siento mal. ¿A qué te refieres con fingir? ¡Me siento mal!" Todos esos pensamientos corrían en mi mente.

Salí y Robert me estaba esperando. De la mano caminamos en silencio y de manera lúgubre por el estacionamiento hacia donde se encontraban los autos Fórmula 1. Se sentía de nuevo como el primer día. Los instructores tomaron tiempo para asegurarse de que todo el mundo estaba acomodado dentro de su auto. Me llevaron al que iba a conducir. Mi instructor, Les, me sonrió e hizo algunas bromas para distraer el miedo. La cabina era tan limitada que deslizarse al asiento del conductor era como ponerse unos pantalones de mezclilla dos tallas menor que la tuya.

¡Enciendan sus motores!

Una vez en el auto con los cinturones de seguridad y los espejos ajustados, practiqué mi cambio de velocidades, que era bastante diferente al de los Corvettes que había manejado. Las grandes puertas del garage se abrieron y las siguientes palabras que escuché fueron: "Bien, todos, enciendan sus motores." Tomé un profundo suspiro y después de mi tercer intento mi motor encendió. Luego, al mismo tiempo, en una sola fila, seguimos al auto guía fuera del garage hacia la pista de carreras. Con el casco puesto, podía escuchar cada una de mis respiraciones. Estaba completamente concentrada en llevar mi auto a la pista, nada más. En el *pit*, Les me dio algunas instrucciones finales y dijo: "Cuando estés lista, ve a la pista y da algunas vueltas lentas para sentir el auto."

Reuní todo el valor que tenía y muy lentamente salí del *pit* y entré a la pista. Para ese momento, la mayoría de los conductores más avanzados ya estaban en la pista y moviéndose a buena velocidad. Cuando llegué a la primera curva, yo misma me estaba gritando instrucciones sobre qué hacer. "¡Cambia la velocidad! ¡Cambia la velocidad! ¡Ápex! ¡Ápex! ¡Ápex! ¡Písale! ¡Vas! ¡Vas! ¡Vas!" Logré dar la primera vuelta. Mi adrenalina estaba en lo más alto. Agarré velocidad. Con cada vuelta me sentía más segura. Luego los instructores hicieron una señal a todos y practicamos algunos ejercicios con ellos guiándonos en la pista.

Después de casi dos horas de ponernos cómodos en nuestros autos nos consideraron listos para correr. "Cuando vean la bandera a cuadros, significa que es tiempo de salir de la pista. Den una vuelta tranquila y vayan al *pit*". Uno de los instructores nos recordó: "Dejen que pasen los autos más rápidos. Si tienen problemas en la pista sólo levanten la mano y alguien los ayudará. Los tres últimos días se resumen hoy. ¡Buena suerte!"

Con eso, todos nos pusimos nuestros cascos, nos metimos en los autos y fuimos a la pista. Me estaba sintiendo bastante bien de haber llegado tan lejos. Estaba aproximadamente en mi décima vuelta cuando me acerqué a la curva justo antes de la recta. Cuando entré, no logré hacer el cambio de velocidad y mi auto pasó la curva demasiado rápido. Mientras luchaba por mantener el control del auto, comenzó a girar. Sin siquiera pensarlo, respondí de manera automática e hice exactamente lo que me habían enseñado dos días antes y después de cuatro o cinco giros completos mi auto se detuvo en mitad de la pista, mirando hacia atrás. "¡Vaya! ¡Lo hice!", pensé. "Acabo de dominar uno de mis principales miedos al correr: perder el control del auto. Perdí el control y estoy bien." Estaba feliz conmigo. Mi seguridad crecía cada segundo.

Una lección que cambia la vida

Giré el auto y di algunas vueltas más. Pero observé que aunque estaba corriendo en la pista y dando vueltas, manteniendo el auto bajo control, me sentía frustrada. Mientras conducía el Corvette, había conductores que me rebasaban, pero también yo rebasaba a otros. Me mantenía al nivel de todos los demás. En el auto Fórmula 1 todo el mundo me rebasaba. No podía saber por qué. Luché con esta idea algunas vueltas más y luego, finalmente, llevé mi auto al *pit*.

Les se me acercó. "Estás teniendo problemas en la pista, ¿verdad?", preguntó. "Sí. No lo entiendo", respondí. "No tenía problema para rebasar autos en el Corvette, pero ahora todo el mundo me rebasa. Siento que voy demasiado lento."

Y luego dijo las palabras que verdaderamente cambiaron mi vida: "Dime algo, ¿estás yendo a todo motor?" "¿A todo motor? ¿Quieres decir con el acelerador a fondo?", pregunté. "Sí. A eso me refiero", respondió. "¿Vas a todo motor?"

Rápidamente dije: "No." Les señaló hacia la pista y dijo: "Ellos sí." "¿Y por eso me están rebasando, porque ellos van a todo motor?", pregunté. "No sé si puedo hacerlo."

Y luego Les me miró a los ojos, sonrió y dijo las palabras mágicas: "Kim, no llegaste tan lejos para quedarte corta ahora." Y se alejó. "¡Maldición!", pensé. "Nunca termina. Incluso en las últimas horas del curso me siguen empujando a ir más allá."

Me quedé sentada en el *pit* algunos minutos. Sabía que Les me estaba observando. Lentamente manejé hacia la entrada de la pista, sin estar segura de lo que iba a hacer. Esperé una entrada, aceleré y estuve de regreso en la pista. Di una vuelta y seguía escuchando las palabras de Les. "No llegaste tan lejos para quedarte corta ahora." Y en la segunda vuelta puse el pedal en el metal, como dicen, y en segundos iba a todo motor. Antes de terminar la vuelta, rebasé a mi primer auto y estaba gritando en éxtasis a todo pulmón. Estaba de vuelta en la carrera.

Lo que me sorprendió fue que era más fácil dar vueltas a todo motor que conteniéndome. ¡Era muy emocionante! Estaba tan concentrada en manejar, en maniobrar cada una de las vueltas, que nunca vi la bandera a cuadros. Cuando llegué a la recta, ahí estaban los tres instructores de pie en mitad de la pista, ondeando banderas a cuadros. Yo era la única que quedaba en la carrera. Todo el mundo había ido a los *pits* por un rato. Me reí mientras daba mi vuelta de enfriamiento y llegaba al *pit*.

Detuve mi auto y estaba radiante al quitarme el casco. Les estaba justo ahí. "¡Lo lograste! ¡Felicidades!", dijo. "¡Fue lo mejor! De hecho manejé mejor al ir a todo motor. ¡Ésta es mi nueva metáfora para la vida!", exclamé.

"Hay algo que no te dije", mencionó. "No quería darte una justificación o una excusa para no hacerlo."

"¿De qué estás hablando?", pregunté.

Les comenzó: "La mayoría de las mujeres que toman este curso, al principio no van a todo motor en los autos Fórmula 1". "Justo como yo", dije. "Sí, salvo que hay una diferencia", continuó. "¿Cuál es la diferencia?", pregunté.

Les dijo: "Cuando llegan al *pit* y tengo con ellas la misma plática que tuve contigo, 90% de ellas no van a todo motor. Se quedan cortas. No van tras ello. No te lo dije porque no quería que te dijeras: 'La mayoría de las mujeres no van tras ello, así que yo tampoco debo hacerlo.' La clave es ésta: si no vas a todo motor, entonces te pierdes de lo que se trata este deporte."

Pensé para mis adentros: "Y si no vas a todo motor, entonces te pierdes de lo que se trata la vida."

Ese curso me cambió la vida.

Capítulo 24

Cena con las chicas: una celebración

> *Desde que nace hasta los 18 años, una chica necesita*
> *buenos padres. Desde los 18 hasta los 35, necesita buena*
> *apariencia. Desde los 35 hasta los 55, necesita una*
> *buena personalidad. Y a partir de los 55,*
> *necesita tener buen dinero.*
>
> Sophie Tucker

"Creo que elevaste el estándar", comentó Tracey.

Yo sólo sonreí.

"Está bien. Digamos que se acabó el día... o los dos días", anuncié.

Todas estábamos listas para una agradable cena de placer.

Nos cambiamos, subimos a mi auto y recorrimos, no a todo motor, una distancia corta para llegar a un maravilloso restaurante italiano conocido por su pasta hecha en casa y sus frescos calamares. El valet estacionó el auto y el anfitrión nos saludó mientras entrábamos: "Su mesa está lista. ¡Disfrútenlo!"

"¡Lo haremos!", le aseguró Leslie.

El mesero se acercó a nosotras y preguntó: "¿Puedo ofrecerles algo de tomar?"

Pat, la organizadora, habló. "Supongo que un poco de champaña es lo adecuado."

Nos pareció una buena idea al resto.

Pat hizo los honores y el mesero se fue para cumplir la orden.

"Éstos han sido dos días que han cambiado mi vida", reconoció Leslie.

"Mi mente sigue dando vueltas con todo lo que he aprendido de todas ustedes. Gracias."

Todas tomamos turnos en la mesa y compartimos lo que habían significado para cada una los últimos dos días juntas y lo que íbamos a cambiar como resultado.

¡Brindemos por una vida maravillosa! Un brindis por la salud, por la felicidad… ¡y por el flujo de dinero más allá de nuestros sueños más locos!

Tracey terminó diciendo: "Mi vida nunca volverá a ser la misma. Sabía antes de llegar que con todos los cambios en mi compañía, así como las dificultades financieras para avanzar, si no modificaba lo que estaba haciendo iba a obtener exactamente lo que ya tenía… o algo peor. Por primera vez en años, siento que vuelvo a controlar mi vida."

En ese momento nuestro mesero apareció con la elección de Pat y cuatro copas para champaña. Procedió a servirla.

"¡Tengo un brindis!", anunció Leslie.

Todas levantamos nuestras copas.

"Felicidades a todas. El apoyo y el ánimo de cada una me sorprende. Está claro que deseamos que cada una logre sus metas financieras. Y siento que si no logro mis metas, personalmente estaré decepcionando a cada una de ustedes. Eso por sí solo me motiva para seguir adelante. Estoy tan agradecida de ser parte de este grupo. ¡Por nosotras!"

"¡Por nosotras!", coreamos todas.

"¡Por nosotras… y nuestra independencia financiera!", agregó Tracey.

Volvimos a brindar.

Un cambio de mentalidad

Pat habló. "Esta mañana me desperté pensando en nuestro almuerzo juntas en Honolulu hace veinte años. Todas teníamos una mentalidad hasta cierto punto similar y perseguíamos nuestras metas profesionales. Es fascinante ver las diferentes direcciones que hemos tomado desde entonces. Pero ahora estamos aquí veinte años después, cada una en caminos de mentalidad similares, aunque esta vez persiguiendo nuestras metas de inversión."

"Y ése es un gran cambio para mí", respondió Leslie. "Darme cuenta de que yo, artista desde que pude sostener un lápiz de color, pasé dos días completos de estudio y pláticas sobre dinero, inversiones y mi propio plan para ser independiente a nivel financiero… Simplemente me asombra. Nunca había soñado con emprender algo así. Siempre pensé que las finanzas y las inversiones estaban por encima de mí, pero ahora me doy cuenta de que puedo hacerlo… ¡y estoy emocionada al respecto!"

Tracey se unió. "Nunca reconocí que el miedo que sentía de que mi marido perdiera su empleo o de que me despidieran era porque permití que otros controlaran mi vida. Esperaba que mi jefe me dijera cómo serían mis siguientes diez años. Me voy a casa sin miedo a eso… nunca más. Lo que me da risa es que espero que me despidan porque estoy segura de que tendría algún tipo de gratificación que emplearía para mi nuevo negocio. Ahora, ¡ése es un cambio de mentalidad!"

"¡Diste en el clavo, Tracey!", contesté. "Se trata de un cambio de mentalidad. Cambiar la forma en que piensas. Ya no ves tu empleo ni tu sueldo como tu sostén de vida, ¿verdad?"

"Para nada", respondió. "Toda mi vida pensé que sólo había una forma de hacer dinero y era a través del sueldo del trabajo. Y podía ganar tanto como alguien estuviera dispuesto a pagarme, lo cual es una cantidad limitada. Ahora mi mente ha cambiado y pienso que la cantidad de dinero que puedo ganar es ilimitada. Ese pensamiento por sí solo ha hecho que estos últimos dos días sean invaluables".

Leslie dijo: "Hasta que empezamos todas estas conversaciones pensaba que la única forma en que podría ganar más dinero era con un empleo adicional. Yo también pensaba que el sueldo era el rey. Me agota pensar en un segundo o tercer empleo. Ahora veo mi empleo actual como una simple herramienta para ayudarme a lograr mi meta: alcanzar la libertad financiera. Abordaré mi trabajo en la galería de arte desde un punto de vista distinto. Abordaré muchas cosas desde otra perspectiva, porque mucho de mi tiempo se iba en preocuparme por las cuentas y ser capaz de hacer las cosas que deseo. Por primera vez puedo ver la luz al final del túnel. No debo volver a preocuparme al respecto. ¡Simplemente debo actuar!"

El cambio empieza conmigo

"Es gracioso cómo las cosas cambian a tu alrededor cuando tú cambias", comenté.

"Eso es muy cierto", Leslie estuvo de acuerdo. "Veo mi empleo de manera distinta. Veo a mi jefe de manera distinta. Incluso veo mis cuentas de manera distinta. Pero mi empleo, mi jefe y mis cuentas no han cambiado en lo absoluto. ¡Yo cambié! Me pregunto si veré a mi ex marido de manera distinta. Los milagros pueden suceder."

Pat rió: "Sé a qué te refieres. Yo llegué aquí esperando que mi marido cambiara, pero no es él quien debe cambiar, soy yo. He pasado de pensar que no puedo hacer esto sin él a saber que soy yo quien debe dar esos primeros pasos. Mi intención todavía es que al final él se me una, pero depende de mí que esto suceda. Es como quitarme un enorme peso de encima."

Agregué: "Quién sabe, puede ser que incluso encuentres algunos cambios sorprendentes en él cuando regreses con tu cambio de mentalidad."

Pat sonrió ante la idea.

"Como parece que soy la organizadora del grupo", señaló Pat, "tengo una propuesta. Hemos hablado sobre mantener el impulso que ha tenido lugar estos dos días. Pienso que eso es muy importante."

"Apuesto a que vas a sugerir lo que estoy pensando", dijo Leslie.

"Propongo que durante los próximos seis meses tengamos una llamada de una hora, una vez al mes, con las cuatro", recomendó Pat. "Como Tracey, Leslie y yo apenas estamos empezando, sé que nos sería realmente útil. Y si Kim estuviera dispuesta a ofrecer su experiencia, entonces pienso que tendríamos algunas discusiones maravillosas, así como mayor éxito. ¿Qué opinan?"

Las cuatro estuvimos de acuerdo. Pat se aseguró, en ese momento, de que eligiéramos un día y una hora para la primera llamada.

Justo entonces apareció el mesero. "La dueña notó que las cuatro obviamente están celebrando algo muy importante esta noche, de modo que les ha enviado cuatro copas de champaña con sus felicitaciones. Les manda decir: 'Felicidades.'"

Con alegría, agradecimos al mesero y a la dueña.

Esta vez, Tracey se puso de pie y anunció: "Un brindis. Gracias a todas ustedes, por primera vez en mucho tiempo siento que tengo el control de mi vida. ¡Brindemos por una vida maravillosa! Un brindis por la salud, por la felicidad... ¡y por un flujo de dinero más allá de nuestros sueños más locos!

"¡Salud!"

Fin.

P.D. De regreso en mi casa, Pat revisó los mensajes en su celular. Había un correo de voz de Janice. Exclamó: "¡En qué estaba pensando! ¿Acaso estaba loca? El tipo no estaba buscando una relación, ¡buscaba un paseo gratis! ¡Vaya perdedor! No puedo creer que no me haya dado cuenta. ¡Ni siquiera era tan guapo! Apuesto a que todas tuvieron dos días maravillosos juntas. Desearía haber estado ahí. Estoy realmente enojada conmigo porque desperdicié mi tiempo con ese tipo pensando que era mi futuro cuando pude haber estado con ustedes cuatro creando mi futuro."

Un pensamiento final

Muchas personas dicen que el dinero no es lo más importante en la vida. Eso puede ser cierto. Sin embargo, el dinero afecta todo lo que es importante: salud, educación y calidad de vida.

Al final, el dinero compra una de dos cosas: la esclavitud o la libertad. Esclava de tu empleo, de tus deudas y a veces incluso de tus relaciones. O bien, libre de vivir tu vida como elijas hacerlo.

Al hacer que el dinero se convirtiera en algo importante en mi vida, compré mi libertad. Eso es importante para mí… simplemente porque odio que me digan qué hacer.

Glosario

Términos generales sobre finanzas e inversión

ACCIONES COMUNES. Participación otorgada por la compañía que da al comprador propiedad sobre ésta. Las acciones pueden o no pagar un dividendo al comprador.

ACTIVO. Algo que pone dinero en tu bolsillo, trabajes o no. Los activos incluyen bienes raíces, negocios y activos en papel como acciones, bonos y fondos de inversión.

APALANCAMIENTO. Hacer más con menos.

BONOS. Puede tratarse de bonos municipales exentos de impuestos, bonos corporativos o de Tesorería expedidos por el gobierno, que reflejan deuda por la autoridad que los expide a cambio de pago de intereses al comprador.

CONTADOR. Persona con educación formal en contabilidad, mientras un tenedor de libros no la tiene. Un contador manejará tus necesidades financieras día a día incluyendo la preparación de tus estados financieros. Los contadores también pueden preparar formas fiscales.

CONTADOR PÚBLICO CERTIFICADO. Ha aprobado un examen del Estado, que le da el título de CPC. Hay muchos tipos y especialidades. No todos son especialistas fiscales. Los CPC pueden ayudarte en aspectos de administración de tu compañía (como jefes de contabilidad o directores ejecutivos de finanzas), revisar tus estados financieros para propósitos de préstamos (auditor) o ayudar con la planeación de tus impuestos (en otros países se conoce como "contador en jefe").

EFECTIVO. Cuenta de ahorros, dinero de fondos de mercado, certificados de depósito.

ESTADO FINANCIERO. Hay varios tipos. Un estado de ingresos muestra un registro detallado de ingreso y gastos para un periodo determinado. Un estado de flujo de dinero detalla el dinero que entra y el que sale. Los individuos, propiedades y negocios tienen su propio estado financiero.

FLUJO DE DINERO. La diferencia entre el dinero que entra a tu bolsillo como ingreso y el que sale como gastos y deuda. El flujo de dinero puede ser positivo o negativo.

GANANCIA DE CAPITAL. La diferencia entre el precio al que compraste una inversión y el precio al que la vendiste, menos las mejoras realizadas y otro dinero invertido en ella.

GANANCIA POR DINERO INVERTIDO. El objetivo de cualquier inversión: cuánto ganarás (o perderás) por la cantidad de dinero que invertiste.

GANANCIA SOBRE LA INVERSIÓN (ROI, por sus siglas en inglés). La cantidad de ingreso que recibes de una inversión dividido entre la cantidad total invertida.

INGRESO DE PORTAFOLIO. Derivado de activos en papel como acciones, bonos, fondos de inversión, etcétera.

INGRESO GANADO. El ingreso por el que trabajas.

INGRESO PASIVO. El que recibes por negocios en los que inviertes, regalías e inversiones en bienes raíces de alquiler. Es el ingreso por el que no debes trabajar.

MATERIAS PRIMAS. Recursos que incluyen oro, plata, cobre y otros metales preciosos o productos alimenticios como puerco, trigo, maíz, etcétera.

PASIVO. Algo que quita dinero de tu bolsillo. Los pasivos incluyen artículos como deudas de tarjeta de crédito, hipotecas, préstamos de auto, préstamos escolares, etcétera.

PROPIEDAD INTELECTUAL. Un trabajo creativo original, como inventos, un producto o marca de una compañía, que es tangible y puede protegerse mediante una patente, marca o derechos registrados.

RIQUEZA. Según la definición de R. Buckminster Fuller, el número de días que puedes sobrevivir sin trabajar por dinero, manteniendo tu nivel de vida.

TENEDOR DE LIBROS. Lleva un registro de tus cuentas. En la mayoría de los casos, querrás un tenedor de libros de "peso completo", que pueda pagar cuentas, clasificarlas adecuadamente, rastrear cuentas por cobrar y por pagar, hacer nóminas y preparar estados financieros. Algunos tenedores de libros organizarán la información para un contador, quien luego prepara los estados financieros y formas fiscales.

Términos de bienes raíces

AGENTE DEL CIERRE. Agente de tu elección (abogado, agente de fideicomiso, representante de la compañía de cierres o agente de cierres profesional), que maneja todos los aspectos de la transacción.

AGENTES HIPOTECARIOS. Profesionales que juntan a instituciones financieras con dinero para prestar, con inversionistas que lo necesitan.

AMORTIZACIÓN. Pago gradual de una deuda mediante montos periódicos que cubren tanto el capital como los intereses.

APALANCAMIENTO. En bienes raíces, pedir dinero a un prestamista financiero para comprar una propiedad es una forma de apalancamiento. Tú pones un pequeño porcentaje del dinero, el banco te presta el resto y tú compras el 100% de la propiedad.

AVALÚO. Un estimado u opinión del valor de una propiedad realizado por una persona imparcial calificada en análisis y avalúo de bienes raíces.

Aviso. Periodo de tiempo, estipulado por escrito, antes de que una acción establecida tenga lugar. Los contratos de arrendamiento por lo general especifican el tiempo de aviso que el arrendador debe dar al inquilino antes de inspeccionar la propiedad, cobrar honorarios atrasados o comenzar el proceso de desahucio.

Bienes raíces. Terrenos y edificios.

Certificado de desestimación de demanda. Documento escrito por cada inquilino donde se estipula la cantidad de renta que paga y si se ha prometido alguna concesión al inquilino durante el resto del término del contrato.

Cierre. Proceso mediante el cual una propiedad pasa del vendedor al comprador. Los cierres incluyen la entrega de un título de propiedad, ajustes financieros, firma de pagarés y desembolso de fondos necesarios para completar la venta.

Contingencia. Una condición en el formato de oferta o contrato que debe cumplirse antes de que el trato pueda seguir adelante.

Contraoferta. Respuesta a una oferta de comprar una propiedad que introduce términos o condiciones nuevos o distintos.

Contrato de arrendamiento. Un acuerdo legal entre el arrendador y el arrendatario por ocupar la propiedad de alquiler. Un contrato estipula todos los términos y condiciones de la relación entre arrendador y arrendatario.

Contrato de compra de bienes raíces. También conocido como acuerdo de venta, es un acuerdo legal entre comprador y vendedor que estipula los términos y condiciones de la venta de una propiedad de bienes raíces.

Contrato por servicios. Acuerdo escrito para un proveedor de mantenimiento, como jardinero, plomero, electricista o empleado que arregla varias cosas, para llevar a cabo reparaciones de mantenimiento de rutina y/o servicios de emergencia. Los contratos por servicios valen la pena cuando tienes varias propiedades y te piden servicio con frecuencia.

Costos de cierre. En los que se incurre para terminar una transacción de bienes raíces.

Costos de segregación. Una estrategia de contabilidad que permite que deprecies tu propiedad a una tasa acelerada.

Desahucio. Proceso que consiste sacar legalmente a un inquilino de una unidad o propiedad de alquiler. Los desahucios están garantizados si no se paga la renta o si se rompen de alguna otra forma los términos del contrato.

Deuda. Hipoteca o préstamo sobre una propiedad.

Diligencia debida. Un proceso de investigación que proporciona información precisa y completa respecto de los atributos físicos, financieros y legales de una propiedad.

Enganche. Dinero que se paga al vendedor en el cierre; representa un porcentaje del precio de compra. Distintos tipos de préstamos pueden requerir de distintos porcentajes como enganche.

Fideicomiso. Dinero o propiedad colocado en custodia de un tercero hasta que se cumplan ciertas condiciones.

Financiamiento del vendedor. El vendedor actúa como el banco y financia alguna parte del precio de venta al comprador. El comprador paga al vendedor el capital y los intereses acordados.

Forma de oferta. También conocida como carta de intención de llegar a un acuerdo para comprar una propiedad específica de un tercero.

Ganancia de efectivo sobre efectivo. En bienes raíces, es una cifra en porcentaje que se obtiene al dividir el flujo de dinero anual de una propiedad entre la cantidad de dinero que se invierte en ella (por lo general, el enganche al cerrar el trato.)

GASTO DE VIVIENDA MENSUAL (PITI, por sus siglas en inglés). Abreviación de las siglas en inglés para capital, intereses, impuestos y seguro. El acrónimo se usa para describir lo que debería incluirse en el pago mensual de un préstamo hipotecario.

HIPOTECA. Acuerdo escrito que da al prestamista un interés sobre la propiedad, así como seguridad por el préstamo.

HONORARIOS ORIGINADOS. Cargos hechos a un prestatario, establecidos como un porcentaje de la cantidad del préstamo, por costos y honorarios asociados con conseguir el préstamo.

INTERÉS. La cantidad, expresada como porcentaje, del total que un prestamista cobra a quien solicita un préstamo.

LEYES DE DIVISIÓN DE ZONAS. Regulaciones que gobiernan el uso de tierra, densidad de población, uso y tamaño de los edificios. Fijadas por los gobiernos locales, las leyes de división de zonas por lo general cambian conforme se desarrollan las comunidades.

MANTENIMIENTO DIFERIDO. Reparaciones y mantenimiento necesarios que no ha hecho el vendedor. El mantenimiento que ha sido diferido puede representar una oportunidad en un trato, pues te permite negociar el precio.

PATRIMONIO NETO. El valor de una propiedad de bienes raíces menos la hipoteca y otros pasivos relacionados con ella.

PENALIZACIÓN POR PAGO ANTICIPADO. Cuota que se cobra al prestatario si el préstamo hipotecario se cubre antes del término.

PRÉSTAMO ASUMIBLE. Préstamo por una propiedad que el vendedor es capaz de transferir al prestatario.

PRÉSTAMO "GLOBO". Préstamo hipotecario en el que la cantidad restante se debe por completo y se paga en una fecha específica, predeterminada. Los préstamos "globo" pueden tener una mejor tasa de interés, pero tendrás que estar preparada para pagar lo que resta del préstamo en una sola exhibición (u obtener un nuevo préstamo) en el momento especificado.

PROCESO EJECUTIVO HIPOTECARIO. Proceso legal donde se termina una hipoteca y el prestamista toma posesión de la propiedad. Los procesos ejecutivos hipotecarios por lo general ocurren cuando no se realizan pagos.

PRO-FORMA. Estado financiero calculado que muestra ingreso, gastos y términos financieros, por lo general basado en números supuestos, no reales.

PROPIEDAD POR REHABILITAR. Necesita reparaciones y renovación.

PUNTO. Uno por ciento de la cantidad del préstamo hipotecario. Un punto es un cargo adicional que hace el prestamista al momento en que se origina el préstamo como cargo u honorarios por servicio.

RELACIÓN PROPORCIONAL DEL PRÉSTAMO SOBRE EL VALOR. La cantidad de un préstamo hipotecario en comparación con el valor de la propiedad comprada. Una casa de 100 000 dólares con un préstamo de 80 000 tiene una relación proporcional del préstamo sobre el valor de 80%.

REPORTE DE CRÉDITO. Un análisis, proporcionado por una asociación crediticia local, de la capacidad de un individuo para pagar la deuda.

RESPUESTA AL PRÉSTAMO. Aprobación o rechazo formal de un préstamo con base en la habilidad del comprador para pagar el préstamo y el valor de la propiedad como colateral.

SEGURO HIPOTECARIO PRIVADO (SHP). Seguro contra fallos que expide una compañía sobre préstamos hipotecarios convencionales. Dicho seguro por lo general es exigido cuando el enganche es menor a 20 por ciento.

Tasa de hipoteca ajustable. Préstamo hipotecario cuya tasa de interés cambia periódicamente durante el lapso del préstamo.

Tasa de Porcentaje Anual (tpa). Tasa efectiva de interés para un préstamo. La tpa refleja todos los costos de financiamiento, incluyendo puntos, honorarios y otros cargos y, por lo general, es más alta que la mera tasa de interés.

Tasa de vacantes. Cifra que representa el porcentaje de unidades no rentadas o bien el porcentaje de tiempo en que una sola unidad permanece sin rentarse durante el año.

Tasa hipotecaria fija. Préstamo hipotecario cuya tasa de interés es fijada para una parte o todo el término del préstamo. La tasa de interés por lo general será más alta que la hipotecaria ajustable.

Tasa interna de retorno. Ganancia sobre una inversión que asume que todo el ingreso (pasivo / flujo de dinero) que recibes de inmediato se reinvierte de modo que estarías obteniendo una ganancia por ese dinero también.

Término. Periodo de tiempo en que un préstamo debe ser cubierto.

Términos del financiamiento. Especifican el tipo de préstamo disponible (nuevo, financiamiento del vendedor, asumible, etcétera), la cantidad que será financiada, así como una tasa de interés calculada.

Título de propiedad. Documento legal que prueba que se es dueño de una propiedad específica.

Tope. El límite, expresado como porcentaje, en la cantidad de un incremento cargado por un prestamista según los términos de una tasa hipotecaria ajustable. Los límites protegen al prestamista de incrementos fuertes e inesperados en la tasa de interés. La tasa de capitalización es el Ingreso Operante Neto dividido entre el precio de compra. No toma en consideración la deuda. Es un indicador del valor de la propiedad. Una regla empírica general es que cuanto más alta es la tasa de capitalización, más bajo es el precio de la propiedad relativo a su valor. Cuanto más baja es la tasa de capitalización, más alto es el precio relativo a su valor.

TRÁMITES DE PRÉSTAMO. El papeleo involucrado en préstamos hipotecarios.

VENCIMIENTO. Fecha en que se paga por completo un préstamo.

VENTA DIRECTA DEL PROPIETARIO (FSBO, por sus siglas en inglés). Una propiedad que se vende sin contratar los servicios de un profesional en bienes raíces.

Términos para analizar en las propiedades de inversión

PRECIO POR UNIDAD. Precio de compra o precio que se pide por una propiedad dividido entre el número total de unidades de alquiler.

PRECIO POR METRO CUADRADO. Precio de compra o precio que se pide por una propiedad dividido entre el total de metros cuadrados rentables.

COMPONENTES DEL INMUEBLE. Tipo de unidades de una propiedad, por ejemplo, estudio, 1 recámara / 1 baño, 2 recámaras / 1 baño, y la cantidad de cada tipo.

RENTA POR METRO CUADRADO. Divide la renta de una unidad entre el total de metros cuadrados que tiene. La renta por metro cuadrado te da una imagen más precisa al comparar rentas de propiedades similares.

INGRESO BRUTO. Calculado mensual o anualmente, es el total del ingreso de todas las unidades rentadas o no.

TASA DE VACANTES. Porcentaje de renta que no cobras con base en las unidades desocupadas. Si tu ingreso bruto es de 1 000 dólares y tu tasa de vacantes es 10%, entonces cobrarás 1 000 – 100 = 900 dólares.

OTRO INGRESO. Ingreso adicional por lavandería, estacionamiento, máquinas dispensadoras, etcétera.

PÉRDIDA RESPECTO DEL MERCADO DE ARRENDAMIENTO. Ocurre cuando estás cobrando rentas por debajo del mercado. Para calcularla, resta las rentas que recibes a la renta promedio del mercado.

GASTOS DE OPERACIÓN. Todos los gastos atribuidos a la operación de la propiedad.

INGRESO OPERANTE NETO. Ingreso cobrado, menos los gastos de operación totales.

DEUDA O DEUDA POR SERVICIO. Deuda o pago hipotecario sobre una propiedad.

FLUJO DE DINERO. La ganancia o pérdida de una propiedad de inversión. El cálculo del flujo de dinero es el ingreso total cobrado, menos los gastos de operación, menos las deudas.

GANANCIA SOBRE INVERSIÓN. Cantidad de flujo efectivo anual dividido entre la cantidad de dinero que invertiste en el trato (principalmente el enganche). Se muestra como un porcentaje.

Términos de activos en papel

ACCIONES COMUNES. Participaciones en una corporación. En un inicio, las vende la corporación y luego se comercian entre inversionistas, quienes las compran, esperan ganar dividendos como su parte de las ganancias y que el precio de la acción suba, de modo que su inversión valga más. Las acciones comunes no ofrecen garantías de desempeño, pero con el tiempo han producido mejor ganancia que otras inversiones.

ACCIONES DE PRIMER ORDEN. El nombre en inglés (*blue chip stocks*) es un término prestado del póquer, donde las fichas azules son las más valiosas y se refiere a las acciones de las corporaciones más grandes con ganancias más consistentes. La lista no es oficial... y cambia.

ACCIONES NO COTIZADAS, (OTC por sus siglas en inglés): Acciones de más de 28 000 compañías pequeñas y nuevas, comercializadas en la bolsa de acciones no cotizadas. El término en inglés se originó en la época en que se compraban las acciones libremente a un corredor local.

ACCIONES ORDINARIAS. Interés de propiedad que tienen los accionistas en la acción de una corporación en oposición a los bonos.

ACCIONES PREFERIDAS. También son participaciones expedidas por una corporación y comercializadas por inversionistas. En un inicio las vende la corporación y luego se comercializan entre inversionistas.

AMEX (Bolsa de Valores de Estados Unidos, por sus siglas en inglés). La Bolsa de Intercambio Exterior de Nueva York fue fundada en 1842. Su nombre lo dice todo: el comercio en realidad tenía lugar en la calle hasta que pasó al interior en 1921. En 1953 se convirtió en la Bolsa de Valores de Estados Unidos (American Stock Exchange).

BOLSA DE VALORES DE NUEVA YORK, (NYSE por sus siglas en inglés). La Bolsa de Valores de Nueva York proporciona las facilidades para el intercambio de acciones y las reglas según las cuales se realiza el intercambio. No tiene responsabilidad en fijar el precio de una acción, el cual resulta de la oferta y la demanda y del proceso de comercialización.

BONOS MUNICIPALES. El encanto no tan secreto de los bonos municipales es su estatus libre de impuestos. Los inversionistas no tienen que compartir sus ganancias con Hacienda o las autoridades fiscales estatales.

CAPITAL DE RIESGO. Importante fuente para financiar compañías que empiezan u otras que se embarcan en un nuevo giro que trae consigo algún riesgo de inversión, pero ofrecen el potencial de ganancias futuras por encima del promedio.

Comisión de cambio y seguridad de las acciones de la bolsa de Estados Unidos, (sec por sus siglas en inglés). Tras la Gran Depresión y los escándalos de comercio de acciones que ésta expuso, el gobierno de Estados Unidos creó la Comisión de Cambio y Seguridad en 1934. Su misión es regular las actividades de quienes comercializan acciones.

Contrato de derivados. Su valor está basado en el desempeño de un índice, activo financiero subyacente u otra inversión.

Corredor de bolsa. Empleado de un mercado bursátil, miembro/corredor/negociante que actúa como ejecutivo de cuenta para los clientes.

Dividendo. Distribución de ganancias a los accionistas, prorrateada por tipo de valor y pagado en forma de dinero, acciones, pagarés o, en pocas ocasiones, productos o propiedad de la compañía.

Fondo de protección. Sociedades de inversión privadas (para inversionistas de Estados Unidos) o una corporación de inversiones en el extranjero (para inversionistas exentos de impuestos o que no están en Estados Unidos) en las que el socio general ha hecho una inversión sustancial personal y cuyo memorando permite que el fondo tome tanto las posiciones largas como las cortas, use apalancamiento y derivados e invierta en muchos mercados.

Fondos de inversión. Portafolio de acciones o bonos administrado profesionalmente.

Fraccionamiento de acciones. Más acciones creadas a un precio más bajo. Los accionistas se benefician si el precio vuelve a subir.

Fraccionamiento inverso. En un fraccionamiento inverso intercambias más acciones por menos, digamos diez por cinco, y el precio incrementa según corresponde. Los fraccionamientos inversos a veces se usan para elevar los precios de una acción.

FUTUROS. Son obligaciones para comprar o vender una materia prima específica, como maíz u oro, en un día específico y por un precio predeterminado.

GANANCIAS POR ACCIÓN. Se calculan dividiendo el número de acciones entre la ganancia. Si las ganancias incrementan cada año, la compañía está creciendo.

MERCANCÍAS. Las mercancías son materias primas: el trigo del pan, la plata de los aretes, el petróleo de la gasolina y mil productos más. Los precios de las mercancías (o materias primas) están basados en la oferta y la demanda.

NASDAQ (Cotizaciones Automatizadas de la Asociación Nacional de Corredores de Bolsa). El hogar principal de las compañías más importantes y de mayor crecimiento de Estados Unidos, así como de compañías Internacionales que comercian acciones en el Nasdaq de Estados Unidos. En tiempo real se transmiten cotizaciones a través de una computadora internacional y la red de telecomunicaciones a más de 1.3 millones de usuarios en 83 países.

OFERTA PÚBLICA INICIAL (IPO por sus siglas en inglés). Para hacer pública una compañía, lo cual significa hacer posible que los inversionistas compren la acción, la gerencia hace una oferta pública inicial.

OPCIÓN DE VENTA A PRECIO FIJADO

COMPRA. Derecho a comprar el artículo subyacente al precio subsidiado hasta la fecha de expiración.

VENTA. Vender el derecho a que te compren el artículo subyacente al precio subsidiado hasta la fecha de expiración. Se conoce como escribir una opción.

OPCIONES DE COMPRA

COMPRA. Derecho a comprar el artículo subyacente al precio subsidiado hasta la fecha de expiración.

Venta. Derecho a que te compren el artículo subyacente al precio subsidiado hasta la fecha de expiración. Se conoce como escribir una opción.

Producción de dividendos. Porcentaje anual de ganancia obtenido por un inversionista sobre una acción común o preferida. La producción se determina dividiendo la cantidad de dividendos anuales por acción, llamado dividendo indicado, entre el precio actual del mercado por participación de la acción.

Promedio industrial Dow Jones (djia, por sus siglas en inglés). Índice que mide el desempeño del mercado sobre sus 30 acciones en el transcurso del tiempo.

Prospecto de colocación. Oferta formal por escrito para vender valores que arman el plan de un negocio propuesto, o hechos concernientes a uno ya existente que un inversionista necesita para tomar una decisión informada.

Rendimiento sobre acciones ordinarias. Porcentaje calculado al dividir las ganancias de una compañía por acción entre su valor de libro.

Tipos de bonos

Bonos corporativos. Ideales para los inversionistas, pues las compañías los usan en vez de adquirir préstamos bancarios para financiar la expansión y otras actividades.

Bonos de la agencia. Los más populares y mejor conocidos son los bonos de la asociación hipotecaria, que reciben los apodos Ginnie Mae, Fannie Mae y Freddie Mae. Muchas agencias federales y estatales también expiden bonos y recaudan dinero para su operación y proyectos.

Bonos de la Tesorería de Estados Unidos. La Tesorería de Estados Unidos ofrece tres opciones: bonos, cuentas y pagarés. Una diferencia clave es su término, de trece semanas a 30 años.

BONOS MUNICIPALES. Más de un millón de bonos municipales son expedidos por estados, ciudades y otros gobiernos locales para pagar por construcciones y otros proyectos.

BONOS Y NOTAS DEL ERARIO. Esta deuda a largo plazo es expedida por el fondo del gobierno federal para mantener en marcha las operaciones y pagar intereses de la deuda nacional.

CUENTAS DE LA TESORERÍA. Son el mayor componente del mercado del dinero, el mercado para valores de deuda a corto plazo. El gobierno las usa para elevar el dinero para gastos inmediatos a tasas más bajas que los bonos o pagarés.

VALOR EN LIBROS. Es la diferencia entre los activos y los pasivos de una compañía. Un valor de libro bajo o reducido de mucha deuda, por ejemplo, significa que las ganancias de la compañía serán limitadas incluso si hace muchos negocios. A veces un valor de libro bajo significa que los activos están subestimados; los expertos consideran que esas compañías son buenas.

VENDER EN CORTO. La venta de un contrato por un valor o materia prima del cual no es dueño el vendedor; técnica usada 1) para aprovechar un declive anticipado en el precio o 2) para proteger la ganancia en una posición larga.

Sobre la autora

Kim Kiyosaki

Kim es el ejemplo perfecto de una mujer que no sabía absolutamente nada sobre dinero o el mundo de las inversiones. Desde temprana edad supo que no seguiría un modo de vida convencional: simplemente era muy independiente y competitiva, tenía un problema real con que le dijeran qué hacer.

Su carrera de negocios comenzó en la publicidad y su espíritu empresarial emergió poco después. Lanzó su primera empresa de negocios en 1984. Desde entonces, ella y su marido, Robert, han construido varias compañías exitosas, la más reciente, junto con su socia Sharon Lechter, es The Rich Dad Company, mejor conocida por el libro éxito de ventas, *Padre rico, padre pobre*.

Kim comenzó su carrera como inversionista en 1989. Después de su primera inversión, pronto descubrió que invertir sería su camino hacia la libertad y lo buscó fervientemente. Hoy controla millones de dólares en propiedades, así como otros activos de inversión.

Mujer de negocios e inversionista, Kim siente pasión por enseñar a las mujeres la importancia de invertir y tener el control de su futuro financiero.

De los autores de
Padre Rico, Padre Pobre
Bestseller #1
del *New York Times*

Padre Rico
Padre Pobre
para Jóvenes

*¡Los secretos para ganar dinero
que no te enseñan en la escuela!*

Por Robert T. Kiyosaki   con Sharon L. Lechter, C.P.A.

Este libro se termino de imprimir en el mes de Marzo del
2011 en
los talleres CM Impresos, Sonora No. 85, int 201, Roma
Norte, cp 06700, México, D.f.